德國問題 國際法與憲法的爭議

German Question in International Law and Constitution

張亞中　著

「歐洲智庫」總序

　　歐洲大地孕育了西方的文明。宗教的主流之爭、哲學的思想之辨、政治的意理之論、文藝的流派之現，再再顯示歐洲的人文薈萃。沒有一項不影響著整個世界。

　　歐洲文明隨著傳教士、商賈與船堅炮利傳到了世界的每一個角落。帶給人們科學的知識，也送給人們精神的糧食，當然，也打破了舊有的政治、經濟、社會與價值秩序，十九世紀起，世界成了西方價值的世界。

　　二十世紀歐洲人向全世界展現一部由歐洲文明、現實利益與意識形態三者交互錯綜的歷史。歐洲文明並不能保證歐洲人以高等文明相互對待，現實利益使得歐洲人向全世界展現他們的貪婪，意識形態讓歐洲人經歷了人類史上最慘絕人寰的屠殺與毀滅。歐洲曾經陷入了不同理念與生活的大分裂，自由與共產、民主與極權的對峙，是同源於歐洲民族與文明的最大諷刺。但是歐洲的大地畢竟孕育著深邃的文明。反省與命運共同體的共識，使得歐洲人再重新迎向世界。

　　從歐洲的演進，可以看到一群自信在文明上值得驕傲的民族，如何從國家的認同轉移至區域的認同；如何在思想與行動中創造他們獨特的文化；如何在全世界從事他們的價值輸出；又如何自己從興到衰，再從衰到興。歐洲這

塊土地上，有太多值得思考與探究的寶庫。

　　歐洲在二十一世紀的全球發展中，無論在政治、經濟與文化上，絕對有重要的角色，已是不言可喻。如何深入地認識歐洲、面對歐洲，是我們所不能忽視的課題。揚智文化事業股份有限公司總經理葉忠賢先生、總編輯孟樊先生希望將歐洲的知識寶庫帶到讀者的面前；因而，「歐洲智庫」叢書的出版，表徵著這個努力的開始。本智庫系列將極盡全力為各位讀者推薦海內外華人對此有深度、分量、啟發的著作。也希望您們能共同參與「歐洲智庫」的推薦、撰寫與指教。

張亞中

序　言

　　人總是有一些東西是難以忘懷的。希望將這本書喚回我求學時光的寶貴記憶；也讓它作爲我求知生涯的美好見證。

　　1979年中美斷交，我像當時的大多數的年輕人一樣，覺得有志青年應該投效外交行列，在另一個戰場上爲國家盡力。

　　1981年離開了擔任核能工程師的核能電廠，同年，我幸運地考上了政治大學外交研究所，也僥倖地考上了外交部。一方面，深信豐富的學識將有助於外交的工作；另一方面，也需要工作來因應現實的生活。從此開始了我整整十一年的「全工全學」生涯。

　　沒有想到在核電廠偶然自修的德文竟然影響到我未來的整個人生方向。1982年外交部派我至維也納工作並進修德文。1984年回到國內，一方面在歐洲司工作，另一方面繼續在外交所上課，完成碩士學業。

　　「學而後知不足」，總是即將離開學校時的感慨。1985年又很僥倖地考上了政治研究所博士班。在外交部辛勞地工作與在政研所繁重地課業是人生的另一種歷練。每次在校園拖著沈重的步伐，看著身邊輕快而無憂無慮的專職學生，心中總是有著萬般的羨慕。但也知道，這對我而

言是不可能的。

1988年10月9日到了德國漢堡，在那美麗的地方工作是人生一大幸事，但是兩人館的繁忙工作是可想而知。辦公室與漢堡大學只隔了幾條街。對德國學術的崇仰使我不願有入寶山而空回的遺憾。通過了嚴格的審查，我進入了社會暨哲學學院，直接攻讀博士。

德國與中國都是戰後的分裂國家，一直很好奇西德如何處理它們的分裂問題。漢堡大學內的國際事務研究中心是我經常利用時間去的地方。在那裡我對德國問題有了較深入的認識與了解。這一本書的寫作就是從那時候開始，嚴格說來，到本書的出版，整整用了十年的時間。

1991年完成了政治大學的博士學業，1992年取得了漢堡大學的博士。正式結束我十一年的研究所求學生涯。

回憶前塵往事，依然歷歷在目。若是沒有師長的關懷、長官的體諒、家人的照顧，不可能完成我的求學之旅。

記得當時以一個門外漢進入外交所，當時的所長楊逢泰老師的鼓勵與肯定還至今難忘。後來的所長林碧炤先生也是多予關懷，我還記得他是我考博士班時的口試老師，或許也是他大筆一揮，讓我有再深造的機會。

荊知仁老師引我進了政治研究所，他的關心是令人難忘的。他充分給我選課的自由，讓我能在兩年內修完政研所的繁重課程。郎裕憲老師從不吝於將學生推上學術舞台，記得在他的安排下，我以唯一的學生身分在政治大學六十週年校慶學術研討會上發表論文，對我自然是另一種肯定與鞭策。

在德國的指導教授 Rainer Teltlaff 給我寫作自由也是我

難以忘懷的，他讓我充分地感受到德國人的嚴謹與不為人所熟知的熱情。

外交部的長官默許我在工作之餘繼續求知，願藉此表達我真誠的感謝。特別是當時漢堡辦事處的潘明處長對我的寬容與幫忙，我一直認為真是很難再找到第二個這種長官。仍然記得每次深夜我倆從百餘公里遠處洽公歸來，我開車，他陪著我天南地北閒聊國事、家事的美好時光。

我也要特別感謝劉黛雲，沒有她照顧小孩，我的工作與學業不會如此順利。皓如、皓瑋兩個女兒都是在我求學與工作期間分別在維也納及漢堡出生，她們成長的點點滴滴都與我的求學與工作的回憶濃濃地化在一起。

丘宏達老師是我在求學生涯結束後才認識的長者，但是他對我的種種關心卻沒有任何陌生感，除卻心中充滿感激外，也願藉此機會感謝他為本書撰寫推薦文。

最要特別感謝的是兩位恩師。一位是我的碩士論文指導教授周煦先生；另一位是博士論文指導教授張京育先生。他們深厚的學識素養、令人尊敬的情操讓我以有此恩師為榮。他們對我一直到現在還持續的關懷，是終身難以回報的。

最後，我願意將這本書獻給我最敬愛的父母，張映國先生與王佩芳女士，他們一生的關愛，使我在平凡，卻是幸福中成長。我亦將順其所願，將其所予，報以整個社會。

張亞中

1998年10月10日

目　次

前　言

　　研究政治思想史、法律及現實的政治多年的感覺與心得之一，可用一句話表達：「政治是爲哲學服務，法律又爲政治服務」。不同的哲學思想將會促使不同社會有不同的政治體制，以及不同的國家與公共政策。爲使政治理念與思想得以實現，自然也就需要創造出適合的法律規定，以及找尋有利的法律依據。或許我們可以不苟同這種看法邏輯，但是不得不承認，這就是人類歷史的部分寫照。

　　「德國問題」正巧地完全合乎上述的邏輯。在這個問題上，我們清楚看到了法律如何地爲政治與哲學理念服務的痕跡。不僅在西德，在東德也是一樣。一方爲追求再統一，不斷尋求國際法支撐其有效依據、制訂憲政大法以穩固其立場；另一方則從主張統一到堅持兩德各自獨立，多次修改憲法以配合其不同時期的政治理念。雙方可謂展開一場長期的法律論戰。而兩者的鄰國也從未忽視法律在彼此關係中的必要性，以及任何一個條約所可能產生的法律效果。

　　在本質上德國問題是個政治問題，而非法律問題，德國的再統一也絕非僅依賴法律的保障即可。但是西方有著重視法律的傳統，德國尤其是個重法律的國家，任何的政策背後均須有法律的依據，絕非是用善意模糊而作詮釋。

例如布朗德的東進政策如果不能在國際法與憲法（基本法）內找尋到合法與合理的依據，他的東進政策根本就無法出聯邦憲法法院的大門，所有東進政策的理念與目標亦將隨之化爲烏有。因此，在討論德國問題時，從國際政治面切入固然重要，但眞正發人深省者，卻是東西德如何將這個本質上是政治問題的德國問題，用法律的角度詮釋，以及作爲推動政策的依據。這即是本書撰寫的動機與目的。

中國自1949年迄今，仍處於分治狀態。他山之石，一直是兩岸重視的焦點。惟兩岸對德國分裂與統一的有關論述文章，多係由國際政治層面申述，迄今尙未有一本專著從國際法與憲法角度撰寫德國問題的專書，希望本書能塡補這片空白，也企盼兩岸及海外華人能對德國問題有著全面性的了解。本書旨在探討有關德國問題的法律爭議，亦即由法律角度來論述德國問題。

本書題目爲「德國問題——國際法與憲法的爭議」。「德國問題」是指有關德國的分裂與統一問題，時間界定在二次世界大戰末期至1990年10月3日德國完成統一之間。「國際法與憲法的爭議」界定在：(1)在「德國問題」中，憲法（在西德稱「基本法」）與國際法它們本身有關規定的爭議；(2)在「德國問題」中，國際法與憲法兩者之間的爭議；以及(3)東西德與四強各方之間對國際法與憲法在立場及看法上的爭議。其它公法與私法的爭議，不在本書討論範圍。

本書內各國家名詞的定義爲：

1. 德國——指1945年以前的德意志帝國。

2. 西德——指1949年成立的德意志聯邦共和國。

3. 東德——指1949年成立的德意志民主共和國。

盼經由深入探討，了解下列法律爭議所在，以作為本書的研究成果，係為本書的研究目的：

1. 用法律角度與政治角度詮譯德國問題，兩者間的差異何在？

2. 在法律意義上，德國再統一所依據的理由為何？

3. 德國是否因戰敗而分解為兩個國家，使得德國在法律意義上已經滅亡？如否？其法律依據為何？

4. 東西德在國際法與憲法上是否為一主權國家？

5. 就學術理論而言，東西德與德國所可能發生的法律關係為何？

6. 東西德制憲者、政治人物、憲政機關、學術界是以何種理論詮釋東西德與德國，以及東西德相互之間的法律關係？

7. 國際上又是如何認定東西德與德國的關係？

8. 1960年代期間，處於弱勢的東德，以何種政治訴求作為爭取法律地位的工具？西德的反應為何？

9. 1960年代末期，隨著國際情勢的改變，執政黨基於本身的理念及對統一的認知，西德政府如何重新定位其與東德的法律關係？西德的法律立場，有何改變與不變？所代表的意義又為何？

10. 1972年《基礎條約》簽署後，東西德的關係已為國家與國家間的關係，此種關係有無違背西德的基本國策？是否違憲？西德聯邦憲法法院如何認定此種關係？其所持的理由又為何？

11. 《基礎條約》簽署後，東西德均已各是一主權國家，德國問題是否已告解決？是否已由政治上的實質分裂

走向法律上的永久分裂？若否，其理由何在？西德政府為了使德國統一仍屬可能，有無在法律上作若干補助行為？此等行為在法律意義上的效果如何？

12. 西德主張東西德的關係為「特殊關係」，其法理依據及所代表的意義為何？東德又是如何認定這種「特殊關係」的法律性質？

13. 《基礎條約》可否為「特殊關係」創造法理上的基礎？

14. 作為兩個分裂中的國家，西德如何詮釋分裂中國家的邊界法律性質？

15. 在東西德共同加入聯合國後，東西德雙方之間的關係是否已具國際法性質？西德是否已等於對東德作了國際法的承認？此與西德主張的「特殊關係」有無衝突？

16. 東西德互設常駐代表的法律意義與性質各為何？

17. 東西德經貿形態的法律基礎為何？國際間如何看待東西德的經貿關係？《基礎條約》簽署後，東德已是個獨立的國家，西德所主張的「內部貿易」形態，是否仍有繼續存在的法律理由？

18. 東西德對民族統一與自決權問題的立場差異為何？《基礎條約》簽署後，雙方的見解是否已得到法律上的保障，相互不得干涉？倘是，德國統一是否仍有可能？其法律根據為何？

19. 四強如何處理柏林的法律地位問題？此與東西德所持的立場有無差異？西德憲政機關如何認定柏林的法律地位？

20. 德國東邊疆域地區的法律歸屬問題？

第一章
德國國際法人格存廢的爭議

「德國問題」牽連的法律問題非常複雜。在討論德國的法律地位時，第一個受到爭議，也是最根本的一個問題即是，在1867年建立，並於1871年稱之為「德意志帝國」（Deutshe Reich）的德國，是否在1945年已經滅亡，或是仍然存續。這個問題的重要性在於，若德國在法律上已經滅亡，則東西德事實上已是兩個新生的國家，那麼西德在有關德國問題上所持的法律基礎將全部無法存在。本章即針對此問題作一探究。

　　本章共分四節，第一節探討國際法上有關國家滅亡的學說。第二節則陳述英、美、法、蘇四強在占領德國前後所簽訂與德國有關的協定。第三節以上前兩節所述的學說及事實發展作為基礎來評斷德國究竟有無滅亡？第四節則論及四強對德國疆界的範圍認定為何？亦即本書及現今稱的「德國」，其疆界在法律上應為何？

第一節　有關國家滅亡的學說

　　一般政治學者多將國家構成的要素歸納為人民，土地、政府與主權。[1]但由於主權為一不易確定的概念，故有些國際法學者在述及國家構成的要素時，一反傳統理論，避免或甚至否認主權為國家的構成要素。[2]例如，海

---

[1] 《雲五社會科學大辭典》，第三冊，政治學（台北：台灣商務印書館，73年6版），頁273。

[2] 杜衡之，《國際法大綱》，上冊，（台北：台灣商務印書館，72年修訂一版），頁83。

克華斯（Green H. Hackworth）認為：「國家一詞就國際的意義而言，是指永久占有固定疆域，依相同法律及慣例而結合，並擁有一個有組織的政府，而且有處理對外關係能力的一群人」。[3]再如1933年12月26日《蒙地維都國家權利與義務公約》（Montevideo Convention on the Rights and Duties of States）第一條的規定：「國家作為國際法人應具備下列資格：(1)固定的居民；(2)一定界限的領土；(3)政府；(4)與他國交往的能力」。[4]上述各定義中，顯然已看不到「主權」的用字。但是仍有學者認為在現實國際關係中，主權仍是衡量一個國家的條件，對於這一事實，國際法也無法漠視，也無法否認。所以聯合國憲章第2條第1款仍有「本組織係基於各會員國主權平等之原則」的規定。[5]代表大陸法系的德國法學界並未將主權明示而出，而將此四要素以國家權力（Staatsgewalt），國家領土（Staatsgebiet）及國民（Staatsvolk）三項代表之。[6]在討論國家是否滅亡或存續時，亦以該國家是否已失去上述三項要素為考量的標準。此三項要素中除有關失去國民部分的定義較不具爭議外，其餘兩項在法律上的意義分別為：

---

3 Green Haywood Hackworth, *Digest of International Law* Vol.1.（Washington, 1940），S.47

4 J.K Starke, *An Introduction to International Law* （8ᵗʰ edition London, 1977），S.107.

5 陳治世，《國際法》，（台北：台灣商務印書館，民國79年），頁87。

6 Georg Jellinek, *Allgemeine Staatslehre* 6.Auflage,（Darmstadt, 1959），S.283 ff.

一、國家權力的消滅

一般學者認為國家權力消滅應符合下列兩點事實：

1. 不僅是代表國家對外交往能力所屬最高權力機關能力的喪失，連最低層次機關的運作能力亦一併喪失。[7]

2. 國家權力必須是永久地喪失。僅是暫時性地喪失國家權力，並不會影響到國家的續存，亦不能被推論為國家已經滅亡。[8]但是對於「暫時性」的時間範圍應為多長，學者間並無一致的意見，多數學者認為，在十年內不會影響到國家的存在問題。[9]

二、國家領土的消滅

在國際法上，國家領土喪失通常可歸納為下列五種原因：

㈠併吞

以併吞（ annexation，Einverleibung ）方式取得領土主權主要是基於下列兩種情形：一為兼併的土地已被兼併國所征服，但是僅具征服行為並不意謂完全取得領土主權，兼併國尚須宣布其兼併意願方可。此種意願表達的方式，通

7　Karl Strupp / Hans-Jürgen Schlochauer, （ Hrsg. ） *Wörterbuch des Völkerrechts* , 2. Auflage, （ Berlin, 1962 ）, S. 480.

8　a.a.O., S.295.

9　a.a.O., S296, 480.

Reinhard Maurach / Boris Meissner, （ Hrsg. ）, *Völkerrecht in Ost und West* （ Stuttgart, 1967 ）, S.100 ff.

常係以照會的方法通知有關國家政府。二為被兼併的土地實際上已從屬於兼併國,後者僅於事後將其意願作形式上的聲明,如朝鮮在1910年被日本併吞以前,即已在日本的實際控制之下。[10]但自1930年代起,以武力併吞方式獲得他國領土已為國際法所不允。[11]特別是1928年的巴黎《廢戰公約》、1933年的史汀生主義(Stimson Doctrine)[12]皆認為以武力改變領土係屬違反國際法的行為,1945年聯合國憲章第2條第4款規定「各會員國在國際關係上不得使用威脅或武力,或以與聯合國宗旨不符之任何其他方法,侵害任何會員國或國家之領土完整或政治獨立」之後,武力併吞更成為違反國際條約的一種行為。

(二)占領

「占領」(occupation,Okkupation)本身並不表示被占領國自然失去其領土,只有在占領國對被占領地區作出欲長期占領的意願時,被占領國才有可能失去其領土。[13]占領國僅能以繼續戰爭需要為理由,才能對占領地取得合乎國際法的長期占領,但當敵國軍事投降時,占領狀態即應結束。故「占領」在國際法所允許的意義上,僅能作為阻

---

[10] 丘宏達主編,《現代國際法》,(台北:三民書局,67年),頁310。

[11] Georg Dahm, *Völkerrecht*, Bd.1 (Stuttgart, 1958), S.606 ff.
Friedrich Berber, *Lehrbuch des Völkerrechts*, Bd.2 (München, 1969), S.33.

[12] 丘宏達主編,《現代國際法》,頁213~214。

[13] Dahm, *Völkerrech*, a.a.O., S.583 ff.
Strupp / Schlochauer, *Wörterbuch des Völkerrecht*, S.195.

礙敵國在被占領地區上行使國家權力的一種行為。[14]「占領」與「併吞」不同,前者在國際法上僅具有「暫時性」的性質。

(三)分解

倘若一個國家被分為兩個或多個皆具有國際法人格的新生國家,則原母國將被認為已遭「分解」(dismembration, Aufgliederung)。[15]「分解」將使得原有國國際法人格完全地消滅。[16] 最具有代表性的例子即是,奧匈帝國在1918年依《聖格曼(St. Germain)和平條約》分解為奧地利與匈牙利兩個新生國家,原有的奧匈帝國即告滅亡。[17]

(四)分割

「分割」(secssion, Loslösung)是指某國家將其一部分領土劃出,但該國做為一個國際法人仍然存在,[18] 此係與「分解」不同之處。國際法上不承認原有國及被分割地區(或國家)兩者均可共同主張代表原有國,或與原有國

---

[14] a.a.O.

[15] Hans Kelsen / Robert Tucker. *Principles of International Law* (2nd edition, New York, 1967), S.416.

L Oppenheim / H. Lauterpacht. *International Law*, Vol.1 : Peace (8th edition, London, 1967), S.164.

[16] Kelsen /Tucker, *Principles of International Law*, S.416.

[17] a.a.O.

[18] a.a.O., S.416 ff.

Oppenheim / Lauterpacht, *International Law*, S.166.

Friedrich Berber, *Lehrbuch des Völkerrechts*, Bd.1 (München, 1960), S.337.

Dahm, *Völkerrecht*, S.95.

爲「同一」（identisch）的可能。[19]例如，巴基斯坦在從印
度分割後，原本不希望以新生國家身分加入聯合國，惟未
獲聯合國的允許。[20]至於原有國喪失部分領土與人民後，
其國際法人格是否仍然存在，或仍與原有國爲「同一」，
則尚須取決其他國際法人的認可。例如比利時在1830年從
荷蘭王國中分離，荷蘭仍視其自己與1814年維也納會議後
所建立的荷蘭王國爲「同一」，荷蘭此項主張亦爲其他國
家所承認，故而此種比利時的「分離」可以視爲一種從荷
蘭王國的「分割」。[21]

㈤征服

歐陸法系與英美法系學者對「征服」（debellation）一
詞所下的定義略有不同：歐陸法系學者認爲「征服」包括
兩個主客體概念，就客體而言，指有經由戰爭占領的事
實；就主體而言，指占領者須表明併吞被占領國領土的意
願。[22]英美法系學者則認爲「征服」是純綷指掠取他國土

---

19 Dahm, *Völkerrecht*, S.97.

Rudolf Schuster, *Deutschlands staatliche Existenz im Widerstreit politischer und rechtlicher Gesichtspunkte 1945 – 1963*（München, 1965）, S.91 ff.
Dieter Blumenwitz, *Die Grundlagen eines Friedensvertrages mit Deutschland*（Berlin, 1966）, S.95.

20 Kay-Michael Wilke, *Bundesrepublik Deutschland und Deutsche Demokratische Republik-Grundlagen und ausgewählte Probleme des gegenseitigen Verhältnisses der beiden deutschen Staaten*（Berlin, 1976）, S.32.

21 Dahm, *Völkerrecht*, S97.

22 Gerhart Scheuer, *Die Rechtslage im geteilten Deutschland*（Frankfurt, 1960）. S.30.
Von Georg Wilhelm Prinz von Hannover, *Die völkerrechtliche Stellung Deutschlands nach der Kapitulation*（Köln, 1984）, S.8.

地，但並未作欲併吞的意願，征服本身並不會產生使被征服國滅亡的法律結果。英美學者將掠取他國土地加上欲併吞的意願，合稱爲「平定」（subjugation）。[23]故就概念而言，歐陸學者所稱的「征服」，其實就是英美學者所說的「平定」。[24]兩者的概念均係指，戰勝國打敗敵國並取得全部領土後，消滅戰敗國的國際人格及權力，並將其領土併吞至戰勝國的版圖內[25]。「征服」又與「分割」不同，後者基於條約的關係，前者純綷只是一個片面的行爲，故亦有學者將征服稱之爲「強迫割讓」（forced secession）。[26]

但如前所述，自從國際聯盟、巴黎廢戰公約、聯合國憲章等一連串的國際條約與協定簽署後，純綷以武力征服取得領土，在今日已不合法。藉由征服他國以取得領土，更不爲國際社會所承認。

第二節　有關德國地位的國際協議

英、美、法、蘇四國在占領德國就已爲未來在德國執行權力的方式與占領原則達成協議。戰敗德國後再以發表宣言及協定方式對未來德國的地位及政經事務作原則性的

---

[23] Scheuer, *Die Rechtslage im geteilten Deutschland*, S.30.

[24] Hannover, *Die völkerrechtliche Stellung Deutschlands nach der Kapitulation*, S.9.

[25] a.a.O., S.8.

[26] 杜衡之，《國際法大綱》，上冊，頁220。

安排，茲分述如下：

一、有關盟軍占領德國的協議

㈠《倫敦議定書》

1944年9月12日的《倫敦議定書》全名為《有關德國占領區及大柏林地區之行政議定書》（Protocal on Zones of Occupation in Germany and Administration of the "Great Berlin"）。在該議定書中，英、美、蘇三國確定了劃分德國的原則：「為求占領之目的，以1937年12月31日為疆界之德國將被劃分為三區，各分屬於三強，特殊柏林地區將由三強共同占領」。[27]該議定書並詳細地列述各占領區的區域及邊界。[28]

㈡《有關在德國之管制機構協定》

1944年11月14日《有關在德國之管制機構協定》（Agreement on control Machinery in Germany）規定「在德國之最高機構，將由依其政府訓令之美、英、蘇各國總司令在各占領區內執行權力，以及共同執行整個德國（Germany as a whole，Deutschland als Ganze）之有關事務」，及「三國總司令所合組之最高權力管制機構稱之為『管制委員會』（Control Council，Kontrollrat）以共同執行對整個德國有關之軍事、政治、經濟及其他事務」。[29]

---

[27] *Documents on Germany 1944 – 1985*, United States Department of States, S.*1*.

[28] a.a.O., S.1 ff.

[29] a.a.O., S.6 ff.

法國後來在1945年5月1日該協定的補充協定中成爲另一個占領國家,占領區則重分爲四個地區。[30]

(三)《雅爾達議定書》

　　1945年2月11日英、美、蘇三國在《雅爾達議定書》（Protocal of Proceedings of Yalta Conference）中稱:「將共同促使納粹德國接受無條件投降之條款……三國部隊並將各自占領德國之一個地區,另計畫成立一個『盟軍管制委員會』（the Allied Control Council）以執行相互協調管制之工作。此委員會由三國最高司令官組成,總部設在柏林。法國如果願意,三國願邀請她承擔一個占領區並參與管制委員會,成爲其中之一份子」[31]。

二、有關盟軍接管德國政府權力的協議

(一)德國軍事投降

　　1945年5月8日德國最高統帥部代表菲德柏格（Von Friedeburg）、凱特（Keitel）及史杜福（Stumpf）將軍在柏林簽署軍事投降書,同意德國「以無條件地代表現在仍在德國控制下之一切陸海空軍,向盟國遠征軍最高統帥,同時向蘇聯最高統帥部投降」,並「保證執行盟軍最高統帥及蘇聯最高統帥之任何命令」[32]。

　　同年5月7日德國最高統帥部元帥尤德（Jodel）已在雷

---

[30] a.a.O., S.12 ff.
[31] a.a.O., S.10 ff.
[32] a.a.O., S.14.

姆（Reims）簽署一份與前內容一致的軍事投降書。[33]

㈡〈柏林宣言〉

1945年6月5日英、美、法、蘇在柏林發表「關於擊敗德國並在德國承擔最高權力」（the Defeat of Germany and the Assumption of Supreme Authority）宣言，簡稱為〈柏林宣言〉（Berlin Declaration）。該宣言稱，由於「德國無中央政府或當局能夠承擔維持秩序、國家行政及執行戰勝國的責任」，故四強將「承擔德國的最高權力，包括德國政府、司令部與所有邦、市地方政府或當局的一切權力」，但強調「係為上述目的而承擔這些權力，並不構成對德國的併吞」。並稱四強「將決定德國或其他部分的疆界，並決定德國或目前是德國領土任何區域的地位」[34]。

同日四強發表關於「在德國及大柏林占領區之聲明」（Allied Statement on Zones of Occupation in Germany and the Occupation of "the Great Berlin"）以延續1944年《倫敦議定書》的精神，該聲明稱：

> 「為占領之目的，將以1937年12月31日為疆界之德國分成四個區，東區分予蘇聯，西北區分予英國，西南區分予美國，西區分予法國……大柏林將由四國武力占領，並將建立一個由各總司令任命之四個司令官所組成之『盟軍管制當局』（Inter-Allied Governing Authority 俄文稱之為 Komendatura）以共管當地之行政」[35]。

---

[33] Ingo von Münch, (Hrsg.), *Dokumente des geteilten Deutschland, Band 1* (Stuttgart, 1976), S.17.

[34] *Documents on Germany 1944-1985*, S.33 ff.

[35] a.a.O., S.38 ff.

同日四國另發表有關「在德國及大柏林管制機構之聲明」（Allied Statement on Control Machinery in Germany and "Great Berlin"）稱：

> 「在德國執行無條件投降之基本條件時，蘇、英、美、法各總司令將於各占領區內，遵照各該國政府訓令，行使最高權力。關於涉及整個德國之事務，由四國共同處理，四國總司令將組成『管制委員會』……」
>
> 「管制委員會將確認各國總司令於占領區內，採取適當之一致行動，並對涉及整個德國之主要問題獲致同意之決定。該委員會之決議須一致通過」[36]。

㈢《波茨坦議定書》

英、美、蘇三個為處理戰後德國及其他歐洲國家的問題，於1945年7月17日至8月2日在波茨坦召開會議，會後於1945年8月2日在柏林簽訂議定書（亦經常被稱之為《波茨坦協定》）。該議定書重申依照「管制德國機構之聲明，德國境內最高權力由美、英、蘇、法四國總司令遵照本國政府之訓令，分別在其各占領區內執行任務，彼等並以管制委員會成員之地位，共同處理有關整個德國之一般事件」[37]，並決定設立外長會議（Council of Foreign Minister）[38]，以就「歐戰結束時未決之領土問題提出建議解決方案」。「外長會議將負責準備對德和約，俾於合乎此項

---

[36] a.a.O., S.39.

[37] a.a.O., S.54 ff.（55）

[38] a.a.O., S.55 ff.

目的之德國政府成立時，由德國政府予以接受」。[39]

　　《波茨坦議定書》並確定盟國管制初期處置德國的政治及經濟原則。政治方面，確定解除德國軍備（demilitarization）、肅清納粹主義（denazification）、實行民主政治（democratization）及採行地方分權（decentralization）等四項原則。[40]在經濟上，確定德國如何賠償、分散德國經濟，防止以「卡特爾」（cartels）、「辛迪加」（syndicates）、「托拉斯」（trust）及其他壟斷方式而造成過分集中現象。[41]但仍主張「在占領期間內，德國應被視為一個經濟單位」[42]。為達成此目的，四強在各占領區內，應在礦業、工業、生產分配、農林漁業、工資物價及整個德國為對象的進出口計畫、貨幣、銀行、中央賦稅、關稅、運輸及交通等方面確定共同的政策。[43]

　　四強管制委員會另在1945年9月20日發布第二號命令稱，四強將管理德國與其他國家關係的所有事務，沒有四強的同意，德國官署不能對外發表聲明。[44]

　　上述的各項國際協議，除確定四國對德國占領地區的分配，執行管理德國機構的組成及管理方式外，在有關德國法律地位方面，包括下列幾點：

---

[39] a.a.O.

[40] a.a.O., S.56 ff.

[41] a.a.O., S.58.

[42] a.a.O.

[43] a.a.O., S.58 ff.

[44] von Forschungsinstitut der Deutschen Gesellschaft für Auswärtige Politik e.V.（Hrsg.），*Dokumente zur Berlin Frage 1944 – 1966* 3.Auflage，（München 1967），＜194 – 2＞．

1. 將與德國簽署和平條約。

2. 設定處置德國的若干措施，如賠償原則。

3. 「承擔」德國所有權力，但不是併吞。

4. 未表達欲對德國作長期占領的意願。

5. 均未表示欲將德國版圖納入占領國的意願。

上述五點將對德國是否滅亡這一命題有著非常密切地相關性，此將在下節中論述。

第三節　有關德國存亡的論點

一、主張德國滅亡的學說

一些法學界人士主張德意志帝國已在1945年滅亡所持的理由，一為視其因被征服而滅亡，另一為視其因分解而滅亡，茲述於後：

(一)征服學說（Debellationstheorie）[45]

德裔美籍學者克爾森（Hans Kelsen）認為「由於德國在1945年完全地戰敗，軍事投降及中央政府（national gov-

---

45 Hans Kelsen, " Is a Peace Treaty with Germany legally possible and politically desirable？" *APSR*, XLI（1947）： S.1189.

Hans Kelsen, " The International Legal Status of Germany according to the Declaration of Berlin, " *American Journal of International Law* 39（1945）： 518ff.

Hans Nawiasky, *Grundgedanken des Grundgesetzes für die BRD*（München, 1950）, S.6 ff.

ernment）被廢除，德國已不再是一個主權國家及國際法的主體」[46]。依據1945年6月5日的四強聲明，德國的地位係屬於一種由四個占領國以主權國家共同對德或領土及其人民行使權力的「共管地」（kondominium）的地位。[47]占領區內所成立的政府，亦即日後的兩個德意志國家，僅能算是德意志帝國的繼承國，因爲德國在成爲「共管地」時已經滅亡。[48]納威斯基（Hans Nawiasky）亦認爲，由於缺少一個政府權力機構，德國在1945年已經滅亡。[49]

㈡分解學說（Dismemberationstheorie）

東德官方支持此種學說[50]，蘇聯在1955年後亦持此看法。[51]此項學說認爲德意志帝國在1949年以後分解爲兩個新生的國家，此兩者均爲國際法的主體，亦具有完整的主權[52]，德意志帝國已經由分解爲數個部分而滅亡，德國已不再是一個法律概念，而僅是一個地區民族與地理的標

---

[45] Siegrid Krülle, *Die völkerrechtlichen Aspekte des Oder-Neiße-Problems* （Berlin, 1970）, S.81 ff.

Wilfried Fiedler, *Staatskontinuität und Verfassungsrechtsprechung* （Freiburg, 1970）, S.144.

[46] Kelsen, " Is a Peace Treaty with Germany legally possible and politically desirable？ " S.1189.

[47] a.a.O.

[48] a.a.O.

[49] Nawiasky, *Grundgedanken des Grundgesetzes für die BRD*, S.6 ff.

[50] 請參閱本書第二章第二節。

[51] Tass-Erklärung vom 15.9.1955, *Europa Archiv*, 1955, S.8279.

[52] Walter Freiherr Marschall von Bieberstein, *Zum Problem der völkerrechtlichen Anerkennung der beiden deutschen Regierungen* （Berlin, 1959）, S.84 ff.

誌。從民族的角度來看，尚可稱德國地區有一統一的德意志民族，但從國際法與國家法（指憲法）的角度來看，德國地區已產生兩個新生、平等且具主權的國家[53]。

二、各主要國家的立場

國家為國際法的主體，亦是國際社會最重要的成員，它們對某一國際法問題的態度，當然會對該問題的發展有著相當地影響。同樣道理，各主要國家對德國是否滅亡的看法，亦當然會間接影響到德國的法律地位。歐洲各主要國家對此問題的立場分別如下：

(1)英、美兩國均持德國仍然存續的看法。[54]英國法院在兩次有關判決中，均以德國仍然存續為判決的依據。[55]

---

[53] Herbert Broelmann, *Das rechtliche Selbstverständnis der Bundesrepublik Deutschland nach den Ostverträgen*, Dissertation. （München, 1974），S.36 ff.

[54] Schuster, *Deutschlands staatliche Existenz im Widerstreit politischer und rechtlicher Gesichtspunkte 1945 – 1963*, S.189.

Arnim Albano-Müller, *Die Deutschlandartikel in der Satzung der Vereinten Nationen* （Stuttgart, 1967），S.71.

Claus Arndt, *Die Verträge von Warschau und Moskau-Politische*, *verfassungsrechtliche und völkerrechtliche Aspekte* （Bonn, 1982），S.128.

[55] Schuster, *Deutschlands staatliche Existenz im Widerstreit politischer und rechtlicher Gesichtspunkte 1945 – 1963*, S.188.

Albano-Müller, *Die Deutschlandartikel in der Satzung der Vereinten Natione*, a.a.O.

Arndt, *Die Verträge von Warschau und Moskau-Politische*, *verfassungsrechtliche und völkerrechtliche Aspekte*, a.a.O.

(2)法國對此問題的立場顯得並不一致。在戰後，法國認爲德國因完全投降而滅亡；但在實際行爲上，又將德國視爲是一個繼續存在的國家。[56](3)多數蘇聯國際法學者與蘇聯政府在1945至1954年間，持德國並未滅亡的主張，[57]但自1955年後則持德國已經滅亡的看法。[58]㈣其他國家如瑞士[59]、奧地利[60]及西班牙[61]均主張德國仍然存續[62]。但是所

---

[56] Blumenwitz, *Die Grundlagen eines Friedensvertrages mit Deutschland*, S.7 ff.

Schuster, *Deutschlands staatliche Existenz im Widerstreit politischer und rechtlicher Gesichtspunkte 1945 – 1963*, S. *189*.

Arndt, *Die Verträge von Warschau und Moskau-Politische, verfassungsrechtliche und völkerrechtliche Aspekte*, S. *128*.

[57] Schuster, *Deutschlands staatliche Existenz im Widerstreit politischer und rechtlicher Gesichtspunkte 1945 – 1963* S.191.

Arndt, *Die Verträge von Warschau und Moskau-Politische, verfassungsrechtliche und völkerrechtliche Aspekte*, S.128.

[58] Schuster, *Deutschlands staatliche Existenz im Widerstreit politischer und rechtlicher Gesichtspunkte 1945 – 1963*, S.192 ff.

[59] Arndt, *Die Verträge von Warschau und Moskau-Politische, verfassungsrechtliche und völkerrechtliche Aspekte*, S.128.

[60] Theodor Veiter, " Deutschland, deutsche Nation und deutsches Volk-Volkstheorie und Rechtsbegriff, " *Aus Politik und Zeitschrift*, 11（1973）：S.38.

[61] Schuster, *Deutschlands staatliche Existenz im Widerstreit politischer und rechtlicher Gesichtspunkte 1945 – 1963*, S.190.

[62] a.a.O., S.190, 195 ff.

Blumenwitz, *Die Grundlagen eines Friedensvertrages mit Deutschland*, S.79.

有的東歐國家則認為德國已經滅亡。[63]

　　依據國際法的學說，若某一個家因戰爭而滅亡，則戰爭狀態自然結束。[64]故假若德國已因戰爭而滅亡，交戰國自然不需要再向東德或西德發表結束與德國戰爭狀態的聲明。西德馬克斯・普朗克（ Max Planck ）研究院國際法及外國公法研究所的一篇論文指出，與德意志帝國有戰爭狀態的國家中有四十一個曾發表結束戰爭狀態的聲明[65]，十四個國家雖然沒有特別作有關聲明，但經其他方式表達了與德國結束戰爭狀態的含意。[66]其中只有法國雖然在1951年7月9日發表結束對德戰爭狀態的聲明，但在該聲明中又宣稱德國已經滅亡。[67]

　　從上述資料可以得知，在戰後初期，大多數國家基於本身的政治立場，對德國是否已滅亡有著不同的認定，但是多數國家仍是持德國繼續存續的觀點。西德的法學界是支持德國並未滅亡的觀點，並從國際法的各種說法來找尋論證。

---

[63] Schuster, *Deutschlands staatliche Existenz im Widerstreit politischer und rechtlicher Gesichtspunkte 1945 – 1963*, S.191.

[64] Berber Friedrich, *Lehrbuch des Völkerrechts*, Bd.2.（ München, 1969 ）, S.99 ff.

[65] Hermann Mosler / Karl Doehring, " Die Beendigung des Kriegszustandes mit Deutschlandd nach dem zweiten Weltkrieg, " *Beiträge zum öffentlichen Recht und Völkerrecht*, Bd.37. Hrsg. von Max-Planck-Institut für ausländisches Recht und Völkerrecht.（ Köln, 1963 ）, S.442 ff.

[66] a.a.O., S.444 ff.

[67] *Dokumente des geteilten Deutschland*, S.57.

三、主張德國存續的論點

(一)領土

　　就領土方面而言，由於戰爭末期及戰後四強的書面聲明及有關議定書，皆未對德國作永久占領的表示，亦無將德國，或分割過的德國一部分納入自己國家版圖的意願。四強甚而在1945年的〈柏林宣言〉中強調，四國在承擔執行德國國家權力時，「並不構成對德國的併吞」。故可知，德國的領土僅是被暫時的占領，既未被併吞亦未被征服，大多數法學者亦持此看法。[68]基於大多數國家在國際法的意義上，均有支持德國仍未滅亡的行為，故德國的領土亦不能算是已經分解而消失。

(二)權力

　　就國家權力方面而言，1945年5月7、8日德國的軍事投降書與其他停戰協定不同之處在於，該軍事投降書僅是德國陸海空軍代表向同盟國軍事司令部所發表的單方面意

---

[68] Scheuer, *Die Rechtslage im geteilten Deutschland*, S.3.

Blumenwitz, *Die Grundlagen eines Friedensvertrages mit Deutschland*, S.76.

Schuster, *Deutschlands staatliche Existenz im Widerstreit politischer und rechtlicher Gesichtspunkte 1945 – 1963*, S.20.

Wilhelm G. Grewe, *Ein Besatzungsstatus für Deutschland* (Stuttgart, 1948), S.20 ff.

Ulrich Scheuner, " Die staatsrechtliche Kontinuität in Deutschland, " *DeutschesVerwaltungsblatt*, 1950, S.481ff.

Kurt Heinze, " Völkerrechtsproblem des Verteidigungsbeitrages der deutschen Bundesrepublik ", *Europa Archiv*, 1952, S.4712ff.

願聲明，投降書末所列的見證者亦只有盟軍與蘇聯的最高統帥代表，故德國的投降書在意義上僅具軍事意義的投降，而不能被視爲德國同意出讓國家權力。[69]有學者認爲，即使德簽署投降書的三軍代表可視爲德國政府代表，但這並不即表示，三軍代表被委任承擔國家權力。因爲國家權力屬於人民，必須由人民自行決定，這種權利是不能被放棄（ unverzichtbar ）及不得轉讓（ unübertragbar ）。[70]德國的國家權力並沒有因爲被所謂的征服而消失，德國的統治權力只是被占領國的權力所「覆蓋」（ überdeckt ）及「超越」（ überholt ），德國的中級及地方行政事實上仍然繼續存在。[71]雖然德國在事實上已不具有效運作的機構，但這只是表示德國政府的行爲能力（ Handlungsfähigkeit ）已經喪失，並不表示德國失去其原本具備的法律能力（ Rechtsfähigkeit ）。[72]

　　亦有學者認爲，1945年的〈柏林宣言〉中雖然表示，四強「承擔德國最高權力」，但由宣言中其他部分可知，承擔該權力的目的在於停止德國的敵對行動，維持德國秩

---

[69] Scheuer, *Die Rechtslage im geteilten Deutschland*, S.34. Schuster, *Deutschlands staatliche Existenz im Widerstreit politischer und rechtlicher Gesichtspunkte 1945 – 1963*, S.45.

[70] Grewe, *Ein Besatzungsstatus für Deutschland*, S.53.

Scheuer, *Die Rechtslage im geteilten Deutschland*, S.34 ff.

[71] Blumenwitz, *Die Grundlagen eines Friedensvertrages mit Deutschland*, S.76 ff.

[72] Schuster, *Deutschlands staatliche Existenz im Widerstreit politischer und rechtlicher Gesichtspunkte 1945 – 1963*, S.45.

Erich Kaufmann, *Deutschlands Rechtslage unter der Besatzung* (Stuttgart, 1948), S.11 ff.

序與地方行政,及公告對德國的要求。這表示四強僅欲承擔某些特定的權力,而非全面性的國家權力。[73]

(三)國家人民

就國家人民方面而言,德意志人民存在是一個不爭的事實。[74]由於「征服」(或「平定」)的結果是戰敗國人民改變其國籍,但德國國民卻未被迫喪失其國籍。[75]

(四)各國後續行為

就各國的後續行為來看,《波茨坦議定書》中已明文規定四強對德國疆界的處置措施。若德國已經滅亡,繼承國沒有必須接受該議定書的拘束,該處置措施自無簽訂之必要。故可推論,四強訂定有關的賠償條款時,基本上是以承認德國仍然繼續存在為前提。[76]

另外,1945年聯合國憲章第107條訂有所謂之「敵國條款」(Feindstaaten Klauseln),及第53條第2款將敵國界定為「本條第一項所稱敵國係指第二次世界大戰中為本憲章任何簽字國的敵國而言」。假若東西德是兩個新生國家,則上述兩條文對東西德而言,是不具任何意義。但事

---

[73] Scheuer, *Die Rechtslage im geteilten Deutschland*, S.35.

[74] Blumenwitz, *Die Grundlagen eines Friedensvertrages mit Deutschland*, S.77.

[75] 可參閱杜蘅之,《國際法大綱》,下冊,(台北,台灣商務印書館,72年修訂一版),頁540.

[76] Albano-Müller, *Die Deutschlandartikel in der Satzung der Vereinten Natione*, S,71 ff.

Dieter Blumenwitz, *Feindstaatenklauseln – – Die Friedensordnung der Sieger* (Wien, 1972), S.28 ff.

Arndt, *Die Verträge von Warschau und Moskau-Politische, verfassungsrechtliche und völkerrechtliche Aspekte*, S.68 ff.

實上，四強一直是將東西德視爲該二條文的適用對象。

　　由以上分析可知，德國的領土與人民並沒有消滅，國家權力也沒有完全被占領國家取代，國際社會各國家的行爲亦直接或間接地承認德國仍然存在，故就國際法的層面而言，德國應屬尚未滅亡。

　　西德聯邦憲法法院在歷次的判決中，亦均持德國仍然續存的看法。[77] 1973年7月31日在有關《基礎條約》（詳請參閱第三章）的判決中更明確地述明法院認爲德國繼續存在的理由，該次判決稱：

> 「德意志帝國在1945年後仍然繼續存在，它既不因投
>　降，亦不因占領國在德國行使外國權力而滅亡，此可
>　從基本法序言，第16條、第23條、第116條及第146條
>　而得知。聯邦憲法法院並已於數次判決中確定德意志

---

[77] *BVerf*GE 2, 266 ff/277.（Beschluβ vom 7. Mai 1953. Notaufnahmege-setz vom 22. August 1950. Grundrecht der Freizugigkeit, Regelung des Verfahrens zu seiner Einschrankung）

*BVerf*GE 3, 288 ff/319 ff.（Urteil vom 26. Februar 1954. Gesetz zur Reglung der Rechtsverhältnisse der unter Art. 131 GG fallenden Personen vom 11. Mai 1951. VerfBeschw. von ehemaligen Berufssoldaten und Versorgungsempfängen der ehemaligen Wehrmacht）

*BVerf*GE 5, 85 ff/126.（Urteil vom 17. August 1956. Verfahren über den Antrag der Bundesregierung auf Feststellung der Verfassungswidrigkeit der Kommunistischen Partei Deutschland）

*BVerf*GE 6, 309 ff/336, 363.（Urteil vom 26. März 1957. Reichs-skonkordat vom 20 Juli 1933. Niedersächsisches Gesetz über das öffentliche Schulwesen vom 14. September 1954. Keine Pflicht der Länder dem Bund gegenüber zur Beachtung der Selbstbestimmungen des Reich-skonkordats）

帝國仍然存在。雖然它作爲一個整體國家而言，缺少組織，特別是缺少憲政機關，而使得它無行爲能力，但它仍如以往般地擁有法律能力」。[78]

第四節　德國的疆界

德國倘未滅亡，必有其疆界，四強與西德對德國疆界的認定爲何？有無法律上的爭議？是本節討論的重點。

戰爭末期，四強在1944年9月12日的《倫敦議定書》中，將德國的疆界界定在1937年12月31日的疆界。[79]這表示，不僅英、法兩國在1939年9月1日對德宣戰日以後所得的領土均屬無效，連1937年12月31日以後德國所得的領土亦不歸屬於德國。由於這是戰勝國的單方面聲明，西德學術界仍有人對1937年12月31日以後德國所獲得的若干領土合法性提出辯護，並認爲僅靠《倫敦議定書》並不能爲上述若干領土的歸屬作最後決定，而認爲應待《對德和平條約》簽署時方能定案。[80]茲將1937年12月31日以後德國所獲得的領土及其爭議列述於后：

---

[78] *BVerfGE* 36, 1 ff/16.（Urteil · vom 31. Juli 1973. Grundlagenvertrag Bundesrepublik Deutschland und Deutsche Demokratische Republik）

[79] *Documents on Germany 1944 – 1985*, S.1.

[80] Dieter Blumenwitz, *Was ist Deutschland？– Staats- und Völkerrechtliche Grundsätze zur deutschen Frage und ihre Konsequenzen für die deutschen Frage und ihre Konsequenzen für die deutsche Ostpolitik*（Bonn 1989）, S.28 ff.

一、奧地利合併無效

　　第一次世界大戰結束後，戰勝國與奧地利於1919年10月簽署《聖格曼和平條約》。依此條約規定，奧地利的獨立不容改變，德、奧兩國不得合併，並責成奧地利政府禁止任何此種企圖。另1918年6月28日戰勝國與德國簽署的《凡爾賽和約》第80條亦規定，德國應承認不得更改奧國的獨立。[81]

　　1931年德、奧成立關稅同盟時，國際聯盟常設國際法院即表示，該關稅同盟已違背奧國和約。[82]

　　1938年2月12日夜德軍進入奧國，4月18日奧國舉行全民投票，99％以上的人民贊成與德國合併（Anschluβ），同日奧國法律以「德意志帝國法律」（Das Deutsche Reichgesetz）取代。英、美、蘇對此同聲譴責，日後並於1943年10月20日的〈莫斯科宣言〉中，宣稱此項合併為無效。[83]

　　德國戰敗，奧國亦由英、美、法、蘇四國占領。1945年4月27日奧國發表獨立聲明稱「德意志奧地利共和國（Die Deutsche Republik Österreich）將以1920年之憲法精神重建」，並認為奧地利人民被迫於1938年加入德國，應屬無效。[84]

---

[81] Rudolf Geiger, *Grundgesetz und Völkerrecht* （München, 1985），S.33.
[82] a.a.O., S.34.
[83] a.a.O.
[84] a.a.O.

1955年5月15日四強與奧國簽訂《重建獨立與民主之奧地利國家條約》（Staatsvertrag）。在序言中，戰勝國除認定德國係於1938年3月13日併吞奧國，「合併」應屬無效外，並規定：[85]

「承認奧國重建為一主權、獨立與民主的國家」。（第
　1條）
「將在對德和約中規定，保證德國承認奧地利之主權與
　獨立，並由德國放棄對奧地利及對奧地利領土及政治
　上之要求」。（第3條）

　　雖然《對德和平條約》尚未簽定，但東西德政府已在戰後接受了奧國的獨立。有關奧地利不是屬於德國的問題，並已為國際所確認。

二、蘇台區併入無效

　　第一次世界大戰後，捷克共和國誕生。《凡爾賽和約》第27條規定蘇台區（Südeten Land）屬於捷克，並未顧及該地區日耳曼人當時自決權的要求。在奧地利合併於德國後，蘇台區的德人再度要求自主權，並表示願歸附於德國，希特勒遂利用該地區的德意志人對捷克政府製造困擾。在納粹的軍事武力威脅下，1938年9月19與22日英法兩國與捷克換文顯示，捷克政府願接受英、法建議，準備放棄蘇台區以換取和平。9月28日英、法、義、德四國簽

---

[85] Blumenwitz, *Was ist Deutschland*？ S.29.

訂的《慕尼黑協定》（Münchner Abkommen）同意將蘇台區併入德國。捷克政府於9月30日聲明，「經過詳細的諮商與對英、法政府緊迫建議的考慮，及對歷史責任的了解……各政黨一致同意接受四強的《慕尼黑協定》」。11月20日德、捷政府就雙方邊界簽署協定，以確定雙方之詳細邊界。86

西德學者布魯門魏茲（Dieter Blumenwitz）認為，由於德、捷兩國當時已就疆界問題達成協議，故不可認為捷克政府9月30日放棄蘇台區的聲明不會影響到該地區的地位。何況德、捷兩國就有關蘇台區的邊界協定高達五十個，捷克政府後來亦在該地區設有領事館。另由於德國在1938年秋天已在該地區行使管轄權力，因此就國際法而言，德國是因為對方「割讓」而獲得上述領土。87他認為，東西方學者認為《慕尼黑協定》自始，或後來變得無效的理由，如不尊重條約訂定的程序原則（指捷克政府未參加）、違背捷克憲法、捷克因在德國的武力威脅下並無能力表示意願、違反自決權等等，在法律上均不算是令人信服的理由。88

布魯門魏茲認為，基於《慕尼黑協定》及其後續有關蘇台區的協定均屬合乎國際法的行為，且德國在1945年5月9日前已在該地區行使權力，故上述蘇台區的地位歸屬仍是一未定的問題，必須等到未來《對德國和平條約》簽

---

86 Geiger, *Grundgesetz und Völkerrecht*, S.35
   Blumenwitz, Was ist Deutschland？ S.29.
87 Blumenwitz, *Was ist Deutschland？* S.30.
88 a.a.O.

訂時才能定案。[89] 例如蘇聯在1953年3月10日所提出的《對德和平條約》草案第10條即主張「德國承認《慕尼黑協定》本身及有關規定均屬無效，並聲明承認以前所稱之蘇台區一直是捷克共和國領土內不可侵犯之地區」[90]，若該地區已在《倫敦議定書》簽署時合法歸還捷克，條約草案內自無再訂此條規定的必要[91]。

雖然《對德和平條約》未簽署，但東西德政府均已認爲《慕尼黑協定》爲無效。東德政府曾於1950年6月23日發表〈布拉格聲明〉（Prager Deklaration）稱，「《慕尼黑協定》自始即屬無效」。[92] 1967年3月17日東德與捷克簽訂《友好與互助條約》（Freundschafts- und Beistandsvertrag）中亦再度強調《慕尼黑協定》自始即屬無效，該協定有關的任何規定亦當屬無效。[93]

西德政府在1973年12月11日與捷克政府簽署《相互關係條約》（Treaty of Mutual Relations）。該條約因在布拉格簽署，亦稱之爲《布拉格條約》。序言中稱雙方「認爲捷克共和國在納粹政權之武力威脅下被迫接受1939年9月28日之《慕尼黑協定》」，第1條並稱「依本條約，1939年9月28日《慕尼黑協定》所述及之雙邊關係爲無效」[94]。

蘇台區對德國問題所引發的問題是：《慕尼黑協定》是否自始無效？若無效，當然此問題已經解決，若有效，

[89] a.a.O., S.31.
[90] *Europa Archiv*, 1952, S.4805, 4832 ff.
[91] Blumenwitz, *Was ist Deutschland*？S.31.
[92] Geiger, *Grundgesetz und Völkerrecht*, S.36.
[93] Blumenwitz, *Was ist Deutschland*？S.30.
[94] a.a.O., S.31.

將須待《對德和平條約》簽署時方能解決。在戰後的初期，這個問題早已跳離了國際法的討論，而是國際政治的考量。即使在國際法上，蘇台區的併入是否眞的無效，仍有學理討論的空間，但是政治的現實卻是不允許。由於東德政府認爲《慕尼黑協定》自始即屬無效，西德政府亦認爲該協定應對捷克無效，故蘇台區地位的歸屬應已無多大爭議，即使未來仍有《對德和平條約》的簽署，由於東西德政府均已明確表示態度，蘇台區的法律歸屬地位應不會被改變。以後的事實發展也的確證明，這個問題從來沒有成爲眞正的議題。

三、米美爾地區轉讓無效

1919年《凡爾賽和約》第99條規定，德國放棄所有對米美爾地區（Memelgebiet）領土的要求，1920年2月5日該地區由盟國最高委員會管理，1923年1月立陶宛乘法國強行進入魯爾區的機會，占領米美爾地區。同年2月16日英、法、日、義大使會議簽署《米美爾公約》（Memel Konvention），將該地區的最高權力（Gebietshoheit）轉交給立陶宛。1929年3月22日立陶宛與德國簽約將米美爾交還給德國，該條約第15條並稱，由於1923年的《米美爾公約》並未經由英、法、日、義等國政府的簽署，故該地區的最高權力轉移應屬無效。[95]

西德有學者認爲，由於當時各國對德、立兩國條約的默認，故米美爾地區的歸屬仍是一法律問題，尚未定案，

---

[95] a.a.O., S.31 ff.

並不能經由德蘇建立外交關係，亦不能經由1970年的《莫斯科條約》而得到解決。[96]

四、波希米亞與摩拉維亞占領無效

1939年3月14日希特勒邀請捷克領袖哈查（Hacha）及外長齊伐柯斯基（F. Chralkovsky）至柏林，並以武力壓境迫渠等簽署保護條約（Protektorsvertrag），15日德軍占領波希米亞（Böhmen）與摩拉維亞（Mühren）兩地區，併為德國的保護區。基於此項行為違反國際法，故該地區在1945年歸還給捷克並不需要特別訂定相關條約。[97]

雖然從法律的角度來看，蘇台區與米美爾地區的最後歸屬是否已完成了法定程序（如簽署和約）仍有爭議，但西德在其1949年5月8日判定的基本法中已同意四強的看法，將此兩地區排除，並以1937年12月31日的疆界為德國的疆界。[98]西德聯邦憲法法院亦在一次判決中將德國定位在「以1937年疆界的德國」[99]。1937年12月31日以後的德國疆界歸屬已不再是國際法上的爭議問題。

---

[96] a.a.O., S.32.

[97] a.a.O.

[98] 基本法第116條第一項規定……本基本法所稱德人民，係指具有德國國籍之人，具有德國血統以難民或被驅逐者，或其配偶，後裔之資格准許進入1937年12月31日為疆界之德意志帝國領土之人。

[99] *BVerf*GE, 5, 85 ff.

第二章
東西德與德國法律關係
定位的爭議

德國問題的另一個法律爭議在於東西德在分別加入華沙與北約兩區域性組織後，是否成爲一完整的主權國家？如果是，則德國的分裂有可能在法律上成爲事實，反之則倒有斟酌的餘地。本章第一節將對此作一探討。在學理上，東西德與德國可能發生的法律關係爲何？第二節將就各種理論作一闡述。另外，東西德又是如何地以這些理論詮釋他們與德國之間的法律關係，不同的憲政機關是否有著不同的看法？其間又有無相互矛盾之處？國際上又是如何看待東西德與德國的關係？均於第三節中作一討論。

第一節　東西德主權的爭議

一、西德的主權

　　1950年韓戰爆發，東西方陷入冷戰。西方基於安全的需要，決定將西德納入其安全防禦體系絲並建立其軍備，因而在法律意義上承認西德爲一獨立自主的國家實有必要。1953年5月26日西德政府與英、美、法三國簽署《德意志聯邦共和國與三強關係條約》（ Vertrag über die Beziehungen Zwischen der Bundersrepublik Deutschland und den drei Mächten，該條約先多被稱爲《一般條約》（ Generalvertrag ），後則多被稱爲《德國條約》（ Deutschland Vertrag ），本書稱之爲《德國條約》）。[1]依此條約，三強將

---

[1] *Dokumente des geteilten Deutschland*, Hrsg. von Ingo von Münch, Band I , (Stuttgart, 1976), S.229 ff.

結束在西德的占領狀態。

1952年5月27日德、法、荷、比、盧、義等六國簽署《歐洲防衛共同體條約》（EVG-Vertrag）。另外，《德國條約》第11條規定，《德國條約》應由各簽字國依照各國的憲法程序予以批准，並於建立《歐洲防衛共同體條約》生效時立即生效。後因法國國會未批准該防禦條約，《德國條約》即因而被擱置。直至1954年10月23日內容略經修改過後的《德國條約》由英、美、法以及西德等國共同簽署，同日西德加入北大西洋公約組織，四國並於當日共同簽署了《結束在德意志聯邦共和國占領議定書》（Protokoll über die Beendigung des Besatzungsregimes in der Bundesrepublik Deutschland）[2]。至此，在法律上，三強正式結束對西德的占領。

西德政治學者多認為至此西德已獲得主權，為一獨立自主的國家。[3]西德第一任總理艾德諾（Konrad Adenauer）即在1955年5月5日《德國條約》生效時稱：當日係西德「獲得主權的日子」，西德已是一個「自由獨立的國家」。[4]但是就法律層面而言，西德是否真正已獲得完整的主權？則仍有很大的爭議，西德法界與學界對此問題也是見仁見智，各有不同看法。

---

[2] a.a.O., S.247 ff.

[3] Paul Noack, (Hrsg.), *Die Außenpolitik der Bundesrepublik Deutschland* 2. Auflage (Stuttgart, 1981), S.43 ff.

[4] Konrad Adenauer, *Erinnerungen 1953 – 1955* (Stuttgart, 1966), S.432.

例如：達姆（ Georg Dahm ）[5]、格瑞吾（ Wilhelm Grewe ）[6]、麥爾（ Hedwig Maier ）[7]、陶柏樂（ Achim Tabler ）[8]、馮‧畢柏斯坦（ W‧ Freiherr Marschall von Bieberstein ）[9]、明興（ Fritz Münch ）[10]及馮‧普特卡莫（ Ellinor von Puttkamer ）[11]等學者認為，雖然在《德國條約》中，三強對西德仍擁有保留條款，但西德已是一個主權國家。

另一群著名學者，如艾恩特（ Adolf Arndt ）[12]、畢柏（ Friedrich Berber ）[13]、布魯門魏茲[14]、柏克扶德（ Ernst-

---

[5] Georg Dahm, *Völkerrecht* (Stuttgart, 1958), Band I.S.169.

[6] Wilhelm G. Grewe, *Deutsche Außenpolitik der Nachkriegszeit* (Stuttgart, 1960), S.74. 83 ff.

[7] Hedwig Maier / Achim Tobler. " Die Ablösung des Besatzungsstatus in der Bundesrepublik Deutschland, " *Europa Archiv*, 1955, S.8094.

[8] a.a.O.

[9] Walter Freiherr Marschall von Bieberstein, " Zum Problem der völkerrechtlichen Anerkennung der beiden Regierungen – Ein Beitrag zur Diskussion über die Rechtslage Deutschlands, " In *Schriften zum öffentlichen Recht*, Bd.3. (Berlin, 1959), S.72.

[10] Fritz Münch, " Zur deutschen Frage, " In *Gibt es zwei deutsche Staaten? Drei Beiträge zur Rechtslage Deutschlands*. Hrsg. von Auswärtiges Amt, S.22 ff.

[11] Ellinor von Puttkamer, " Vorgeschichte und Zustandekommen der Pariser Verträge vom 23.Oktober 1954, " *Zeitschrift für ausländisches öffentliches Recht und Völkerrecht* 17 (1956/57), S.474.

[12] Adolf Arndt, *Der deutsche Staat als Rechtsproblem* (Berlin, 1960), S.25 ff.

[13] Friedrich Berber, *Lehrbuch des Völkerrechts*, Bd.1： Allgemeines Friedensrecht (München, 1960), S.153.

[14] Dieter Blumenwitz, *Die Grundlagen eines Friedensvertrages mit Deutschland* (Berlin, 1966), S.108 – 112, 115.

Wolfgang Bockenforde ）[15]、佛斯特霍夫（ Ernst Forsthoff ）[16]、
谷拉茲（ Heinz Guradz ）[17]、金密尼西（ Otto Kimminich ）[18]、
克瑞勒（ Martin Kriele ）[19]、克玉樂（ Siegrid Krülle ）[20]及魯
夫（ Helmut Rumpf ）[21]等則認為，西德並沒有獲得完整的主
權。

　　若從《德國條約》第1條第1款「俟本條約開始生效，
法、美、英三國應即終止在聯邦共和國之占領制度，廢止
占領法規並撤消盟國高級委員會及各地方專員辦事處」及
第2款「因此，聯邦共和國將行使主權國家對內和對外事
務之完全權力」來看，西德的確已經獲得主權。但有學者
認為，先就該條約的字義上分析，三強僅承認西德擁有
「主權國的完全權力」，而非承認西德為一「主權國

---

[15] Ernst-Wolfgang Böckenforde, " Die Teilung Deutschlands und die deutsche Staatsangehörigkeit, " In *Epirrhosis – Festschrift für Carl Schmitt*, Teil II. Hrsg. von Hans Barion, Ernst – Wolfgang Böckenförde, Ernst Forsthoff, Werner Weber (Berlin, 1968), S.454.

[16] Ernst Forsthoff, *Rechtsstaat im Wandel – Verfassungsrechtliche Abhandlungen 1950 – 1964* (Stuttgart, 1964), S.197.

[17] Heinz Guradze, " Anerkennung der DDR？ " *Zeitschrift für Rechtspolitik* (1969), S.253.

[18] Otto Kimminich, *Die Souveränität der Bundesrepublik Deutschland* (Hamburg, 1970), S.83 ff.

[19] Martin Kriele, " Der Streit um die Rechtslage Deutschlands und die völkerrechtliche Anerkennung der DDR, " *Zeitschrift für Rechtspolitik* (1971), S.261 ff.

[20] Siegrid Krülle, *Die völkerrechtlichen Aspekte des Oder-Neiße-Problems* (Berlin, 1970), S.88 ff.

[21] Helmut Rumpf, *Land ohne Souveränität – Beiträge zur Deutschlandfrage* (Karlsruhe, 1969), S.38.

家」。[22]再則從經驗中可知，倘經由條約而得到「主權」的國家，多半仍不具實質上的主權。例如，1936年8月28日英埃條約中即承認埃及爲一個「主權獨立的國家」，但一直到1954年10月19日此條約廢止，英國從埃及撤軍後，埃及才眞正成爲獨立的國家。[23]這種經由宣言方式地被賦予主權，往往反使得其主權的眞實性受到懷疑。國際實例中，這種以條約宣言式地賦予主權多應用在弱「國」，而非用在眞正獨立的國際法主體之上。[24]

　　引發西德是否具有完全主權的爭議重點在《德國條約》第2條的規定，亦即所謂的保留條款，該規定稱：「由於國際局勢迄今阻撓德國之再統一及締結條約，三國保留原來行使或持有之有關柏林及整個德國，包括德國再統一及締結和約在內之權利與義務」。

　　另外，《德國條約》第4、5、9條亦對西德的主權作了相當的限制。第4條重申三強在西德的武裝部隊駐紮權。雖然第5條第1款第2項規定：「三國在邀請目前尚未提供部隊之國家派遣部隊進入聯邦領土以成爲三國軍隊之部分前，應先取得聯邦共和國之同意」。但後半段卻稱：「但在遇有外來攻擊，或外來攻擊之緊急威脅之下，此等部隊得不經聯邦共和國之同意進入聯邦領土之內」。

　　該條第2款另規定「三強爲保衛其在聯邦共和國武裝

22 Blumenwitz, *Die Grundlagen eines Friedensvertrages mit Deutschland*, S.109.

23 a.a.O., S.108.

Berber, *Lehrbuch des Völkerrechts*, Band 1. S.121.

24 Blumenwitz, *Die Grundlagen eines Friedensvertrages mit Deutschland*, S.109.

部隊而在聯邦共和國行使有關權利」，但是「一俟負責之德意志當局從立法機構取得類似之權力，俾能採取有效措施以保障（三強）駐軍之安全，並能處理公眾安全及秩序之嚴重破壞時，上述權利則立刻消失」。

雖然《德國條約》第9條第1款規定，依該條約「設立一仲裁法庭」，但第3款又規定「涉及第4條第1款前兩句，第4條第2款及第5條第2款所述之三強權利或涉及實施上述權利所採取之措施而所生之爭端，不屬仲裁法庭或任何其他法院管轄」。

由《德國條約》的精神來看，條約內三強對西德的保留權力並不是由《德國條約》本身所賦予[25]，其法理基礎應該是由《波茨坦議定書》而來。金密尼西即稱此項保留權力具有「條約外的性質」（auβervertragliche Nature），完全掌握在三強的手中，不是西德政府所能決定，故三強並未將第2條所述之保留權力範圍有關的主權轉移給西德。[26]美籍學者如畢秀夫（Joseph W. Bishop）將此保留條款的意義稱之為「剩餘的占領」（residual occupation）。[27]這些經由《波茨坦議定書》而來，並在《德國條約》中重申的保留條款，使得西德的主權無論在法律上，或是在事實上都受到相當的限制。

英、美、法三國曾在1968年5月27日發表聯合聲明

---

[25] Arndt, *Der deutsche Staat als Rechtsproblem*, S.27.

[26] Kimminich, *Die Souveränität der Bundesrepublik Deutschland*, S.87.

[27] Joseph W. Bishop, " The " Contractual Agreements " with the Federal Republic of Germany – A study in the Adaptability of International Law to Political Realities, " *American Journal of International Law* 49（1955）, S.147.

稱，「至目前為止，由三強擁有且行使有關保護權等在聯邦共和國內駐軍安全之權力，當（緊急憲法條款）法律條文生效後立即消失」[28]。同年5月30日西德國會通過「緊急憲法條款」（Notstandsverfassungsgesetz），修改基本法的部分條文，賦予西德聯邦政府緊急處理危難的權力。[29]基於三強曾作上述聲明，同年6月25日「緊急憲法條款」生效後，英、美、法三國在緊急狀況下，可在西德採取必要措施以維持其駐軍安全的保留權已經消失[30]，但是對於有關「整個德國」及「柏林」事務解決的保留權仍未放棄。

若將西德的主權作若干層次的區分，在一般性的內政事務上，西德在其基本法效力所及的區域，即1949年基本法規定的地區加上1957年歸入的薩爾邦（也就是統一前的西德地區），享有完整的主權。[31]在涉外事務方面，除了

---

[28] Text der " Erklärung der Drei Mächte zum Ablösung der allierten Vorbe-haltsrechte ", in *Bulletin des Press- und Informationsamtes der Bundesregierung*, *Nr*.67 vom 28.5.1968, S.569.

[29] *Bulletin*, *Nr*.68 vom 31.5.1968.
Kimminich, *Die Souveränität der Bundesrepublik Deutschland*, S.120 ff.

[30] Kimminich, *Die Souveränität der Bundesrepublik Deutschland*, S.120 ff.
Manfred Schröder, " Die Auswirkungen der Notstandsverfassung auf die Souveränität der Bundesrepublik – Zur Ablösung der allierten Vorbehalts-srechte, " *Europa Archiv* （1968）, S.783 ff.
Eberhard Menzel, " Wie souverän ist die Bundesrepublik？" *Zeitschrift für Rechtspolitik* （1971）,S.185.

[31] Menzel, " Wie souverän ist die Bundesrepublik？", S.185.
Wilhelm Kewenig, " Grenzen der Souveränität, " In *Außenpolitische Aspekte des westdeutschen Staates*, Bd. 1：*Das Ende des Provisoriums*, Hrsg. von Ulrich Scheuner（München, 1971）, S.146.

《德國條約》第3條第1款所規定「聯邦共和國同意依照聯合國憲章之原則及歐洲理事會規章中所規定之目的執行其政策」中有關的政治性限制外，西德享有幾乎完整的主權。[32]至於在「整個德國」及「柏林」事務方面，西德的主權則是受到相當地限制。由於三國並沒有將主權全部交還給西德，故整體而言，倘西德仍主張統一，西德只是一個部分主權的國家。假若西德放棄統一與柏林，則西德自然可算是一個完整的主權國家。

雖然在《德國條約》中，西德同意英、美、法三國的立場，即沒有他們的同意，「德國」不可與他國簽訂任何和平條約，[33]但也有一點對西德是有利的，即保留條款的存在，至少表示著，在國際法與現實的國際政治上，「德國」仍被視為是一個法律上仍存在的實體，而不僅是一個地理名詞而已。[34]如果德國已經滅亡，三強大可不必再作這種申述。

二、東德的主權

1954年3月25日蘇聯發表〈德意志民主共和國獲得主權之聲明〉（Die Gewährung der Souveränität an die Deutsche

---

[32] Kewenig, " Grenzen der Souveränität, " S.185.

[33] Blumenwitz, *Die Grundlagen eines Friedensvertrages mit Deutschland*, S.131.

[34] Otto Kimminich, " Ein Staat auf Rädern？ " *Regensburger Universitäts – Zeitung* 11（1972）, S.8.
Dieter Blumenwitz, " Der Grundvertrag zwischen der Bundesrepublik Deutschland und der DDR, " *Politische Studien*（1973）, S.9.

Demokratische Republik）[35]。該聲明第1條即稱：

「蘇聯與德意志民主共和國維持與其他主權國家相同之關係……德意志民主共和國將依其自由意志決定其內外事務，包括與西德（Westdeutschland）之關係」。

在蘇聯表示同意後，東德政府隨即在1954年3月27日發表聲明稱，「德意志民主共和國現在為一主權國家」[36]。東德多數的法學者亦認為自1954年3月25日起，東德即是一個主權的國家。普拉克（Karl Polack）稱該日東德「完全享有最高的權力」（vollen Besitz der Hoheitsrecht），東德政府是一「主權國家的主權政府」[37]，佩克（Joachim Peck）稱蘇聯在聲明中已對東德這個「完整的國家作了國際法上的承認」[38]，其他如赫普特（Lucie Haupt）等也均持同樣的看法[39]。

若僅從1954年3月25日蘇聯的聲明第1條來看，東德似乎的確獲得了主權，但若再從其他條文觀之，則不盡然如此。該聲明第2條即稱：

「蘇聯將保有在德意志民主共和國內確保其安全功能及

---

[35] *Dokumente des geteilten Deutschland*, Band Ⅰ, S.329 ff.

[36] *Europa Archiv*, 1954, S.6535.

[37] Karl Polak, "Die Souveränität der Deutschen Demokratischen Republik und die deutsche Staatsfrage," *Neue Justiz*（1954）, S.317ff.

[38] Joachim Peck, Die *Völkerrechtssubjektivität der Deutschen Demokratischen Republik*（Berlin–Ost, 1960）, S.99.

[39] Lucie Haupt, "Die Souveränität der beiden in Deutschland bestehenden Staaten," *Staat und Recht*（1956）, S.302.

執行其基於四強協定所賦予之義務。蘇聯了解到德意
志民主共和國所發表之聲明為，德意志民主共和國將
遵守《波茨坦協定》，頁有使德國發展為一個民主與
愛好和平的國家，及（遵守）蘇聯軍隊暫時在德意志
民主共和國駐軍之義務」。

這個條文的意義在於蘇聯對於涉及整個德國未來能否
統一一事上仍有決定權，並在東德有駐軍權。

東德學者如雷坦茲（Gerhard Reintanz）即認為東德在
1954年3月25日僅「得到（erhalten）最高程度的主權，但
卻未達到（erreichen）這項主權的最高程度」（ein
Hochstmaß an Souveränität erhalten, aber noch nicht das Hochstmaß
erreichen）[40]，一直到1955年9月20日東德與蘇聯簽署《關係
條約》（Treaty on Relations between the Soviet Union and the German
Democratic Republic），東德才能算是一個「完全的主權國
家」[41]。其他學者如漢理希（Werner Hanisch）、庫格（Joachim
Krüger）[42]與舒史（Joachim Schulz）[43]亦持相同的看法。

1955年9月20日蘇聯與東德簽署的《關係條約》同意兩國
在「完全平等，相互尊重主權及不干涉內政為基礎」的原則

---

[40] Gerhard Reintanz, " Der Moskauer Staatsvertrag ", in *Wissenschaftliche Zeitschrift* der Martin-Luther-Universität Halle-Wittenerg Gesellschafts- und Sprachwissenschaftliche Reihe 1955, S.4.

[41] a.a.O., S.5.

[42] Werner Hänisch / Joachim Krüger, " Der Freundschaftsvertrag zwischen der DDR und der UdSSR – Höhepunkt und Konsequenz 15jähriger sozialistischer Außenpolitik der DDR, " *Staat und Recht* （1964）, S.1753.

[43] Joachim Schulz, " Die Haltung der beiden deutschen Staaten zur Abrüstung im Lichte des Völkerrechts, " *Staat und Recht* （1965）, S.1281.

下發展雙方的關係[44]。在條約本文中亦無提及有關保留條款事項。但在該條約的序言中，雙方同意蘇聯對於整個德國事務的解決仍具有「義務」，另在第5條中稱：

> 「締約國一致認爲，渠等之主要目的爲經由適當地協商以求得整個德國問題的和平解決。依據此點，渠等將作必要之努力以求完成簽署和平條約及依據民主與和平爲基礎，重建德國統一」。

在法律意義上，第5條與序言對「整個德國」事務的處理規定略有不同。序言稱蘇聯有「義務」解決此問題，亦即表示有權利共同參與整個德國問題，這一項規定較具法律規範性。第5條稱，東德應與蘇聯協商解決該問題，這一條規定則較具政治性。總括而言，沒有蘇聯的協商與同意，東德不得自行處理有關和平條約事。

雖然部分東德學者認爲序言不可解釋本文，而主張東德的主權不應受到懷疑[45]，甚至有人認爲「根本無蘇聯的保留

---

[44] *Documents on Germany 1944 – 1985*，（United States Department of States），S.485 ff.

[45] Martin, Alexander. "Es gibt zwei deutsche Staaten," *Deutsche Außenpolitik* （1957），S.838.

Haupt, "Die Souveränität der beiden in Deutschland bestehenden Staaten," S.313.

Hänisch／Krüger, "Der Freundschaftsvertrag zwischen der DDR und der UdSSR – Höhepunkt und Konsequenz 15jähriger sozialistischer Außenpolitik der DDR," S.1754.

Peck, *Die Völkerrechtssubjektivität der Deutschen Demokratischen Republi*, S.99.

權」[46]。但在1955年9月20日東德與蘇聯簽署條約當天，蘇聯政府於廢除在德國最高委員會的決議文中仍重申，「保留對整個德國的權利與義務」。[47]

1955年10月18日蘇聯在答覆英、美、法三國抗議蘇聯將主權轉移給東德的聲明中稱：「蘇聯與德意志聯邦共和國在簽署上述條約（指1955年9月20日蘇聯與西德之《建交條約》）時已考慮到有關整個德國之現行有效國際協定，是屬顯而易見」。[48]這表示蘇聯仍然並沒有放棄他因為戰勝而得的權利，也等於蘇聯認為德國問題尚未解決。

蘇聯日後在與東德簽署的條約中亦從未放棄對整個德國事務的保留權利，例如，1964年6月12日蘇聯與東德簽署的《互助與友好條約》（ Der Vertrag über Freundschaft, gegenseitigen Beistand und Zusammenarbeit ）第9條即稱：「本條約不觸及『不影響到』對雙方及其他仍有效之國際協定，包括《波茨坦協定》，及其所生之權利與義務」。[49]

蘇聯對東德主權問題的立場，一方面雖然主張東德為一主權獨立的國家，但另一方面東德欲談統一問題時，蘇聯仍不放棄其從《波茨坦議定書》而來的發言權。倘已無所謂德國問題，就法律上而言，東德當然已是一個具主權的國家。

東、西德分別由《關係條約》與《德國條約》這兩個國際協定獲得自主權。但兩者相較而言：由於蘇聯對東德獲得

---

[46] Gerhard Reintanz, " Der Moskauer Vertrag, " *Neue Justiz* （1956）, S.18.

[47] *Dokumente des geteilten Deutschland*, BandⅠ, S.331.

[48] *Europa Archiv*, 1955, S.8362.

[49] *Dokumente des geteilten Deutschland*, Band Ⅰ, S.869 ff.
Europa Archiv, 1964, S.328 ff.

主權的保留條款列於序言中，而英、美、法三國對西德獲得主權的保留條款則是列為條文之內，故有西德學者認為，基於序言在條約中所代表的意義較弱於本文，東德所享有的獨立性較高於西德。[50]但是也有論者認為，依據1969年5月23日的《維也納條約法公約》第31條第2款的規定，就解釋條約而言，條約本文與序言均有同等的地位，[51]東西德所享有的主權地位差異應不明顯。相反地，若依1971年9月3日四強簽署的《四強柏林協定》（詳請參閱第七章）來分析，東德所享有的主權又較西德的主權為低。因為依據該項協定，英、美、法三國飛機可飛越東德的領空，而東德只能接受此一事實，這使得東德的主權更受到相當地限制[52]。

　　由上分析可知，假若德國問題仍未解決，則東西德在法律意義上仍不是一個具完整主權的國家。至於德國問題是否已不存在，則需要四強與東西德各方面的同意，缺一不可。1971年的《四強柏林協定》即顯示，即使東德單方面宣稱德國問題已經解決，但由於西德及英、美、法等國不同意，東德的主權仍受到相當地限制。故只要西德堅持不放棄德國統一，而且四強又堅持對德國事務仍有義務與責任，則東西德

---

[50] Kimminich, *Die Souveränität der Bundesrepublik Deutschland*, S.99.

Rumpf, *Land ohne Souveränität – Beiträge zur Deutschlandfrage*, S.115.

[51] 丘宏達編輯，《現代國際法基本文件》，（台北：三民書局，73年），頁57。

[52] Claus Arndt, *Die Vertäge von Moskau und Warschau – Politische, verfassungsrechtliche und völkerrectliche Aspekte* (Bonn, 1982), S.141.

Joachim Bentzien, "Möglichkeiten des zivilen Luftverkehrs in Deutschland," *Zeitschrift für Luftrecht- und Weltraumrechtsfragen* (1973), S.62.

均不能算是已獲得完整主權的國家。

一直到1990年9月12日，英、美、法、蘇四國與東西德共同簽署代替戰後《對德和平條約》的《有關德國最後規則之條約》（Vertrag über die abschließende Regelung in bezug auf Deutschland），即所謂的《二加四條約》（" Zwei plus Vier " Vertrag）。四強明確的表示從德國統一之日起，停止他們的義務和責任。至此有關德國主權的爭議才可謂正式劃上句點。（詳請見結論部分）

第二節　東西德與德國法律關係的理論

從學理上言，東西德與德國的法律關係可在下列三種情況下發生：(1)東西德均不具完整的國際法地位（voller Völkerrechtsstatus），(2)東西德有一方作爲德國的延續，享有完整的國際法地位，(3)東西德均不再與德國有法律上的關係，各自爲一獨立且具完整國際法地位的國際法主體。[53]有關東西德與德國這三種情形的法律關係的學說或理論分述如下：

一、東西德均不具完整的國際法地位

描述與解釋此現象的代表理論爲「部分秩序理論」（Teilordnungstheorie），亦稱爲「屋頂理論」（Dachtheo-

---

[53] Blumenwitz, *Die Grundlagen eines Friedensvertrages mit Deutschland*, S.80 ff.

[54] Krülle, *Die völkerrechtlichen Aspekte des Oder-Neiße-Problems*, S.104.

Schuster, *Deutschlands staatliche Existenz im Widerstreit politischer und rechtlicher Gesichtspunkte 1945 – 1963*, S.97 ff.

rie）[54]，此理論的重要論點為：

　1.「德國」因為已無自己的組織（Organ），故已無行為能力，惟其作為國際法主體而言，仍然繼續存在。[55]

　2.在「德國」此一「屋頂」之下，存有兩個部分秩序主體，即西德與東德，但此兩者均非與德國為「同一」（identisch）。[56]也有人認為，柏林與德國東邊疆域（Ostgebiet，詳見第八章）也屬於部分秩序主體[57]。

　3.東西德兩部分秩序主體地位平等，且他們的存在並不會影響到德國的國際法地位。[58]

　4.東西德是經由德國的分解過程而形成，但是由於對德和約尚未簽定，此分解過程仍未結束，東西德兩國在未完全從德國分解前，仍是兩個部分秩序主體。[59]

二、東西德一方具有完整的國際法地位

　持此見解的代表理論為「同一性理論」（Identitätstheorie），該理論主張作為國際法主體的整個德國

---

[55] Blumenwitz, *Die Grundlagen eines Friedensvertrages mit Deutschland*, S.86.
Wilfried Fiedler, " Staats- und völkerrechtliche Probleme des Staatsuntergangs, " *Zeitschrift für Rechtspolitik*（1973）, S.162.
Krülle, *Die völkerrechtlichen Aspekte des Oder-Neiße-Problems*, S.104.
Schuster, *Deutschlands staatliche Existenz im Widerstreit politischer und rechtlicher Gesichtspunkte 1945 – 1963*, S.97.
[56] Krülle, *Die völkerrechtlichen Aspekte des Oder-Neiße-Problems*, S.105.
[57] Karin Schmid, *Die deutsche Frage im Staats- und Völkerrecht*（Baden-Baden, 1980）, S.33.
[58] Blumenwitz, *Die Grundlagen eines Friedensvertrages mit Deutschland*, S.86.
[59] a.a.O.

並未消滅，其國際法地位僅能由東西德兩國中的一個取代，東西德兩者中有一方，也只能有一方與德國是「同一」[60]。「同一性理論」又延伸出下述幾種不同的理論：

㈠完全相同理論

完全相同理論（Kongruenztheorie）指西德與德國為完全同一，西德的疆界及其基本法效力所及的區域亦涵蓋包括東德在內的整個德國；或指東德與德國為完全同一，東德的疆界及其憲法效力所及的區域亦涵蓋包括西德在內的整個德國。這個理論與現實完全脫節，毫無意義，未被學界及政界所接受。[61]

㈡國家核心理論

國家核心理論（Staatskerntheorie）稱，西德與1937年疆界的德國為同一，但其領土僅為基本法所規定的領土，西德法律所適用的範圍亦僅限於基本法所規定的地區（基本法第23條地區加上薩爾邦），並不涵蓋整個德國。但上述情形僅是暫時性的狀態，而非常態，待東德及其他地區的占領權力消失後，才是正常狀態。[62]

㈢縮小理論

亦有學者將縮小理論（Schrumpfstaatstheorie）稱之為「核

---

[60] a.a.O., S.87.

[61] a.a.O., S.88.

Schmid, *Die deutsche Frage im Staats- und Völkerrecht*. S.30.

Schuster, *Deutschlands staatliche Existenz im Widerstreit politischer und rechtlicher Gesichtspunkte 1945 – 1963*, S.114.

[62] Blumenwitz, *Die Grundlagen eines Friedensvertrages mit Deutschland*, S.88.

Schmid, *Die deutsche Frage im Staats- und Völkerrecht*. S.29.

心國家理論」（Kernstaatstheorie）[63]。該理論稱，德意志帝國被縮小至西德基本法所規定的有效地區（後另加上薩爾邦），亦即西德與德國的領土及法律方面均為同一，但被縮小至德國的核心地區－指西德。[64]此理論如果應用在以東德為核心國家，則可解釋為，德意志帝國縮小至東德憲法所規定的有效範圍，在此縮小基礎上，東德與德國為同一。

㈣內戰理論

內戰理論（Bürgerkriegstheorie）指德國係處於冷戰式的內戰狀態，在此狀態下，兩國所屬的德意志人民政府相互敵對，但因為西德為一民主合法及正統的德意志人民政府，而與德意志帝國為同一[65]，但東西德均不具備完整的國際法地位。[66]

---

[63] Blumenwitz, *Die Grundlagen eines Friedensvertrages mit Deutschland*, S.89.

[64] Krülle, *Die völkerrechtlichen Aspekte des Oder-Neiße-Problems*, S.100.

Schuster, *Deutschlands staatliche Existenz im Widerstreit politischer und rechtlicher Gesichtspunkte 1945 – 1963*, S.83.

Schmid, *Die deutsche Frage im Staats- und Völkerrecht*. S.29.

[65] Blumenwitz, *Die Grundlagen eines Friedensvertrages mit Deutschland*, S.89 ff.

Bieberstein, "Zum Problem der völkerrechtlichen Anerkennung der beiden Regierungen – Ein Beitrag zur Diskussion über die Rechtslage Deutschlands," S.127 ff.

Schmid, *Die deutsche Frage im Staats- und Völkerrecht*, S,32.

[66] Blumenwitz, *Die Grundlagen eines Friedensvertrages mit Deutschland*, S.90.

Bieberstein, "Zum Problem der völkerrechtlichen Anerkennung der beiden Regierungen – Ein Beitrag zur Diskussion über die Rechtslage Deutschlands," S.129.

三、東西德均具完整的國際法地位

㈠分割理論

如前章所述，分割係指國家領土某一部分被分離的區域，後來取得國際法主體的地位，且不影響到被分離國家的法律地位，而原來的國家在行使主權時，將被限制在新的疆界中。[67] 分割理論（ Sezessionstheorie ）應用在德國問題上，可得出兩個結果：

1. 西德與德意志帝國為同一，東德為一新生國家[68]，這個結果與縮小理論相似。其差別在於，在分割理論中，東德是一個具完整國際法地位的國家。

2. 東德與德意志帝國為同一，西德為一新生國家，這個看法在現實政治中從未被接受過。

㈡分解理論

依分解理論（ Dismembrationstheorie ），德國（「德意志帝國」）在1949年或1955年已分解成兩個新生國家，德意志帝國的國際法地位已經消滅，東西德相互為一平等且具完整國際法地位的國家。[69] 學者舒斯特（ Rudolf Schuster ）亦將其稱之

---

[67] Blumenwitz, *Die Grundlagen eines Friedensvertrages mit Deutschland*, S.91.

Krülle, *Die völkerrechtlichen Aspekte des Oder-Neiße-Problem*, S.101 ff.

[68] Blumenwitz, Dieter. *Die Grundlagen eines Friedensvertrages mit Deutschland*, S.92.

Schuster, *Deutschlands staatliche Existenz im Widerstreit politischer und rechtlicher Gesichtspunkte 1945 – 1963*, S.94 ff.

Schmid, *Die deutsche Frage im Staats- und Völkerrecht*, S.31.

[69] Blumenwitz, *Die Grundlagen eines Friedensvertrages mit Deutschland*, S.92 ff.

爲「對等理論」（ *Aquivalentheorie* ）[70]。此理論亦代表著德國不再是一個法律名詞，而僅是一個民族與地理的概念，第二次世界大戰的戰勝國已無再和德國簽署和平條約的必要。

　　承認這個理論的前提是，必須先認定德國已經滅亡。但如前章所述，純就法律層面而言，德國仍是一個未滅亡的國際法主體，這使得「分解理論」的前提是否存在，值得爭議。

(三)部分同一性理論

　　部分同一性理論（ Teilidentitätstheorie ）指東西德皆與德意志帝國爲同一[71]，東西德皆具完整的國際法地位，且各依其在帝國領土內所占的面積內承擔相關的權利與義務。[72]上述各「理論」均係學術界用來詮釋東西德與德國法律關係的一些假設與看法，在現實政治中，東西德如何詮釋其本身與德國的法律關係？在法律與政治層面有無矛盾之處？四強的看法又是如何？東西德的立場有無隨著時間而改變，均將在下面兩節中討論，至於《基礎條約》簽署後，西德與德國的法律關係應爲何？則將在第三章中討論。

---

[70] Schuster, *Deutschlands staatliche Existenz im Widerstreit politischer und rechtlicher Gesichtspunkte 1945 – 1963*, S.94.

[71] Schuster, *Deutschlands staatliche Existenz im Widerstreit politischer und rechtlicher Gesichtspunkte 1945 – 1963*, S.91 ff.

Krülle *Die völkerrechtlichen Aspekte des Oder-Neiße-Problem*, S.103.

Blumenwitz, *Die Grundlagen eines Friedensvertrages mit Deutschland*, S.94 ff.

Schmid, *Die deutsche Frage im Staats- und Völkerrecht*. S.31.

[72] Krülle, *Die völkerrechtlichen Aspekte des Oder-Neiße-Problem*, S.103.

第三節　東西德對其與德國法律關係的立場

一、西德對其與德國法律關係之立場

㈠西德基本法的立場

　　1948年9月1日英、美、法三國占領區各邦代表在波昂召開國會理事會（ Der Parlamentarische Rat ）。該理事會係由十一個邦的邦議會所選出的六十五名邦代表所組成。1949年5月8日國會會議以53票對12票表決通過基本法（ Grundgesetz ）。占領國除對基本法中少數條文附保留外，於同年5月12日批准該基本法。基本法於批准後的數星期內，西德的十一個邦接受表決。十一個邦內有十個邦接受基本法，巴伐利亞邦邦議會則以101票對64票，9票棄權，否決基本法，惟巴伐利亞邦邦議會同時以97票對6票，60票棄權，同意該邦屬於西德。由於盟軍以三分之二邦同意基本法爲盟軍接受基本法的要件，基本法於同年5月24日生效，其中部分條文，在成立西德聯邦政府機關後，始取得效力。[73]西德基本法對西德與德國法律關係的界定，約可從下列各條文中探知：

　　序言：

　　「在……各邦之德意志人民（ Das deutsche Volk ）自覺其對

---

[73] Theodor Maunz, *Deutsches Staatsrecht* , 22. Auflage,（ München, 1980 ）, S.5 ff.

上帝及人類所負之責任，決心維護（wahren）其民族與
國家之統一，並願以聯合歐洲中之一平等份子地位貢獻
世界和平，茲本其制憲權力，制定此德意志聯邦共和國
基本法，俾過渡時間之政治生活有一新秩序」。

「我上述各邦之德意志人民於此並爲其他未能參加之德意
志人民制定此基本法」。

「務望我全體德意志人民依其自由自決（in freier Selbstbes-
timmung）完成（vollenden）德國之統一與自由」。

第23條：

「本基本法暫時適用於巴登（Baden）、巴伐利亞（Bay-
ern）、布萊梅（Bremen）、大柏林（Groß-Berlin）、漢堡
（Hamburg）、黑森（Hessen）、下薩克森（Niedersach-
sen）、北萊茵—威斯特伐（Nordrhein-Westfalen）、萊茵
—法茲（Rheinland-Pfalz）、什列斯威—霍爾斯坦
（Schleswig-Holstein）、伍騰柏—巴登（Württenberg-
Baden）、伍騰柏—霍享索倫（Württemberg-Hohen-
zollern）。德國其他部分加入聯邦時，應適用之」。

第116條：

「除法律另有規定外本基本法所稱之德意志人（Deutscher），
係指具有德意志國籍（die deutsche Staatsangehörigkeit），
或以具有德意志人民（deutsche Volkszugehörigkeit）血統
之難民或被迫驅逐者，或其配偶，後裔之資格准許進
入以1937年12月31日爲疆界之德意志帝國領土之
人」。

第146條：

「本基本法於德意志人民依其自由決定（in freier Entschei-
dung）制定之憲法生效時失效」。

多數西德憲法學者認為基本法上述各條的規定，均以承
認德意志帝國繼續存在為前提，持西德與德國為同一的看
法。雖然西德在行使以往整個德國國家權力時，僅及於西德
基本法效力及所規定（如第23條）的領土，但這不是一種常
態的現象。由基本法序言及第146條所強調的過渡性質可
知，西德最後的目標是將其國家權力擴張到1937年疆界的德
國，完成德國再統一。這些學者多認為，基本法所主張的是
「同一性理論」中的「國家核心理論」[74]，但亦有部分學者
持其他的看法，其論點如下：

　　1. 序言第一段雖然表示「……各邦之德意志人民……決
心維護其民族與國家之統一」，制憲者使用「維護」一詞，
其意為一個統一的民族與國家仍然存在（指德意志帝國），
並沒有滅亡。但序言第三段卻稱，期望德意志人民「完成」
德國的統一與自由。由序言整體來看，第一段所使用的「維
護」只是表示人民的意志，而不是對德國是否存在的描述，

---

[74] Schuster, *Deutschlands staatliche Existenz im Widerstreit politischer und
rechtlicher Gesichtspunkte 1945 – 1963*, S.138 ff.
Theodor Maunz / Gunter Dürig. *Grundgesetz Kommentar*（München, 1989）
, Bd.2, Art 23. Rd. Nr.3.
Otto Kimminich, "Deutschland als Rechtsbegriff und die Anerkennung der
DDR," *Deutsche Verwaltungsblätter*（1970）, S.437ff.
Herbert Broelmann, *Das rechtliche Selbstverständnis der Bundesrepublik
Deutschland nach den Ostverträgen*, Dissertation.（München, 1974）.

屬於一種能使德意志帝國仍然續存的意願[75]，故亦可將序言作爲解釋德國已經滅亡的論證。[76]不過這個看法並不爲西德學術界及司法界所接受。

2. 第23條第二段「德國其他部分加入聯邦時應適用之」，爲「國家核心理論」支持者的強力論證[77]。他們認爲，該句足以證明基本法主張西德與德國爲同一。雖因事實的困難，西德的國家權力僅及於第23條第一段所述的地區，但由於西德與德國爲同一，德國其他地區加入時，基本法當然立刻適用之。但也有學者認爲，基本法制憲者在序言及第23條第一段已接受了西方三強的觀點，即區分一個以基本法成立的「德意志聯邦共和國」及一個仍是國際法主體的「德國」，第23條第二句又將西德區域外的其他地區稱爲「德國之其他部分」，由此點看來，基本法是以「部分秩序理論」詮釋西德與德國的關係。[78]

3. 第116條表示基本法堅持只有一個統一德意志國籍的立場，西德並未藉基本法創造出西德國民的國籍。由此條文中可知，基本法是持德國繼續存在，且西德與德國爲「同一」的立場。[79]但也有學者認爲，假若德國仍然存在，該條文則非屬必須，因爲假若德國仍然續存，德國人當然係指基

---

[75] Broelmann, a.a.O., S.44 ff.

[76] a.a.O., S.46.

[77] Rumpf, *Land ohne Souveränität – Beiträge zur Deutschlandfrage*, S,78.

[78] Eve Cieslar / Johannes Hampel / Franz-Christoph Zeitler, (Hrsg.), *Der Streit um den Grundvertrag – Eine Dokumentation* (München, 1973), S.215 ff.

[79] Schuster, *Deutschlands staatliche Existenz im Widerstreit politischer und rechtlicher Gesichtspunkte 1945 – 1963*, S.141.

本法第116條所稱的德人。[80]故該條文當時擬訂的意旨係希望
對東德人民行使人民管轄權。[81]至於有關國籍的規定,要能
對國民行使主權才有意義,是一不成文的憲法基本原則。[82]
但在事實上,西德政府卻無法對東德人民行使管轄權,故此
條文僅具形式上的意義。[83]不過,就基本法所欲訴求的立
場,暫不論其對東德人民行使實際管轄的可能性有多高,該
條文在表明西德與德國應為同一立場方面,應無疑問。

4. 持「國家核心理論」者,認為第146條正可顯示出基
本法的過渡性質。倘基本法制定者持「部分秩序理論」,該
條文根本不需要擬訂。但是「部分秩序理論」的支持者則認
為,該條文的存在更足以證明其主張。由於該條文意謂著基
本法只是暫時性的憲法,在其上層仍有一更高層的屋頂,即
德國憲法,待完成。[84]

其他對「同一性理論」的批評在於,從基本法第89條第1
款「聯邦為前德國國有水路 (den bisherigen Reichswasserstraßen)

---

[80] Karl Doehring, " Die Teilung Deutschlands als Problem des völkerrechtlichen und staatsrechtlichen Fremdenrechts ", Vortrag vom 7.11.1967. In *Schriftenreihe der Juristischen Studiengesellschaft*, Heft 83, 1968, S.16.
Otto Kimminich, " Deutschland als Rechtsbegriff und die Anerkennung der DDR, " *Deutsche Verwaltungsblätter* (1970), S.442.

[81] 東德政府一直到1969年均持此種看法。
Gerhard Hoffmann, *Die deutsche Teilung*, (Marburg, 1969).

[82] Rumpf, *Land ohne Souveränität – Beiträge zur Deutschlandfrage*, S.78.
Doehring, " Die Teilung Deutschlands als Problem des völkerrechtlichen und staatsrechtlichen Fremdenrechts, " S.16.

[83] a.a.O.

[84] Broelmann, *Das rechtliche Selbstverständnis der Bundesrepublik Deutschland nach den Ostverträgen*, S.51.

之所有人」，第90條第1款「聯邦爲前德國國有高速公路之所有人」可證明，基本法並非持「同一性理論」。倘若持「同一性理論」，基本法中不需要將自己已有的財產再以法律規定之，上述兩條文完全是多餘。以法律規定其財產的轉移，正足以證明基本法並未持「同一性理論」的觀點。[85]第134條第1款規定「帝國之財產原則上將爲聯邦財產」，倘西德與德國爲同一，該條文應以帝國財產「爲」（ist）聯邦財產，而不應以「將爲」（wird）聯邦財產規範之。[86]另則上述三條文的涵蓋亦可解釋成，西德是德國的繼承國，德國已經滅亡。[87]

總結基本法的整體架構而言，並沒有非常淸晰的一種理論可涵蓋所有的條文。基本上，它應該是綜合了「國家核心理論」與「部分秩序理論」。茲綜論如下：

1.「分解理論」與「分割理論」倘得以存在，其前提是德國已變成永久分裂。由西德基本法制定的過程來看，1947年西德各邦總理所組成的「國會理事會」，在實質功能上雖然屬於「制憲大會」的性質，但西德仍在形式上避免制憲等名詞的出現，其目的即在於向國際間表達西德此舉並非「制憲」。這種以「基本法」代替「憲法」的構想，係一方面顧及到德國分裂狀態存在的政治現實，認爲唯有經由基本法的制定，西德的法政重建工作方可得以

---

[85] Cieslar / Hampel / Zeitler, *Der Streit um den Grundvertrag – Eine Dokumentation*, S.216.

[86] a.a.O.

[87] Broelmann, *Das rechtliche Selbstverständnis der Bundesrepublik Deutschland nach den Ostverträgen*, S.54.

進行，但另一方面則爲堅持其法律上的立場，認爲德國並未滅亡，亦未分解，故不制定「憲法」。由上述基本法制定的過程及基本構想可知，「分解理論」與「分割理論」並不爲制憲者所採納。

2. 基本法第23條稱該法「暫適用於巴登……等邦，德國其他部分加入聯邦時，應適用之」，此條文表示制憲者對基本法的權限範圍已經作了自我限制。另第146條又稱，基本法在德意志人民依自由決定制定的憲法生效時即失效。上述兩條文的存在，顯示基本法並不是持「同一性理論」中的「完全相同理論」。

3. 「同一性理論」中的「縮小理論」主張1937年德國領土及主權已縮小至西德現有的領土與所擁有的主權。倘若依此理論解釋德國法律地位問題，西德將無憲法上的權力干涉東德、柏林及德國東邊疆域地位的歸屬問題。由基本法序言所主張的「再統一命令」，第23條、第116條及第146條可知，制憲者並不贊同「縮小理論」。

4. 基本法第116條可謂是「同一性理論」的最有力支持者。第23條更是「同一性理論」中「國家核心理論」最具說服力的論證。依據第116條，所有合乎該條規定的德意志人均是德國人，亦是所謂的西德人；就第23條而言，該條第一段所稱的各邦乃是制憲者所認定的德國核心地區，第二段所講的「德國其他部分地區」則屬非核心地區。基本法本身名稱有別於憲法的意義即在於承認上述核心地區與非核心地區並存，乃屬一種非常態的現象，只有在依據第146條，全德人民投票完成統一後才是常態。總結而論，基本法制憲者應是持「國家核心理論」處理德國與西德的法律關係。

5. 至於第146條雖然可作爲「國家核心理論」的支持論點，但同時也可以是支持「部分秩序理論」者所引述的理由之一。另外，第89、90、134條或亦可以作爲「部分秩序理論」的支持論點，但就基本法整體精神來看，不易得出基本法是持「部分秩序理論」的主張。

㈡西德聯邦憲法法院的立場

西德聯邦憲法法院在兩次有關「官員判決」（Beamtenurteil）[88]、「軍人判決」（Soldatenurteil）[89]、「羅馬教皇與德國間之章約判決」（Konkordatsurteil）[90]等判決中均作出德意志帝國仍然續存的主張。在有關西德與德國關係的判決中，究竟是持何種理論，亦頗受爭議，茲述於後：

1. 德國政府與羅馬教皇間之章約判決：該判決中稱：「即使經由基本法所創造之組織，其效力範圍僅限於

---

[88] *BVerfGE* 3, 58 ff（Urteil vom 17. Dezember 1953. Gesetz zur Regelung der Rechtsverhältnisse der unter Art. 131 GG fallenden Personen vom 11. Mai 1951. VerfBeschw. von Beamten und Versorgungsempfängern）. *BVerfGE* 6, 132 ff.

[89] *BVerfGE* 3, 288 ff（Urteil vo 26. Februar 194. Gesetz zur Reglung der Rechtsverhältnisse der unter Art. 131 GG fallenden Personen vom 11. Mai 1951. VerBeschw. von ehemaligen Berufssodaten und Versorgungsempfängen der ehemaligen Wehrmacht）.

[90] *BVerfGE* 6, 309 ff（Urteil vom 26. März 1957. Reichskonkordat vom 20 Juli 1933.
Niedersächsisches Gesetz über das öffentliche Schulwesen vom 14. September 1954. Keine Pflicht der Länder dem Bund gegenüber zur Beachtung der Selbstbestimmungen des Reichskonkordats）.

帝國疆域之一部分，然而聯邦共和國與德意志帝國爲同
一」91。憲法法院在此判決中毫無疑問地是持「同一性理
論」中的「國家核心理論」。

　　2.緊急收容判決：西德聯邦憲法法院在此項有關對
逃亡至西德的德國難民（多爲東德人）的「緊急收容判
決」（Notaufnahmenurteil）中稱：

　「德意志聯邦共和國爲整個德國唯一合法以國家方式再
　　（wieder）組織之一部分」92。
　「基本法第11條（所有德意志人在聯邦領土內均有遷移
　　之自由）之解釋，不僅須持基本法係爲整個德意志國
　　民（Gesamtdutsche Staatsvolk）（所制定）之基本觀點，
　　亦須持基本法亦爲整個德國地區，特別是整個德意志
　　國家權力之基本觀點」93。

　　在此判決中，憲法法院一方面主張西德是「整個德國
唯一合法」的國家，此可解釋爲憲法法院持「同一性理
論」，但又區分整個德國與西德的不同，並認爲西德是德
國的「一部分」，此又可解釋成，憲法法院持「部分秩序
理論」。94

　　3.德國共產黨之判決：在德國共產黨之判決（KPD-

---

91 *BVerfGE* 6, 309 ff/338.
92 *BVerfGE* 2, 266 ff/277.（Beschluβ vom 7. Mai 1953. Notaufnahmegesetz
　 vom 22. August 1950. Grundrecht der Freizügigkeit, Regelung des Ver-
　 fahrens zu seiner Einschränkung）
93 a.a.O.
94 Cieslar / Hampel / Zeitler, *Der Streit um den Grundvertrag － Eine
　 Dokumentation*, S.221, 223.

Urteil）中，聯邦憲法法院將西德視爲「在一被限制之區域內行使（Ausübung）整個德國之國家權力」[95]。有學者認爲此即是表示憲法法院持「國家核心理論」。[96]但亦有學者認爲該判決中只認爲西德「行使」，而不是「擁有擔任」（Innehabung）整個國家的權力，如果認爲「行使」即等於「擁有擔任」，則法院是持「同一性理論」中的「縮小理論」，但假使「行使」不等於「擁有擔任」，則法院的見解應屬「部分秩序理論」。[97]

　　總結而論，在布朗德政府推動東進政策以前，聯邦憲法法院在有關判決中，雖較傾向採「同一性理論」中的「國家核心理論」，但仍不甚清晰。學者即謂，若認爲憲法法院此判決中是持「同一性理論」的看法，甚屬牽強。[98]亦有論者認爲，憲法法院並沒有作出「國家核心理論」的主張[99]直至1973年憲法法院在對《基礎條約》是否違反基本法的判決時，甚至同時提出「同一性」，「部分同一性」、「部分秩序」三個不同理論以詮釋西德與德國的法律關係，此將在本書第三章中再述。

(三)英美法三國之立場

　　1950年5月19日英、美、法三國在紐約舉行外長會

---

95 *BVerfGE* 5, 85 ff/127.（Urteil vom 17. August 1956. Verfahren über den Antrag der Bundesregierung auf Feststellung der Verfassungswidrigkeit der Kommunistischen Partei Deutschland）.

96 Cieslar / Hampel / Zeitler, *Der Streit um den Grundvertrag – Eine Dokumentation*, S.221.

97 a.a.O.

98 a.a.O.

99 a.a.O., S.221 ff.

64　德國問題：國際法與憲法的爭議

議，就關於西德重新軍事化的問題發表公報稱：

> 「在德國統一之前，三國政府認爲聯邦共和國政府係唯
> 一經由自由且合法方式所組成之德意志政府，因而有
> 資格代表德國，並在國際事務中代表德意志人民發
> 言」。[100]

但同日三國交予西德總理暨外長艾德諾一份備忘錄
稱，「該公報並不表示承認德意志聯邦共和國爲整個德國
的法律政府」。[101]英、美、法三國的備忘錄表示著，三
國僅同意西德可在政治上「代表」德國，但不同意西德與
德國在法律上可爲「同一」的關係。

在1954年10月22日有關西德加入北大西洋公約的最後
決議書中，英、美、法三國亦發表與1950年5月19日公報
中認爲西德是唯一合法代表德意志人民的德國政府相同的
聲明[102]，但亦未提及西德與德國在法律上的關係應爲
何。

1955年5月的日內瓦會議中，英美外長曾稱：

> 「依據國際法，作爲國際法主體的德國仍然存在……，
> 德意志聯邦共和國及所謂的德意志民主共和國——不

---

[100]*Europa Archiv*, 1950, S.3406.

[101]Claus Arndt, *Die Vertäge von Moskau und Warschau – Politische*, *verfas-
sungsrechtliche und völkerrechtliche Aspekte*, （Bonn, 1982）, S.129. 原
文爲："This Statement does not constitute recongition of the government
of the Federal Republic of Germany as the de jure government of all Ger-
many,"

[102]*Europa Archiv*, 1954, S.7101, 7127 ff, 7171 ff.

論是分開或是聯合——均不能以德國的國際法人名義行為或承擔義務」。103

從上述英、美、法三國的聲明及有關文件可知，在《基礎條約》簽訂前，三國同意，並以聲明方式賦予西德對德國在政治事務上的「唯一代表權」（Alleinvertretungsanspruch），但卻未在法律上同意西德與德國可為「同一」。換言之，三強是採「部分秩序理論」（「屋頂理論」）來處理德國與東西德三者之間的法律定位關係。

㈣西德政府的立場

西德首任總理艾德諾前在1949年10月21日對國會發表的政府聲明中稱：

「德意志聯邦共和國在完成德意志統一之前，為德意志人民之唯一合法國家機構……德意志聯邦共和國對在蘇聯占領區（指東德）居住之一千八百萬人之命運負有責任……德意志聯邦共和國是唯一有權代表德意志人民發言之國家……蘇聯占領區之聲明對德意志人民無拘束力」。104

艾德諾總理這段聲明，開啟了西德對德國「統一代表權」的主張。105

1955年西德與蘇聯建立外交關係，由於蘇聯與東德已

---

103 Cieslar / Hampel / Zeitler, *Der Streit um den Grundvertrag – Eine Dokumentation*, S.225.

104 Konrad Adenauer, *Reden 1917 – 1967*： *Eine Auswahl* （Stuttgart, 1975）, S.170 ff.

105 a.a.O., S.170.

具外交關係，西德爲避免他國亦對東西德作雙重承認及使得德國在事實上已不存在，爰同意在下列兩項保留條款下，接受與蘇聯的外交關係：[106]

    1. 德蘇外交關係的建立，並不表示承認雙方目前的領土狀態。德國的疆界應保留到和平條約簽訂後再予界定。

    2. 德蘇外交關係的建立，並不表示西德政府放棄唯一代表權。

    艾德諾並發表官方聲明稱：

> 「聯邦政府於昔於今，皆爲唯一自由合法之德意志人民
> 政府，他代表整個德國發言……面對第三國家，我們
> 依然堅持以往對『德意志民主共和國』之主張。在此
> 余必須明確表示，凡是目前已與德意志聯邦共和國建
> 立外交關係之國家若與『德意志民主共和國』建立正
> 式關係，將被視爲不友好之行爲，因爲此舉必然導致
> 德國分裂」。[107]

    1955年12月西德使節會議，決議堅持西德代表全體德意志人民的立場，凡他國與東德建交者，西德將與之斷交，此即所謂之「霍爾斯坦原則」（Hallstein Doktrin）。1957年及1963年西德即以霍爾斯坦原則分別與南斯拉夫及古巴斷交。[108] 西德這項唯一代表德國的立場，直至1969

---

106 *Europa Archiv*, 1955/2, S.8278.

107 a.a.O., S.8319.

108 *Dokument zu Deutschlandpolitik*, Hrsg. vom Bundesministerium für gesamtdeutsche Frage, Ⅲ/3,（Frankfurt/M. 1967），S.1768 ff.
Dokumente zu Deutschlandsfrage, Hrsg. von Heinrich von Siegler Band Ⅲ,（Bonn, 1966），S.225 ff.

年布朗德政府上台後才正式放棄。

　　就西德政府的對外政策而言，西德在1970年代前，是主張西德爲德意志人民唯一合法的國家。從這點分析，應可勉強解釋爲西德政府是採「同一性理論」中的「國家核心理論」。但西德政府也從未明言，西德與德國爲同一，而僅稱西德代表德國或代表整個德意志人民，由此點又很難評斷西德政府是持「同一性理論」，而較傾向英、美、法三國所持較具政治意義的「代表性」理論。[109] 總言之，西德政府對國家定位的立場，對內與對外有不同的表述方式，這點在布朗德執政後顯得更爲明顯，此將在下一章再作論述。

二、東德對其與德國法律關係之立場

㈠1949至1951年間的立場

　　1949年10月7日在蘇聯占領區內通過《德意志民主共和國憲法》[110]，東德正式成立。在這部1949年的東德憲法中可以很明顯地看出，東德對其與德國法律關係的立場是採「同一性」的理論，視東德與德國爲同一，有關條文及意義如後：

　　序言稱「……德意志人民制定本憲法」。此表示東德的憲法是代表，亦是爲整個德意志人民，而不僅是爲東德人民所制定。

---

[109] Georg Ress, *Die Rechtslage Deutschlands nach dem Grundlagenvertrag vom 21. Dezember 1972.* （Berlin, 1978），S.303 ff.

[110] *Dokumente des geteilten Deutschland*, S.301 ff.

東德憲法第1條第1款第一句稱「德國是一不能被分割（unteilbar）的共和國」。此句顯示制憲者係以「作為一個國際法的統一德意志國家」為出發點。[111]在強調德國應為整體且不得分割方面，東德不是以政治性的宣言方式表達，而是明確地將其列入憲法條文中[112]，此可顯示東德制憲者當時對整個德國強烈地認同。

第1條第2款第一句稱「共和國決定所有德意志人民生存與發展之事務」。此處東德的權限並不僅限於東德人民，而含蓋整個德意志人民。

第1條第5款稱「僅有一個德意志國籍」。這表示在東德憲法制憲者的眼中，東德、西德及柏林人民均僅能有一個國籍，均屬於德國人，東德憲法並沒有為東德人民創造獨有的國籍。[113]

第25條稱「所有礦產……及所有具經濟價值之自然資源…有關整個德意志人民之利益者，均受共和國監督」。此條文等於表示，東德與德國為同一，所有與德意志人民有關的自然資源，均受東德的監督。

第114條稱「整個德意志法律（Gesamtdeutsche Recht）優於各邦之法律」。此處稱整個德意志國家法律，而不稱東德國家法律，即表示東德的憲政機關等於整個德國的憲政機關。[114]

---

[111]Schuster, *Deutschlands staatliche Existenz im Widerstreit politischer und rechtlicher Gesichtspunkte 1945 – 1963*, S.148.

[112]a.a.O.

[113]Jens Hacker, *Der Rechtsstatus Deutschlands aus der Sicht der DDR*（Köln, 1974）, S.106.

[114]Schuster, *Deutschlands staatliche Existenz im Widerstreit politischer und rechtlicher Gesichtspunkte 1945 – 1963*, S.149 ff.

第118條稱「德國為一統一之關稅及貿易地區」。本條顯示東德對整個德國的認同，東德憲法效力意圖含蓋整個德國的證明[115]。

除卻在1949年的憲法中，明確表示東德與德國為同一外，東德各政治人物亦持同樣看法。1949年10月12日葛羅特瓦（Otto Grotewohl）總理在第一次施政報告中，即稱渠所屬的政府是「德意志政府」（Deutsche Regierung），而不稱東德政府。[116]1950年7月烏布里希特（Walter Ulbricht）在社會統一黨（即俗稱之東德共黨）第三次黨代表大會中稱「德國是一個國家，他的人民有著高度發展的民族意識」。[117]葛羅特瓦在1951年東德成立兩週年紀念時又發表東德與德國為同一的看法。他稱，「經由德意志民主共和國的建立，產生了一個新的獨立且自由的整個德意志人民國家（Gesamtdeutsche Staat），……未來的發展，德意志人民將會完成民族的統一」。[118]

在國際行為上，東德政府亦持東德與德國為「同一」的立場。1950年7月6日東德與波蘭簽訂《奧德─奈斯邊界劃界協定》（Abkommen über die Markierung der Oder-Neiß Grenze）。在該協定中，雙方交界的疆界並不稱為東德與波蘭疆界，而是以「德國與波蘭的疆界」（die Staatsgrenze zwischen Polen und Deutschland）稱之。[119]1950年6月，東德與

---

[115] a.a.O., S.150.

[116] Hacker, *Der Rechtsstatus Deutschlands aus der Sicht der DDR*, S.108.

[117] a.a.O.

[118] a.a.O.

[119] *Dokumente des geteilten Deutschland*, S.497 ff.

波蘭、捷克斯拉夫及匈牙利等國所簽訂的經濟與文化關係協定中，東德也是以代表整個德國的名義簽署。[120]

由上可知，東德在1949至1951年間是主張德國並沒有滅亡的看法[121]，並認爲東德與德國的法律關係具「同一性」。另有學者認爲，由於東德憲法中並沒有如同西德基本法第23條對本身領土的限制條文，東德在上述期間的行爲是持「完全相同理論」的立場。[122]

二1951年後的立場

1951年6月18日史威林（Schwerin）高等法院及同年10月31日東德最高法院的判決均稱，德意志帝國已經由所謂的征服，在1945年5月8日滅亡。[123]在此兩次判決中確認東德爲一完全新生的國家，與德意志帝國沒有關係，也不是他的繼承者或部分繼承者。[124]1952年9月18日東德最高法院的判決亦確認薩克森——安哈特（Sachsen-Anhalt）邦與德意志帝國時的安哈特邦不是「同一」，亦不是其法律繼承者。[125]

1951年的兩次判決，使得東德學者「第一次公開就該

---

[120]Hacker, *Der Rechtsstatus Deutschlands aus der Sicht der DDR*, S.109 ff.

[121]Schuster, *Deutschlands staatliche Existenz im Widerstreit politischer und rechtlicher Gesichtspunkte 1945 – 1963*, S.148 ff.

Dokumente des geteilten Deutschland, S.XXXV.

Blumenwitz, *Die Grundlagen eines Friedensvertrages mit Deutschland*, S.90 ff.

[122]Blumenwitz, *Die Grundlagen eines Friedensvertrages mit Deutschland*, S.90.

[123]Hacker, *Der Rechtsstatus Deutschlands aus der Sicht der DDR*, S.117 ff.

[124]a.a.O., S.118.

[125]a.a.O., S.119.

國際法的基本問題展開討論」。[126] 東德學者們基本上均對該兩次判決對德國問題所持的立場持肯定態度，唯一爭議者在於德國在1945年5月8日是以何種方式滅亡。[127]

這段時間，東德的憲法學者亦開始對「國家權力」有著與西方學者不同的見解。他們認為國家的形態須由其領土內的「階級結構」（Klassenstruktur）來決定。在此定義下，東德是一個「新的反法西斯民主國家秩序」（neue antifaschistisch-demokratische Staatsordnung），是一個在德意志人民領土上的全新國家，與德意志帝國不相同，亦不是其法律繼承人。任何主張東德與德意志帝國為同一的看法，都應被拒絕。[128]

東德政府此時亦開始放棄其憲法中持東德與德國為同一的主張。隨著國際冷戰情勢的演變，他一方面向西德作共同建立全德機構的呼籲[129]，另一方面開始在與西德邊界上採行若干阻絕措施，如建立管制巡邏隊，設置防護林及阻絕區（Sperrzone）等。[130]

1953年3月東德難民潮事件及6月17日的工人暴動事件，使得東德更感覺到其政權的風雨飄搖。[131] 東德再一

---

[126] a.a.O.

[127] a.a.O.

[128] a.a.O., S.129.

[129] *Europa Archiv*, 1951, S.3716.

[130] Hacker, *Der Rechtsstatus Deutschlands aus der Sicht der DDR*, S.126.

[131] *Chronik der Deutschen*（Dortmund, 1983），僅在1953年3月即有58000人從東德逃至西德境內，東德272個城市及地方示威與暴動事件，計有30萬工人參與，其政治呼籲為舉行自由秘密選舉，東德政府解散，允許東德實施民主制度。

次改變其與德國法律關係的立場。1953年9月17日社統黨主席烏布里希特在該黨第16次中央委員會議上首先提出在德國有兩個國家的主張[132]，同年11月25日烏布里希特在東德人民議會中再次強調「目前在德國有兩個國家」。[133]

在1955年日內瓦會議前，蘇聯已開始在其各項官方發言中，將「兩個國家」的看法納入。有時稱「兩個德國」（zwei Deutschland）[134]、「德國兩個部分」（beide Teile Deutschlands）、也有時稱「東西德」（Ost－Westdeutschland）[135]。至日內瓦會議時，蘇聯更明確地表示在德國的土地上已有「兩個國家」。赫魯雪夫於會後訪問東柏林時並發表演說稱，爾後任何有關解決德國的方案，都必須以兩個德意志國家存在為前提。[136]

蘇聯可謂是在東西德《基礎條約》簽署前，「部分秩序理論」的最標準支持者，他一方面與東西德分別建交，承認雙方的國際法人地位，但另一方面仍持《對德和平條約》應該簽署的立場。

---

[132]*Europa Archiv*, 1953, S.6046.

[133]*Europa Archiv*, 1953, S.6242.

[134]Hacker, *Der Rechtsstatus Deutschlands aus der Sicht der DDR*, S.138.

[135]a.a.O.

[136]a.a.O.

Europa Archiv, 1955, S.8026 ff.

第三章
東西德對雙方法律關係
定位的爭議

在第二章就東西德與德國的法律關係定位作一討論後，本章將就東西德兩國對彼此之間法律關係應屬何種定位的看法與爭議作一探究。雙方對於彼此關係的定位立場曾隨著國際環境及本身需要的改變而有所調整，在這調整過程中東西德有無可變與不可變之處？均將在本章中討論。

第一節將討論1950年代中期，東德加入華沙組織，在其安全已無慮，但其國際環境仍不利的情況下，企圖以東西德合組「邦聯」方式來贏得西德對其作國家與國際法關係承認的努力，及其對東西德法律關係定位所堅持的原則與立場，以及西德的反應。

第二節則述及在1960年代末期，國際環境已有改變後，基於執政者的理念及對現實環境的認知，西德如何重新定位他與東德間的法律關係？東德又是如何詮釋西德的立場？西德在立場上有何改變與不變？在改變過程中，西德是否仍在法律上堅守其最基本的原則，使德國統一在法律層面上不致幻滅？

另外，西德聯邦憲法法院如何詮釋德國的國際法地位？東西德簽署的《基礎條約》有無違反西德基本法的統一命令與基本法內其他的憲法規定？該法院對東西德間的法律關係維持何種立場，其理由為何？均將在第三節中討論。

在第四節中將詮釋西德所稱，東西德間為一種「特殊關係」的法理依據及其所代表的意義。另外，東西德的邊界是否因為這種特殊關係而使得其性質不同於一般的國家與國家間的疆界？這種特殊性的邊界在法律及政治上有何意義？將一併討論。

第一節　東德「德國政策」的法律意義

一、推動東西德共組「邦聯」的政策

在1950年代中期，西德提出「霍爾斯坦原則」以強調其唯一代表德國的立場。東德在此期間，國際地位甚為低落，國際間對東德作國際法承認的國家僅有蘇聯、中共、捷克、保加利亞、波蘭、羅馬尼亞、匈牙利、阿爾巴尼亞、蒙古、北韓及北越等共產主義國家。[1]在國際組織內，東德亦多未參與，或是僅在同意加入不表示對東德承認的保留情況下參與。[2]在區域性組織方面，東德僅在1950年加入經濟互助委員會及在1955年參與成立華沙公約組織。[3]東德當時唯一可運用的工具，即是藉由與他國的經貿關係以為未來的外交關係鋪路。如1956年間，東德與埃及、印度、印尼、高棉、伊拉克、蘇丹、黎巴嫩、葉門、芬蘭等國簽署經濟協定。[4]東德藉此方式獲得簽約國

---

[1] Joachim Peck, *Die Völkerrechtssubjektivität der Deutschen Demokratischen Republik* (Berlin – Ost, 1960), S.136.

[2] a.a.O., S.156.

[3] Heinz Heitzer, *DDR – Geschichtlicher Überblick* (Frankfurt/Main, 1979), S.173, 267.

[4] Peck, *Die Völkerrechtssubjektivität der Deutschen Demokratischen Republik*, S.143.

某種程度的國家承認。[5]

　　對東德而言，首要之務在於獲得國際間對東德作國家的承認，並藉此與他國產生外交關係，此當然包括西德在內，以達其「兩個德國」的主張。在西德提出「霍爾斯坦原斯」後，東德自1956年起反守爲攻，積極提出一連串有關於東西德合組「邦聯」的建議。

　　1956年12月30日東德社統黨總書記烏布里希特在《新德意志日報》（ Neues Deutschland ）首度呼籲以「邦聯」方式作爲東西德統一的過渡方案。[6]1957年1月30日烏布里希特在該黨中央委員會第三十次會議中再作如下呼籲：在西德退出北約後，東西德共同成立一個「全德諮商會」（ Gesamtdeutsche Rat ）以作爲邦聯的功能機構，該諮商會由東西德各依其選舉法選出代表組成，其主要任務爲準備舉行全德人民選舉。然後再由全德人民共同選出「國民大會」（ Nationalversammlung ），並由該大會制定憲法，依憲法成立政府。[7]

　　東德總理葛羅特瓦分別在1957年2月11日[8]及7月27日[9]兩次政府聲明中均再對「邦聯」的概念作詳盡的解釋。他

5　Thomas Sempf, *Die deutsche Frage unter besonderer Berücksichtigung der Konföderationsmodelle* （ Köln, 1987 ）, S.120.

6　*Europa Archiv, 1957*, S.9575.
　Dokument zu Deutschlandpolitik III/2, S. 1002 ff.

7　*Europa Archiv, 1957*, S.9683.
　Dokument zu Deutschlandpolitik III/3, S. 80 ff.

8　*Neues Deutschland* vom 13.2.1957.

9　*Europa Archiv, 1957*, S.10116.
　Dokument zu Deutschlandpolitik III/3, S. 1299 ff.

認爲，德國土地上已有兩個德國，西德主張在東西德舉行有關是否贊成德國統一自由自決的建議係屬完全「錯誤與不可能」，東西德應在國際條約的基礎上建立一個「邦聯」以作爲統一的過渡階段，而此邦聯應是一僅具諮商功能的鬆散性邦聯。

西德自然不苟同東德的建議。1957年5月20日致送蘇聯備忘錄，表示拒絕與東德談判，而認爲統一問題必須經由東西德人民自由自決方可達成。該備忘錄並稱，東德提出東西德以成立邦聯完成統一的建議，只是會使得統一問題變得更爲複雜與困難。僅就歷史發展來看，1815年德意志人民建立了邦聯，但在五十六年後，1871年才成立一聯邦，更何況東德又提出若干先決條件，使得統一更遙不可及。西德政府因此認爲，東德所提出的建議其目的只有一個，即是欲在整個德國實行其共產主義領導，故根本不可能接受如此以「邦聯」爲德國統一過渡方案的建議。[10]

在葛羅特瓦發表政府聲明的第二天，即7月29日，英、美、法三國與西德在柏林發表十二點共同聲明[11]，其中表示，唯有經由自由選舉而產生的全德政府才能承擔統一後的義務。

蘇聯則在同年8月2日反駁稱，德國問題雖然係應由德國人民自己解決，但由於西方三強對西德的政策，使得德意志人民自決的建議已非屬可能，唯有東德所提出的「邦

10　*Europa Archiv, 1957*, S.9960 ff.

　　Dokument zu Deutschlandpolitik III/3, S.1006.

11　*Dokument zu Deutschlandpolitik III/3*, S.1304.

聯」建議，才是一眞正可行的途徑。[12]赫魯雪夫在8月8日
訪問東德時，再度重申其支持東德的「邦聯」政策。[13]

　　1958年2月13日烏布里希特在接受西德《南德日報》
訪問[14]及7月11日在社統黨第五次黨員代表大會中，均再
度表示，「邦聯」爲促使德國統一的唯一途徑。[15]

　　同年9月4日，東德再提出有關邦聯的建議。在這次的
建議中，將成立邦聯之前又加上一先決條件，即主張先由
東西德共同成立一「全德委員會」（Gesamtdeutsche Kommis-
sion）以共同代表德國的立場，俾與由四強成立的委員會
就有關和平條約簽署事進行磋商。[16]在優先順序上，主張
先簽署和平條約，再談德國統一問題。[17]

　　1959年1月10日蘇聯提出《和平草案》，建議由當時
二十八個與德國宣戰的國家在布拉格或華沙召開和平會
議。其序言稱，德國方面由東西德代表共同簽署，另倘若
在和平條約簽署時東西德已成立邦聯，則此和平條約將由
邦聯與東西德三者共同簽署。該草案第2條並稱「直到統
一爲止，本草案所稱之德國，係指兩個德意志國家，德意
志聯邦共和國與德意志民主共和國。條約所述之權利與義

---

　　[12] *Dokument zu Deutschlandpolitik III/3*, S.1351 ff.

　　[13] *Dokument zu Deutschlandpolitik III/3*, S.1370.

　　[14] *Dokument zu Deutschlandpolitik III/4*, S.533 ff.

　　Europa Archiv, 1958, S.10610.

　　[15] *Dokument zu Deutschlandpolitik III/4*, S.1391 ff.

　　Europa Archiv, 1958, S.11037.

　　[16] *Dokument zu Deutschlandpolitik III/4*, S.1541 ff.

　　Europa Archiv, 1958, S.11121 ff.

　　[17] a.a.O.

務亦由此兩國承擔」[18]。由該《和平草案》可知,蘇聯的立場為,即使在和平條約簽署前,東西德已經合組邦聯,但該條約仍須由東西德共同簽署[19]。另蘇聯與東德態度一致,即和平條約簽署應是德國統一的第一個階段。[20]

　　五天後,同年1日15日東德烏布里希特以蘇聯所提的《和平草案》為基礎,提出其「邦聯計畫」。其重要內容如下:[21]

- 倘和平條約簽署前,東西德已成立了邦聯,則《和平條約》將由邦聯與東西德共同簽署。
- 邦聯具過渡性性質,旨在為和平條約作準備。
- 邦聯之「全德諮商會」置一百名委員,由雙方議會分別選出。
- 「全德諮商會」的功能為就各項問題交換意見,如簽署和平條約,邦聯與外國的經貿協定,參加國際組織等。
- 「全德諮商會」對東西德政府無指示權,僅具建議之功能。兩國在邦聯內具有主權且相互平等。
- 待和平條約簽署後,再選出全德國民大會。有關之選舉準備由邦聯為之。
- 邦聯為使德國統一的唯一可能途徑。

---

[18] *Dokument zu Deutschlandpolitik IV／1*, S.537 ff.
Europa Archiv, 1959, S.303.
[19] Wilhelm G. Grewe, " Ein Friedensvertrag mit Deutschland? " *Europa Archiv*（1959）, S.303.
[20] a.a.O., S.303 ff.
[21] *Dokument zu Deutschlandpolitik IV／1*, S.605 ff.

■.邦聯的基礎應爲：西德廢除核武、外國軍隊與基地
自東西德遷出、雙方共同退出華沙及北約。

東德的邦聯計畫顯示，東德爲求與西德相互平等且具
主權的待遇，願以邦聯方式作爲雙方進行統一的預備階
段。不過西德須先退出北約，而且東德的計畫中並無時間
表的限制，即使和平條約簽署，東德亦不因此被迫須與西
德統一。

1960年4月14日東德社統黨中央委員會在致西德政府
的一封公開信中，再次呼籲東西德建立一雙方地位平等的
邦聯。[22]1961年7月16日烏布里希特在社統黨中央委員會
第十三次會議中再次提出《德國和平計畫之和平草
案》。[23]在此草案中仍重申其邦聯的建議，並認爲成立邦
聯的目標是「在和平共存的基礎上，共同創造一個愛好和
平、民主與中立的統一德國」。

1963年1月15日，社統黨第六次黨員大會上，烏布里
希特雖仍主張以邦聯爲基礎簽署和平條約，但此必須是在
雙方和平共存的原則下進行。這表示，東德的德國政策已
將和平共存作爲新的重點。[24]此和平共存主張包括：相互
尊重主權、尊重疆界、放棄核武、停止擴增軍備並協議裁
減，相互承認國籍、建立體育及文化等正常關係、簽署貿
易協定等。[25]

在往後的兩年，1964與1965年，東德將柏林問題、裁

---

[22] Neues Deutschland vom 17.4.1960.（Der Deutschlandplan des Volkes）.

[23] *Neues Deutschland* vom 7.7.1961.（Der deutsche Friedensplan）.

[24] *Europa Archiv, 1963*, S.D153 ff.

[25] a.a.O.

軍、和平共存等項目列爲需要優先處理的問題，而較少提及成立邦聯之事。[26]

東德最後一次提出有關邦聯的建議是在1966年12月31日。提出成立邦聯的十個步驟爲：東西德建立正常關係、放棄使用武力、承認邊界、裁軍、放棄核武、兩德與歐洲其他國家建立正常外交關係、中立、簽署條約尊重西柏林的特殊地位、東德與西柏林簽署條約以停止他國對東德的冷戰並確保東德維持通道的義務、東西德成立一以對等爲基礎的委員會以檢驗《波茨坦協定》的執行情形。[27]

二、「邦聯」政策的法律意義

蘇聯在1959年提出簽署《和平草案》的內容與東德政府的立場用意至爲明顯，希以此取得東德的合法國家屬性，俾與西德在簽署和平條約一事中取得平等國家地位，此當然亦隱含著東德有權對和平條約表示意見。

烏布里希特政府不同時間所提成立邦聯的具體步驟建議，都有一個不變的特性，即等於是要求西德放棄唯一代表權、承認東德爲一平等的國家、不須經和平條約即已確認奧德奈斯線以東地區不再屬於德國、德國應是一個中立國家以及西柏林應視爲一獨立個體。這種條件是西德絕對無法接受的。

東德上述自1956年以後的一連串有關邦聯的建議，在

---

[26] Wolfgang Gläsker, *Die Konföderationspläne der SED von 1957 – 1967*, Dissertation（Erlangen, 1976）, 199.

[27] *Europa Archiv, 1967,* S. D102 ff.

政治意義上係利用東西方的衝突，促使德人支持建立一個
中立的德國[28]，以及經由邦聯使得全德國成為一個社會主
義的國家[29]；而在法律意義上，則為打破其國際間的孤
立，盼藉此獲得西德及其他國家對東德的國家承認。[30]

　　對西德而言，與東德成立邦聯即等於對東德作承
認[31]，此與1950、1960年代西德的政策不合。在有關統一
順序方面，西德堅守其基本法的規定，咸信須先由全德意
志人民舉行自由選舉[32]，然後由選出的議員共組國民大會
以制定一全德的憲法，並以此憲法組成（臨時）政府，俾

---

[28] Bernhard Pollmann, *Daten zur Geschichte der Deutschen Demokratischen Republik* （Düsseldorf, 1984），S.171.

Thilo Vogelsang, *Das geteilte Deutschland*, 12. Auflage.（München, 1983），S.373.

[29] Herbert Lilge,（Hrsg.），*Deutschland 1945 – 1963*, 4. Auflage.（Hannover, 1972），S.197.

Gottfried Zieger, " Völkerrechtliche Kontinuität in Deutschland aus Sicht der DDR, " In *Staatliche Kontinuität unter besonderer Berücksichtigung der Rechtslage Deutschlands*, Hrsg. von Meissner / Gottfried Zieger （Köln, 1983），S.39 ff.

[30] Zieger, " Völkerrechtliche Kontinuität in Deutschland aus Sicht der DDR, " S.39ff.

Carl Christoph Schweitzer, *Die deutsche Nation – Aussagen von Bismarck bis Honecker* （Köln, 1976），S.504.

[31] Wilhelm G Grewe, *Rückblenden 1976 – 1951* （Frankfurt/Main, 1979），S.291 ff.

Jens Hacker, " Die deutsche Konföderation – Ein untaugliches Mittel für die Wiederherstellung eines freien und demokratischen Gesamtdeutschlands, " *Aus Politik und Zeitgeschichte 42* （1968），S.3 ff.

[32] Klaus Hornung, *Die deutsche Frage* （Bonn, 1984），S.23.

與四強就簽署和平條約進行談判。[33]此與東德在1960年中期將和平條約簽署視為最優先順序有顯著的不同。[34]

　　在冷戰氣氛籠罩下，東德的上述邦聯建議自不會受西德青睞，畢竟雙方的社會缺少同質性[35]，各屬一相互對抗的軍事集團，缺少一外在的合作環境[36]，再加上雙方的意識形態無法契合[37]，此皆使得東西德缺少對統一的共識。西德在此期間仍堅守其唯一代表德國的立場，而將東德視為由蘇聯扶持、不具合法性的政權，不願對其作國家承認。在此情形下，東德企圖以邦聯方式獲得西德國家承認或國際法承認的主張自然無法達到其目的。

[32] Fritz Peter Habel ／Helmut Kistler. *Die Bundesrepublik Deutschland 1949 – 1955*（Bonn, 1976），S.10.

Helmut Kistler, *Die Bundesrepublik Deutschland 1955 – 1966*（Bonn, 1978），S.2.

[33] a.a.O.

[34] a.a.O.

[35] Rudolf Schuster, " Die Schein – Konföderation als Nahziel der sowjetischen Deutschlandpolitik, " *Europa Archiv*（1959），S.356.

[36] a.a.O.

[37] a.a.O.

Wilhelm G.Grewe, " Ein Friedensvertrag mit Deutschland？ " *Europa Archiv*（*1959*），S.307.

第二節　西德「德國政策」的法律意義

一、布朗德推動「新德國政策」

　　1966年西德基民黨與社民黨共組大聯合政府，布朗德擔任外長時，即開始推動其德國政策的新構想，不過在1960年代中期，蘇聯仍未準備與西方緩和，西德的新構想亦只能停留在期盼階段。[38]

　　1968年8月20日蘇聯依「布里滋涅夫主義」率領華沙公約國家進軍捷克，此舉等於向西方表示，蘇聯在東歐的領導權不容挑戰，這項認知亦是東西方緩和的先決條件。[39]另經由1960年代的加速軍備發展，蘇聯的軍事力量在歐洲已取得優勢，但其經濟力量卻日益衰弱，緩和政策將有可能為蘇聯帶來經濟利益。[40]1969年的中蘇邊界衝突，尼克森訪問中共，使得蘇聯在警惕之餘開始尋求與西方國家的緩和。[41]

　　對西德而言，1969年的秋天情況非常有利。蘇聯外交政策觀的改變及美國積極推動以談判代替對抗的緩和政

----

[38] Christian Hacke, *Weltmacht wider Willen – Die Außenpolitik der Bundesrepublik Deutschland* (Stuttgart, 1988) , S.164.

[39] a.a.O.

[40] a.a.O., S.165.

[41] a.a.O.

策，使得西德的德國政策出現一片曙光。10月社民黨獲得聯邦大選勝利，此顯示西德人民已對布朗德的德國政策有了初步的認同。

布朗德的東進與德國政策理念在於，他認為德國能否統一的必要條件有二：一是善意的國際環境；二是兩德的充分交流。前者尤指改善與蘇聯的關係，後者指為避免兩德人民因長久疏離而漸失對統一的認同。布朗德並盼藉由西方與東德的接近，使東德民心向西方轉向，此即所謂由「接近促成改變」（Annäherung zur Änderung）的理念。

在實踐其理念方面，為求得一個與蘇聯友好的國際環境，布朗德所付出的代價是允諾尊重二次大戰後的歐洲疆界（即戰後蘇聯將西境國界西移，侵占波蘭領土，而以德國東疆土地劃給波蘭作為補償）。在為求得與東德充分交流方面，布朗德願交換的條件是承認東德的國家地位、享有主權與不可侵犯。這些交換條件自然引發出一連串的法律問題，德國是否因此確定分裂，東西德對上述交換條件的基本立場為何，以及如何詮釋上述問題，引起了廣泛爭議。

1969年10月28日，布朗德甫任總理七日，即首次發表政府聲明稱：[42]

> 「德國問題必須在『歐洲和平秩序』達成時才能算是解決；且在此問題上，無人能使我們信服，德意志人民

---

[42] *Zehn Jahre Deutschlandpolitik – Die Entwicklung der Beziehungen zwischen der Bundesrepublik Deutschland und der Deutschen Demokratischen Republik 1969 – 1979.* Hrsg. von *Bundesministerium für innerdeutsche Beziehungen*, S.119.

沒有與其他人民相同之自決權」。

「我們（德意志人民）有著相同的任務與責任……在德
　意志聯邦共和國與德意志民主共和國建立後的二十
　年，我們必須防止德意志民族進一步的疏離，並尋求
　經由正常的相互共存以達到相互合作」。

「聯邦政府提議與德意志民主共和國在無歧視的政府層
　次上重新研商，以達成條約上的共同合作。聯邦政府
　不對德意志民主共和國作國際法上的承認，即使在德
　國存在著兩個國家，但他們彼此而言，並不是外國，
　他們間的相互關係僅是一種特殊形式（eine besondere
　Art）」。

　　布朗德上述政府聲明與艾德諾時代的德國政策相同處
在於，均主張德國問題應在歐洲和平秩序的基礎下完成，
均堅信德意志人民有決定德國應否統一的自決權，均不對
東德作國際法上的承認。兩者相異之處在於，布朗德政府
雖然承認東德的國家屬性，但卻認為東德是德國內部的一
部分，而不是「外國」，並以「特殊關係」為雙方的關係
定名。在此聲明後，西德可謂已放棄其唯一代表權的主
張，而願以兩個國際法主體相互合作的方式，來促成德國
的統一。

　　東德的政治立場與以前所持者並無改變。他仍追求一
個與西德在國際法上相互平等的地位，他僅對與西德相互
作國際法關係的承認感到興趣。

　　約十日後，東德領導階層才對布朗德的聲明作出回
應，何內克（Erich Honecker）在慶祝十月革命紀念日上對
布朗德所提現有兩個德意志國家一事表示同意與讚許，但

強調東德的立場為「兩個主權國家間的關係必須由國際法規範」[43]。12月13日烏布里希特在社統黨中央委員會第十二次會議中亦對布朗德「兩個德意志國家」的主張讚許有加，但對西德不準備與東德作國際法承認事提出嚴厲批評。[44] 12月17日東德國家主席烏布里希特正式致函西德總統，以「基於確保歐洲和平」為由，提出東西德《建立平等關係草案》。函末並稱，期盼「兩個德意志國家能在具體的協商中，建立起平等與國際法上的關係」[45]，該草案略稱：

> 「條約雙方同意在相互不歧視、國際法所承認之原則及規範基礎上建立平等之關係。其相互關係特別基於主權平等、尊重領土完整及疆界不可侵犯（unantast-barkeit），不干涉對方之政策等原則」。（第1條）
>
> 「締約雙方承認對方現有疆界之不可傷害（unverlet-zlichkeit），並承認第二次世界大戰後之歐洲現有疆界，特別是德意志聯邦共和國與德意志民主共和國間之疆界，以及德意志民主共和國與波蘭人民共和國在奧德·奈斯（Oder – Neiße）之疆界」。（第2條）
>
> 「締約雙方有義務放棄使用武力威脅及使用武力處理雙方關係，並以和平方法，採和平途徑解決所有爭議」。（第3條）
>
> 「雙方放棄使用核武……不在兩個德意志國家土地上生

[43] *Deutschland Archiv, 1967*, S.1327 ff.

[44] *Detuschland Archiv, 1970*, S.66 ff.

[45] *Zehn Jahre Deutschlandpolitik*, S.119 ff.

產、佈署或儲存生化武器」。（第4條）

「雙方建立外交關係，並在雙方首都柏林及波昂互換大
　使，大使享有依1961年4月18日《維也納外交公約》
　所規定之所有特權與豁免」。（第5條）

「雙方儘速申請加入聯合國成爲正式會員國」。（第7
　條）

　　東德此項草案最主要的旨意在於：東德希望東西德間
的關係應是國際法上的關係，雙方應依國際法的規定處理
兩國間的關係，包括互不侵犯、尊重領土完整、互換大
使，並共同以會員國的身分加入聯合國。

　　1970年3月29日在東德艾福特（Erfurt）城，東西德總
理作了戰後兩國政府首長的第一次會談。會談前雙方各自
發表聲明，東德仍持其草案中的各項立場，視對東德作國
際法承認是會談成功的先決條件[46]。而布朗德則亦重申渠
在1969年政府聲明中的各項原則，並以下列六點原則爲會
談的西德立場：[47]

　　1. 兩國均有義務維持德意志民族的統一，他們彼此
之間並不是外國。

　　2. 雙方均應遵守國家間的法律原則（Prinzipien des
zwischen staatlichen Rechts），特別是不歧視對方、尊重領土
完整、有義務以和平方法解決爭端及尊重雙方疆界。

　　3. 雙方有義務，不以武力改變對方疆界內的社會結
構。

---

[46] *Zehn Jahre Deutschlandpolitik*, S.123 ff.
[47] *Zehn Jahre Deutschlandpolitik*, S.130 ff.

4. 雙方政府應致力於善鄰的相互合作。

5. 四強對整個德國及柏林的現有權利與責任應受尊重。

6. 四強爲改善柏林情勢所作的協議應受支持。

由於東德雙方在是否對東德應作國際法承認的立場不同，艾福特會談並未達成具體結果。會後雙方發表聯合公報，表示將於5月21日在西德卡塞 （ Kassel ）再繼續會談。[48]

5月21日的卡塞會談中，東德總理史托夫（ Willi Stoph ）仍持西德必須先對東德作國際法承認的立場[49]。西德總理布朗德除了再將西德的立場作了詳盡的表示外，並擬出二十點作爲東西德未來締約的基礎，其內容如下：

1. 東西德均追求其憲法中民族統一的目標。爲和平的利益及民族的未來共同合作，雙方協議簽訂條約以規範在德國內兩個國家的關係，改善兩國人民的接觸及排除現有之不利情形。

2. 條約須以合乎憲法規定的方式，經兩國立法機關批准。

3. 雙方應表示願將其關係依人權、平等、和平共存及不歧視等原則作爲兩國間一般法律規範的意願。

4. 雙方均放棄武力及以武力威脅，並有義務就相互間發生的問題，以和平方式解決之，包括尊重領土完整及疆界。

5. 雙方相互尊重對方國家內政的獨立與自主。

---

[48] *Zehn Jahre Deutschlandpolitik*, S.134.
[49] *Zehn Jahre Deutschlandpolitik*, S.136.

6. 任何一個德意志國家，均不能代表對方，或為對方談判。

7. 雙方聲明，戰爭永遠不得再自德意志土地開始。

8. 雙方有義務，不作任何足以影響和平共存的行為。

9. 雙方重申致力支持裁軍及軍備管制，以提高歐洲的安全。

10. 條約必須顧及第二次世界大戰的結果以及德國的特殊處境，與德意志人分別在兩個國家生活，惟俱屬同一民族的觀念。

11. 法、英、美、蘇四國的特殊權利及對有關柏林與整個德國協議的義務，均不受觸及（不影響）。

12. 尊重對柏林及德國的四強協議。雙方均有義務支持四強使柏林及其周圍情勢正常化的努力。

13. 雙方將研究兩國立法衝突的問題，並將設法加以排除；避免在德國的兩國人民蒙受不利。所遵循的原則為各方最高權力以在本國的國土內為限。

14. 條約應規定簡化旅行措施，並致力推動自由遷移的目標。

15. 對於家庭離散所生的問題應設法解決。

16. 對於共同邊境地區所生的問題，應設法解決。

17. 雙方應重申擬加強交通、郵電、資訊交換、科學、教育、文化、環境問題、體育等方面的交流，以增加雙方的利益，並就有關問題的細節進行談判。

18. 雙方的貿易繼續適用現有的協定，貿易關係應予加強。

19. 雙方政府指派部長級全權代表並設立辦事處。其

任務及待遇的細節將另訂立。

　　20. 雙方依議定的條約，籌劃在國際組織的會籍及合作事宜。

　　上述二十點後來多反映在《四強柏林協定》及東西德《基礎條約》條文上，但是東德當時對這二十點仍無法接受，東德總理史托夫認為此二十點中並未對東德作國際法的承認，而予拒絕。畢竟，東西德政府的立場在西德承認東德的國家屬性後，仍有極大的差距，西德政府所要的是實質關係的改善，而非形式上的交流，而東德政府則希望雙方的關係作形式，而非實質上的改變。[50]

　　西德最後建議「暫時停止討論」（ Denkpause ）。布朗德深知，東西德關係必然在西德與蘇聯關係改善後方能推展，其德國政策的架構亦必須在顧及蘇聯利益的前提下才能成功。[51] 自此，西德將目標轉向蘇聯。

　　1970年8月12日西德與蘇聯簽署《莫斯科條約》，其中規定雙方均放棄使用武力、尊重現有歐洲國家的領土完整、不提領土要求、歐洲國家現有疆界不得破壞，其中特列舉包括波蘭的西界以及東西德的疆界。[52]

　　同年12月7日西德與波蘭簽署《華沙條約》，其中雙方確認奧德奈斯線為波蘭的西界。同時強調該疆界無論在

---

[50] *Zehn Jahre Deutschlandpolitik*, S.138.

　　William E Griffith, *The Ostpolitik of the Federal Republic of Germany* （ Cambridge, 1978 ）, S.190.

[51] Hacke, *Weltmacht wider Willen – Die Außenpolitik der Bundesrepublik Deutschland*, S.175.

[52] *Zehn Jahre Deutschlendpolitik*, S.156 ff.

現在及將來都不可侵犯，並無條件尊重彼此的領土完整。[53]（有關莫斯科與華沙條約引發的有關原屬德國東疆領土的法律爭議，將在本書第八章中述及）

　　四強有關柏林的會談自1970年9月開始。蘇聯與東德的態度有相當大的差異，雖然東德與蘇聯均希望切斷西柏林與西德的關係，但蘇聯仍盼能經由柏林問題的解決，以加速其與美國的緩和，東德卻不是以全球和解角度來看柏林問題，他仍憂懼大量從西柏林或西德而來的訪客及出版品會使東德內部不安[54]，東德不願作一個交流下的受害者。

　　若干事件使得柏林會議得在1971年早期得以順利進行。這包括：《莫斯科條約》已簽署、東西德會議已於1970年10月21日重新展開、北約於1970年12月4日發表聲明，《四強柏林協定》簽署是歐安會議召開的先決條件、1971年4月中共乒乓外交顯示中共與美國的和解正加速進行。最重要的，西德國會明確表示，倘《四強柏林協定》未能簽署，則不批准《華沙條約》與《莫斯科條約》[55]。上述種種事件使得蘇聯急欲越過東德而與西方達成協議。

　　東德烏布里希特在柏林問題立場是促使西德承認東柏林的法律地位，並主張由東西德兩國就柏林問題進行協商（而不是在四強基礎上），西德政府明確表示拒絕。蘇聯自1970年起已不再支持烏布里希特在柏林及德國問題上的立場，開始向東德施壓，但烏布里希特仍堅持已見。

---

[53] *Deutschland Archiv, 1970*, S.1303.

[54] Griffith, *The Ostpolitik of the Federal Republic of Germany*, S.199.

[55] a.a.O.

或許是在蘇聯壓力下，1971年5月3日烏布里希特辭職，改由何內克繼任。烏布里希特去職後，柏林會議立刻加速進行，5月28日達成協議，8月23日四強完成簽署。[56]《四強柏林協定》內容包括柏林的地位、西德與西柏林間的過境，以及西柏林與西德間的法律與政治關係等規定。[57]（有關該協定在德國問題中所引發的爭議，將在本書第七章中詳述。）

二、《基礎條約》的法律意義

　　1972年12月21日東西德簽署《德意志聯邦共和國與德意志民主共和國關係基礎條約》（ Der Vertrag über die Grundlagen der Beziehungen zwischen der Bundesrepublik Deutschland und der DDR ），後簡稱《基礎條約》（ Grundlagenvertrag ）。東西德在此條約中互有得失，東德得到了西德的國家承認，但未獲得西德的國際法承認，西德所主張有關東德不是外國、兩國間的關係屬特殊關係、雙方應以追求統一為目標等立場均未出現在條約中。西德所得為，東德應允在經濟、交通、交化、體育⋯⋯等各範疇內與西德展開合作。該條約內容如後：[58]

「序言
　　條約當事國

---

[56] a.a.O., S.200.
[57] *Zehn Jahre Deutschlandpolitik*, S.158 ff.
[58] a.a.O., S.205 ff.

鑒於其對維持和平之責任，

努力促進歐洲之緩和與安全，

　　意識到疆界之不可侵犯以及尊重全體歐洲國家現存疆界之領土完整及主權，是和平之基礎條件，

　　認識到兩個德意志國家在其關係中，不以武力相威脅或使用武力，基於歷史之事實，及不傷害德意志聯邦共和國與德意志民主共和國，即使在基本問題上，包括民族問題，有不同之見解，

　　基於兩個德意志國家人民之利益，為創設德意志聯邦共和國與德意志民主共和國間合作條件之願望，爰達成如下協議：

第一條

　　德意志聯邦共和國與德意志民主共和國在平等之基礎上，發展彼此間正常之睦鄰關係。

第二條

　　德意志聯邦共和國與德意志民主共和國決遵循聯合國憲章所載之目標與原則，尤其是所有國家主權平等、尊重獨立、自主及領土完整、自決權、保障人權及不歧視。

第三條

　　德意志聯邦共和國與德意志民主共和國決依據聯合國憲章，完全以和平方法解決雙方之爭端，並且不以武力相威脅或使用武力。兩國強調，雙方之間現有疆界在現在及未來均不可侵犯，並且負有完全尊重對方領土完整之義務。

第四條

　　德意志聯邦共和國與德意志民主共和國認為，兩

國之任何一方均不得在國際上代表對方，或以對方之名行爲。

第五條

德意志聯邦共和國與德意志民主共和國決促進歐洲國家之和平關係，並致力於歐洲之安全與合作。

兩國支持在歐洲裁減軍隊及軍備之努力，但不得因此使有關國家引起不安上之不利。

德意志聯邦共和國與德意志民主共和國決定支持，以普遍與完全裁軍爲目的，在有效之國際監督下，爲國際安全進行之限制軍備與裁軍，尤其是在核子武器及其他集體毀滅性武器方面。

第六條

德意志聯邦共和國與德意志民主共和國同意，兩國任何一方之最高權力（Hoheitsgewalt）只限於在其領土內。雙方尊重兩國中任何一國在其內政與外交事務方面之獨立與自主。

第七條

德意志聯邦共和國與德意志民主共和國表示，準備在其關係正常化過程中，規定實際及人道之問題。雙方決定以本條約爲基礎並且爲雙方利益締結協定，以發展並促進在經濟、科學與技術、交通、司法關係、郵政與通訊、衛生、文化、體育、環保以及其他方面之合作。其細節在《附加議定書》中加以規定。

第八條

德意志聯邦共和國與德意志民主共和國決定互設常設代表處。代表處設於雙方政府所在地。與設置代表處之有關實際問題，將另行補充規定。

第九條

　　德意志聯邦共和國與德意志民主共和國家同意，本條約不觸及雙方已簽訂或與其有關之雙邊或多邊之國際條約與協議。

第十條

　　本條約須經批准，並自交換有關照會之日後生效。」

　　布朗德政府在《基礎條約》中，突破了東西德二十餘年的隔離，使得雙方人民有開始交流與合作的機會，此有助於東德人民了解西方的社會，亦有助於改變東德的共產體質。但由於《基礎條約》的簽署，東德獲得西德的國家承認，使其國際地位日益鞏固，此似又與西德的統一目標有所背離。**表3－1**的問卷調查顯示，自布朗德政執政推動其兩個德意志國家理念後，多數的西德人民覺得德國的分裂似已成定局，而不再作真實的期待。59

　　即使多數西德人民已認為德國統一已似乎不再可能，但基於歷史血緣的認同，即使在《基礎條約》簽署後，仍有約八成的西德人民期盼德國能夠統一，反對統一者僅占五個百分點以下，自1948年至1987年之間有關此一問題的問卷調查統計如**表3－2**。60

---

59 Silke Jansen, "Zwei deutsche Staaten – zwei deutsche Nationen？ Mein-ungsbilder zur deutschen Frage im Zeitablauf," *Deutschland Archiv 10*（1989），S.1140.

60 a.a.O., S.1139.

表3 – 1　1951 – 1987年間對德國統一的眞實期待

年	會統一	不會統一
1951	39	41
1952	51	44
1953	61	28
1954	56	35
1955	64	21
1956	66	23
1957	60	29
1958	44	10
1959	36	61
1960	58	32
1961	48	45
1965	58	37
1966	47	35
1967	31	50
1968	13	86
1970	18	72
1971	11	77
1972	12	81
1973	9	81
1974	6	86
1975	8	83
1976	9	81
1977	8	87
1978	11	85
1979	11	88
1980	17	82
1981	13	–
1983	5	95
1984	12	88
1985	11	86
1987	3	97

Annmerkung： zur Erstellung dieser Tabelle wurden Daten folgender Meinungs-
forschungsinstitute herangezogen： Institut für Demoskopie, DIVO Institut, Emnid,
Forschungsgruppe Wahlen e.V., Infas, Infratest.

表3-2　1954-1987年間對東西德統一的願望

年	希望、贊成統一	不希望統一	無差別
1948	96	K.A.	K.A.
1954	83	2	10
1955	80	3	17
1956	85	3	13
1957	94	1	10
1959	90	1	11
1960	91	0	14
1972	78	6	16
1979	81	3	15
1980	79	5	14
1984	81	3	15
1985	78	3	15
1987	80	4	16

Annmerkung： zur Erstellung dieser Tabelle wurden Daten folgender Meinungs-forschungsinstitute herangezogen： Institut für Demoskopie, DIVO Institut, Emnid, Forschungsgruppe Wahlen e.V., Infas, Infratest.

　　基於政治的現實，西德人民不得不承認德國的統一機會不是很大，但唯一能夠讓西德人民在心態上不放棄德國統一、使八成的人民所作的德國統一願望不致幻滅的基礎，則只有靠法律來支持。亦即在政治上，雖然東西德已近乎完全分裂，但就法律層面而言，東西德仍未完成分裂，德國統一仍有可能。西德政府、議會、聯邦憲法院及學術界在爾後的政策上，及對《基礎條約》與雙方關係定位上展開護衛工作，其唯一目的就是讓《基礎條約》僅是統一前的一個臨時協定，《基礎條約》的簽署並不表示西

德放棄統一立場，亦並不表示德國已經滅亡，東西德間的
關係僅是特殊關係而非一般國際法上的外國關係，德國問
題仍未解決。

第三節　西德聯邦憲法法院對西德「德國
政策」的詮釋

　　由於西德在《基礎條約》中對東德作了國家承認，同
意兩國現存疆界在現在及將來均不可侵犯，尊重對方領土
完整，不在國際上代表他方或以對方名義行為，尊重對方
在其內政及外交事務方面的獨立與自主，且在統一問題
上，東德又未讓步，引發西德國內的不滿。1973年5月28
日巴伐利亞邦政府向西德聯邦憲法法院提出告訴，要求法
院宣布《基礎條約》違憲無效。[61]
　　《基礎條約》是否違憲的基本爭議在於該條約是否違
反了基本法序言所規定的「再統一命令」（Wiedervereini-
gungsgebot），傷害到第23條所規定的「德國其他部分加入
權」（Beitrittsrecht der anderen Teile Deutschlands），侵犯到第
1、16、116條所述及對德意志人民的保護及照顧義務
（Schultz – und Fürsorgepflicht），以及西德是否已放棄了與
德國為同一的「同一性理論」，承認德國已經滅亡？聯邦
憲法法院的看法如下：

---

[61] Eve Cieslar / Johannes Hampel / Franz – Christoph Zeitler, （Hrsg.），
Der Streit um den Grundvertrag – Eine Dokumentation（München,
1973），S.14.

一、有關德國地位問題及西德與德國的關係

聯邦憲法法院在判決中，首先再確認德意志帝國並沒有滅亡的立場：

「德意志帝國在1945年後仍然續存，他既不因投降，亦不因占領國在德國行使外國權力而滅亡，這點可從基本法序言、第16條、第23條、第116條及第146條而得知。聯邦憲法法院並已在數次判決中（BVerfGE 2，266＜277＞；3，288＜319f＞；5，85＜126＞；6，309＜336，363＞）即已確定德意志帝國仍然存在。雖然，他對於作為一個整體國家而言，缺少組織，特別是缺少憲政機構，從而使得他沒有行為能力（handlungsfähig），但他仍一如往昔般地擁有法律能力（rechtsfähig）……，四強亦對整個德國負有義務」。62

在談到西德與德國的法律關係時，聯邦憲法法院同時提出以下三種理論：

㈠同一性理論

判決中稱「德意志聯邦共和國並不是德意志帝國的『法律繼承者』（Rechtsnachfolger），而是與德國為同一」。63在對有關基本法第23條是否仍屬有效部分的判決

---

62 *BVerfGE*, *36*, 1 ff/16 ff. （ Urteil vom 31. Juli 1973. Grundlagenvertrag Bundesrepublik Deutschland und Deutsche Demokratische Republik ）
63 *BVerfGE*, *36*, 1 ff/16.

稱「在條約簽署後，就法律上而言，德國其他部分加入自由德意志國家（按：指西德）必須仍屬有效，此是基本法所持的法律觀點」。[64] 由於第23條係「同一性理論」的最大支柱，聯邦憲法法院認為第23條仍屬有效，同意該條條文「德國其他部分加入聯邦時應適用之」，顯示聯邦憲法法院亦支持同一性的理論。

(二)部分秩序理論

判決中又稱，東西德為「兩個國家，各為一個仍然存在的整個德國的一部分」[65]，第三段稱西德「並不是一個新建立的西德意志國家（westdeutscher Staat），而是德國一部分重新組織而成的國家」[66]。在上述兩段判決中，聯邦憲法法院認為西德是德國的一個部分，兩者並不「同一」。

(三)部分同一理論

判決中稱，「在其空間範圍（räumliche Ausdehnung）方面，（西德與德國）為部分同一……德意志聯邦共和國，就其國家疆域及國民而言，並不包含整個德國」，「在憲法上，他（西德）最高權力侷限於基本法的有效地區，但他仍對整個德國負有責任」。[67]

部分同一理論意指，基本上西德仍與德國為同一，但已不是如1950年代般所主張的完全與德國為同一，「唯一

---

[64] *BVerfGE, 36,* 1 ff/29.

[65] *BVerfGE, 36,* 1 ff/23.

[66] *BVerfGE, 36,* 1 ff/16.

[67] *BVerfGE, 36,* 1 ff/16.

代表權」主張已不爲聯邦憲法法院所支持。[68]

　　西德學者對聯邦憲法法院判決西德與德國在空間範圍上爲部分同一的看法提出批評[69]，學者蕭勒（Ulrich Scheuner）即認爲「部分同一理論」與「部分秩序理論」二者根本不連貫，法院將這兩種理論混合在一起，是等於提供人們「一碗難以消化的粥」。[70]

　　對「部分同一理論」的批評首先來自於，若主張西德與德國爲部分同一，即相對地承認東德亦與德國爲同一。但主張東西德均與德國爲同一，此在國際法上是否可行？舉例而言，英印帝國原爲聯合國的一員，後經由政治性的安排被分爲印度與巴基斯坦兩個國家。聯合國曾就印度或巴基斯坦，或兩者均可成爲聯合國的一員進行冗長的討論，最後聯合國採取只有一個國家（即印度）可與英印帝

---

[68] Dieter Blumenwitz, *Was ist Deutschland？ Staats- und völkerrechtliche Grundsätze zur deutschen Frage und ihre Konsequenzen für die deutsche Frage und ihre Konsequenzen für die deutsche Ostpolitik* （Bonn, 1989）, S.63.

[69] Wilhelm Kewenig, "Auf der Suche nach einer neuen Deutschland – Theorie," Die *öffentlicheVerwaltung, S.* 799.

Wilhelm Kewenig, "Deutschlands Rechtslage heute," *Europa Archiv* （1974）, S.80 ff.

Christian Tomuschat, "Auswärtige Gewalt und verfassungsrechtliche Kontrolle – Einige Bemerkungen zum Verfahren über den Grundvertrag," *Die öffentliche Verwaltung* （1973）, S.804.

Ulrich Scheuner, "Die staatsrechtliche Stellung der Bundesrepublik," *Die öffentliche Verwaltung* （1973）, S.583.

[70] Scheuner, "Die staatsrechtliche Stellung der Bundesrepublik," S.583.

國爲同一的看法，聯合國稱此爲「一般原則」。[71]

　　另一項對此理論的批評在於認爲該理論不合邏輯。[72]
學者布魯門魏茲早期即指出，甲國與乙國在國際法上只有
同一性或非同一性的關係。[73]以數字或科學上的劃分方式
（指以國土面積作爲劃分標準），在法律上根本無法立
足。[74]布魯門魏茲後來批評此項判決時稱，聯邦憲法法院
認爲西德與德國爲同一，但基於現實情況，亦認爲西德無
法承擔德國所有的憲法與國際法結果（ staats- und
völkerrechtliche Konsequenzen ）。依渠之見，由於法院已不主
張唯一代表權的法律立場，故「部分同一理論」在其含意
上應是與「部分秩序理論」相同，二者都是以西德領土及
人民作爲整個德國的部分。[75]

　　嚴格地說，聯邦憲法法院在有關西德與德國法律關係

---

[71] Kay-Michael Wilke, *Bundesrepublik Deutschland und Deutsche Demokratische Republik – Grundlagen und ausgewählte Probleme des gegenseitigen Verhältnisses der beiden deutschen Staaten*（Berlin, 1976）, S.100.

[72] Siegrid Krülle, Die *völkerrechtlichen Aspekte des Oder-Neiße-Problems*（Berlin, 1970）, S.103.
Dieter Blumenwitz, *Die Grundlagen eines Friedensvertrages mit Deutschland*（Berlin, 1966）, S.87, 95, 122.
Rudolf Schuster, *Deutschlands staatliche Existenz im Widerstreit politischer und rechtlicher Gesichtspunkte 1945 – 1963*（München, 1965）, S.92.

[73] Blumenwitz, *Die Grundlagen eines Friedensvertrages mit Deutschland*, S.95.

[74] Schuster, *Deutschlands staatliche Existenz im Widerstreit politischer und rechtlicher Gesichtspunkte 1945 – 1963*, S.91.

[75] Blumenwitz, *Was ist Deutschland*? S.63.

部分的判決確有相矛盾之處。由於「同一性理論」得以成立的前提應是東德並不是一個國家或不是一個合法的國家。如果一方面承認西德與德國為同一，另一方面又承認東德為一個與西德平等地位的國家，則等於認為東西德與德國之間的關係為一種「分解理論」或「分割理論」上的法律關係。換言之，倘認為東西德與德國的關係是屬於「部分秩序理論」關係，而不是「同一性」關係，則西德基本法第23條、第116條均無再存在的法律基礎。聯邦憲法法院這項判決的意義應在於，就陳述東西德現狀關係定位方面，採的是「部分秩序理論」，就其德國統一未來展望方面，引用的是「同一性理論」。也就是採取「內外有別」的解釋，對外，包括東德與四強，使用的是「部分秩序理論」；對內，包括對基本法與對德國統一的立場，使用的是的「同一性理論」。聯邦憲法法院在這項判決中可謂充分地發揮了其政治性的功能。而聯邦憲法法院這種「內外有別」的立場，其實主導了後來西德政府的德國政策及統一政策。

二、是否傷害到「再統一命令」

在《基礎條約》判決前，聯邦憲法法院曾在判決中宣告確定基本法序言中所述「務望我全體德意志人民依其自由自決完成德國之統一與自由」一句具有法律拘束力。[76]

---

[76] *BVerfGE* 5, 85 ff/128.（Urteil vom 17. August 1956. Verfahren über den Antrag der Bundesregierung auf Feststellung der Verfassungswidrigkeit der Kommunistischen Partei Deutschland）

此條具法律拘束力的序言，統稱之爲「再統一命令」。聯邦憲法法院另在判決中稱：

> 「依基本法之序言，德意志聯邦共和國所有國家政治機
> 關（ alle politische Staatsorgane ）具法律上之義務，以所
> 有力量推動德國之統一，採行適當之措施以達此目標
> ……聯邦政治機關有權決定以在政治上正確及合乎目
> 的之方式達成再統一」。[77]

上述判決被學者稱之爲「禁止阻礙再統一命令」
（ Wiederverreinigungsverhinderungsverbot ）[78]，意指聯邦政府機關有權在不違反基本法的前提下，依政治判斷，推動德國統一政策。聯邦憲法法院曾在另一項判決中稱，除非該項政治措施「明顯地超越了判斷，使得在法律上或事實上已與再統一相違背」[79]，該法院不予干涉。

批評者認爲：

1.《基礎條約》第1、6、8條均承認東西德爲兩個平等獨立且自主的國家，並同意兩者間發展正常睦鄰關係，

---

[76] *BVerfGE 11*, 150 ff/160. （ Beschluβ vom 31. Mai 1960. Vollstreck-
barkeit sowjetzonaler Strafurteile in der Bundesrepublik Deutschland ）
BVerfGE 12, 45 ff/51. （ Beschluβ vom 20. Dezember 1960. Zur
Berechtigung aus Gewissensgründen den Kriegsdienst mit der Waffe zur
Verweigern GG Art.4 Abs.3 ； Wehrpflichtgesetz § 25 ）. - - Bedeu-
tung einer Kompetenzbestimmung hinsichtlich ihres materiellen Inhalts （
GG Art. 73 Nr.1 ）

[77] *BVerfGE 5*, 85 ff/128.

[78] Blumenwitz, *Was ist Deutschland* ？ S.59.

[79] *BVerfGE 12*, 45 ff/52.

且互換常駐代表，這些規定均等於表示兩國是國際法的關係，已使得德國分裂。[80]雖然條約中作了些不同的規定，如以常駐代表取代大使的設置，以交換照會取代互換批准書以使條約生效的方式，但與第2、4、6條相比較，上述的改變在國際法意義上顯得微不足道。[81]

2. 該條約承認東西德兩國疆界在現在及未來均不可侵犯。條約簽署前，德意志帝國的疆界是由四強強迫所劃定。條約簽署後，現有的疆界是經東西德自願並經條約同意所劃定，此違反了維護德意志統一的「再統一命令」。[82]

聯邦憲法法院在判決中認為：

「基本法中所包含之再統一命令及自決權，至今一直為聯邦憲法法院所承認並確認：基本法之序言不僅具有政治上之意義，亦同樣具有法律上之性質。再統一為憲法之命令，然而卻須經由聯邦政治機構決定用何種方法，方屬政治上正確及符合目的。……德意志聯邦共和國任何一個憲法機關均不可放棄重建國家統一之政治目標。所有憲法機關在政策上均有義務致力於此目標之實現—此包括要求對內保持其再統一要求（Wiedervereinigungsanspruch），對外堅持地主張不從事任何阻礙再統一之政策。聯邦政府當然有責任決定採行以何種政治方法以及以何種政治途徑，或嘗試向其

---

[80] Cieslar / Hampel / Zeitler, *Der Streit um den Grundvertrag – Eine Dokumentation*, S.114 ff.
[81] a.a.O.
[82] a.a.O.

接近，以達到基本法所規定之再統一目標。該政策之可行性屬於聯邦政府及國會多數（parlamentarische Mehrmeit）之事。聯邦憲法法院既不對此政策批評，亦不對其政策之前景表示看法。政治責任係由政治機構承擔。聯邦憲法法院必須明確地設定界限爲：憲法禁止聯邦共和國放棄基本法所規定，務使德國再統一及人民自決能得以實現之法律立場（Rechtstitel, eine Rechtsposition）」。[83]

聯邦憲法法院在判決中再度重申其尊重政治機關的政策權，而其唯一條件是，不得使德國統一在法律上成爲不可能。也就是，假若西德在《基礎條約》中對東德作了國際法的承認，則德國分裂即成定局，即屬違憲。在有關承認雙方疆界事，西德政府自有另一番說詞，聯邦憲法法院亦有其獨特看法（請見本章第四節）。在這場爭議中很明顯地看出，法院接受了聯邦政府欲以相互接觸交往促成統一的觀點、容忍了聯邦政府的統一政策及支持聯邦政府主張東西德並不是外國關係的法律立場。

三、是否牴觸基本法第23條的規定

巴伐利亞政府在其控訴聯邦政府違憲的意見書上宣稱：在《基礎條約》之中，東西德互相承認彼此爲德意志帝國土地上的兩個平等的國家，並同意不傷害對方的現有疆界及在未來尊重對方的領土完整，此一做法使得基本法

---

[83] *BVerfGE 36*, 1 ff/17.

第23條規定已無法實現。另外，第23條的存在將不再是以德意志人民的自決權為基礎，而是未來將決定於東德政府的意願。《基礎條約》使得德國土地上另一部分人民行使自願加入西德的自決權消失，另一種形態的加入（東德政府加入），意義上與基本法第23條相違背。[84]

聯邦憲法法院判決稱：

> 「基本法第23條既未經由政治發展而被超越，亦未基於任何理由，在法律上變得過時，它無改變地仍然有效」「德國其他部分，當然在此期間，在德意志民主共和國內找到其國家屬性。他僅能在其憲法同意下與聯邦共和國統一（加入聯邦共和國）。要使其實現加入，必須先在德意志民主共和國內完成憲法程序，這是無法經由德意志聯邦共和國的法律影響所能達成。但即使如此，基本法第23條所述之義務，德國其他部分加入之憲法義務，仍然存在，亦未經由條約而改變」。[85]

聯邦憲法法院此段判決顯示，即使西德承認東德為一個國家，但若東德政府表達願意，西德亦可依基本法第23條立即接受東德的加入。在東西德共同加入聯合國後，第23條的真實可行性已近乎零。但沒有想到，1990年10月3日東德卻是以基本法第23條的精神加入西德，完成德國統一。這充分表現出法律作為政治最後一道防線的重要意義

---

[84] Cieslar / Hampel / Zeitler, *Der Streit um den Grundvertrag – Eine Dokumentation*, S.116 ff.

[85] *BVerfGE 36*, 1 ff/35.

所在。

四、是否傷害到西德對在東德居住德人的保護及照顧權

批評者認為，依據基本法第1條第1款第二句及第16條，西德及其所有國家機關有義務保障基本法所稱德國人的尊嚴，並防止其受侵犯及傷害。在東德居住的德國人依基本法第116條亦在西德保護之內。《基礎條約》簽署後，此種保護及照顧的義務已受到傷害。依《基礎條約》第6條，西德有義務尊重東德在其領土範圍內的主權，並承認東德在其內政及外交事務方面的獨立及自主性。因此，就法律而言，西德已失去對在東德居住的德國人的干涉權利。[86]雖然在事實上，在《基礎條約》簽署前，西德對於在東德的德國人幾乎已不能履行其保護及照顧的權利與義務，但此並不會傷害到基本法。依基本法規定，西德仍有權採取某些措施以保護東德人民的基本人權。但在《基礎條約》簽署後，基本法的這種權利已經消失。[87]另外，以前西德可在外國（指第三國）經由其代表機關保護從東德來的德國人，但在《基礎條約》簽署後，特別是東德亦設有代表機構的第三國，此種保護與照顧權，無論在事實上或是法律上都顯得非常困難。[88]

依據憲法之精神與含義，各國在其主權範圍內有權授

---

[86] Cieslar / Hampel / Zeitler, *Der Streit um den Grundvertrag – Eine Dokumentation*, S.119 ff.

[87] a.a.O., S. 122.

[88] a.a.O., S. 122 ff.

予其國人國籍。基本法第116條所稱的德國人包括在東德的德國人。但因爲《基礎條約》承認東德爲一個獨立自主的國家，使得西德必須承認東德有權對其國人授予其東德國籍，此亦使得在東德居住的東德人具有雙重國籍。基於國際法的規則，東德在其領土內享有唯一的處理權，西德將無權干涉。[89]

聯邦憲法法院的解釋關鍵仍在於，由於東德對西德而言並不是外國，任何依基本法第16條及第116條意義所指的德國人仍將受到西德的保護與照顧，西德亦將其視同西德人民般地對待。[90]在國籍問題及對德國人的保護與照顧權利方面，西德政府與聯邦憲法法院仍持「同一性理論」來解釋西德與德國的關係。

由上述聯邦政府與聯邦憲法法院的看法可知，西德在處理其與德國關係以及與東德關係時所持的理論有別：前者是以「同一性理論」規範，即肯定基本法第23條及第116條的有效性，後者是以「部分秩序理論」爲主，認爲德國沒有滅亡、東西德僅是德國屋頂下的兩個部分秩序國家、兩者之間並不是外國、雙方均不可以對方或全德名義行事、兩者之間的關係是有別於外交關係的特殊關係。西德此兩種並不相合的主張，在學理解釋上似有瑕疵，但爲顧及理想與現實，西德政府及聯邦憲法法院似乎也只得如此詮釋這個本質上並不是法律問題的政治問題。

---

[89] a.a.O., S. 123.
[90] *BVerfGE 36*, 1 ff/31.

第四節　東西德「特殊關係」的爭議

一、「特殊關係」的先例

西德政府認爲，東西德間的關係是一種「特殊關係」，東德對西德而言，並不是「外國」。西德聯邦憲法法院在有關《基礎條約》的判決中亦將東西德的關係稱之爲「內部關係」（ inter se Beziehung）。[91]

爲使東西德間「內部關係」具說服力，西德有些學者在其論著中將大英國協內的「內部關係」與東西德間的關係作一比較。[92]

在二次世界大戰以前，國協內已發展出一種內部關係，國協內各會員國既非國際法上的關係，亦不受國際法規則所管轄。[93]此內部關係具有兩項特徵：一是指各自治領，後來獨立成爲會員國之間的關係，二是各會員國均遵守英皇權力的統一及不可分割（ die Einheit und Unteilbarkeit

---

[91] *BVerfGE 36*, 1 ff/23.

[92] Johannes R Gascard, " Inland/Ausland – Beziehungen zwischen der Bundesrepublik Deutschland und der Deutschen Demokratischen Republik, " JIR 15（1971）, S.368.

Hans Heinrich Mahnke, " Der besondere Charakter der innerdeutschen Beziehungen, " *Deutschland Archiv*（1970）, S.273.

[93] J.E.S. Fawcett, *The British Commonwealth in International Law*（London, 1963）, S.144.

der Krone）。94

　　依據自動交戰理論（ theory of automatic belligerency ），
當英國對他國宣戰時，所有國協會員國均同時自動地對該
國宣戰，95這種國協會員國間的「內部關係」所衍生的自
動交戰理論，在第一、二次世界大戰期間對英國產生相當
大地助益，維持了國協內各會員國的一致外交立場。96但
亦有例外，例如當英國在1939年9月1日對德國宣戰時，愛
爾蘭即保持中立，加拿大及南非則另分別各自發表對德宣
戰。這顯示，在國協中，內部關係也不必然地被全部接
受。97在二次世界大戰後，此種不受國際法管轄的內部關
係已幾近瓦解。98

　　國協會員國間的「內部關係」不能應用在東西德間的
理由在於：⑴東西德國家的結構上面，並無一如英皇象徵
權力統一並具尊位的機構。⑵東德不承認德國仍然存在，
並視東西德為兩個具主權的國家。⑶國協會員國均願遵守
在英皇領導下相互依存的關係，但東西德的目標則不同，
東德強調東西德的分裂，西德則追求統一。

　　另一個廣被引用以評論東西德間不是外國關係的例子
為——依1949年愛爾蘭條款（ Irland Act ）所規範的英國與

---

94 a.a.O., S.145.
95 Stanley Alexander de Smith, *Constitutional and Administrative Law*
（ Harmondsworth, 1971 ）, S.673.
96 a.a.O.
97 a.a.O.
98 a.a.O., S.638.
Hood Phillips, *Constitutional and administrative Law*, 5th.ed., （ Lon-
don, 1973 ）, S.632.

愛爾蘭間的關係。[99]

愛爾蘭原爲大英國協成員之一。1949年4月18日愛爾蘭條款第2條稱：「……儘管愛爾蘭共和國不是英皇領土之一部分，但依據在英國施行之法律，均不將愛爾蘭共和國視爲是一外國……」[100]，基於此條的規定，英國與愛爾蘭的法律關係長久以來被學術界稱之爲「特殊關係」。[101]

英國此項單方面宣稱不將愛爾蘭視爲外國的規定，亦獲得愛爾蘭的同意。依愛蘭爾1948年的國籍法第6條規定，愛爾蘭人民僅需向英國有關當局登記即可取得英國國籍，而不需要辦理入籍手續。[102]不過，在英國1971年的移民法（第一欄）中新規定，經由登記入籍者，至少須在英國居住五年以上者方可。[103]

由愛爾蘭條款可知，由於愛爾蘭已獲得主權，該條款雖稱愛爾蘭對英國而言不是外國，但這並不表示英、愛兩國具有共同司法管轄的國內關係，而是屬於一種「公民及貿易特惠權之交換」（exchange of citizenship and trade prefer-

---

[99] A. Rest／J.M. Mössner. " Der Irland-Akt von 1949 – Vorbild für Staaten, die einander nicht als Ausland betrachten, " *Zeitschrift für Rechtspolitik* （1970）, S.194 ff.

[100] Georg Ress, *Die Rechtslage Deutschlands nach dem Grundlagenvertrag vom 21. Dezember 1972.* （Berlin, 1978）, S.177 ff.

[101] a.a.O.

[102] Rest／Mössner, " Der Irland-Akt von 1949 – Vorbild für Staaten, die einander nicht als Ausland betrachten, " S.195.

[103] Ress, *Die Rechtslage Deutschlands nach dem Grundlagenvertrag vom 21. Dezember 1972*, S.183.

ence right）關係。[104]

　　英國與愛爾蘭間因國籍問題而產生的「特殊關係」與東西德類似之處在於：⑴東德人民倘欲取得西德（德國）國籍，亦不需要提出申請入籍手續，僅需登記即可取得。⑵東德1969年國籍法規定，ⓐ1949年10月9日東德建國後，原依德意志帝國國籍法（RuStAG）為德國國籍之人，且在東德長期居住或長期於東德居留並尚未喪失東德國籍者；ⓑ在東德建國前，經常在東德外居住或長期居留，但仍未放棄德國國籍者，均可依其意願在東德登記，即成為東德的國民。[105]基於1969年的國籍法具有追溯效力，在西德居住的德國人亦有向東德申請登記並取得東德國籍的權力。故由國籍問題來看，東西德具有與英、愛兩國相類似的特殊關係。

二、東西德「特殊關係」的法律依據

　　西德聯邦憲法法院在有關《基礎條約》的判決中，認為東西德間為「特殊關係」的理由在於依據《基礎條約》的相關規定。包括：

　　1. 東西德互設常駐代表處，而非大使館（第8條）。

　　2. 第10條規定，條約須經批准並在交換有關照會（由西德政府簽署）之日起生效，此與一般國際條約經互

---

[104] a.a.O.

[105] *DDR-Handbuch*, Bundesministerium für innerdeutsche Beziehungen, Bd. II, 3. Auflage,（Köln, 1985），S. 1277 ff.

換批准書（由西德總統簽署）後即生效的方式不同。[106]

3.東西德間的貿易並不同於一般國際貿易，而為一種「內部關係」的特殊形態貿易。

西德法學者孟克（Hans – Heinrich Mahnke）則認為《基礎條約》具有特殊性質的理由在於，東西德雙方同意下列幾點：[107]

1.四強的權利與責任仍然存在（第9條及1972年12月21日雙方交換之信函）。

2.互換常駐代表（第8條）。

3.雙方貿易形態為內部貿易而非外貿關係（第7條《附加議定書》）。

4.不處理國籍問題（附帶聲明）。

5.由於雙方對財產問題持有不同的法律觀點，《基礎條約》因而不處理該項問題（附帶聲明）。

6.在民族問題上有不同之見解（序言）。

7.條約生效方式不同（第10條）。

西德法學者瑞斯則提出另外看法。他認為：

1.東西德雖然同意彼此的不同意見，顯示雙方仍有歧見，因此不能解釋成雙方同意彼此間的關係為「特殊關係」。[108]

---

[106] *BVerfGE 36*, 1 ff/23.

[107] Hans Heinrich Mahnke, " Die besonderen Beziehungen zwischen den beiden deutschen Staaten, " In *Fünf Jahre Grundvertragsurteil des Bundesverfassungsgerichts*, Hrsg. von Gottfried Zieger. （Köln, 1979）, S.153 ff.

[108] Ress, *Die Rechtslage Deutschlands nach dem Grundlagenvertrag vom 21. Dezember 1972*, S.195.

2.第9條雖稱《基礎條約》不觸及其他有關條約,但並不表示雙方同意兩者的關係為憲法上的內部關係。[109]畢竟第9條雖可解釋成雙方同意不觸及四強的權利與責任,但對於權利與責任的範圍卻未提及。[110]

3.雖然西德強調東西德間所引用的規定,表示二者間的內部經貿關係有別於國際間的外貿關係。但由於在國際法上並不阻止某國對他國採「內部貿易」(Binnenhandel),故此點亦不足證明雙方的關係為一種憲法上的關係。[111]

4.依據《維也納外交關係公約》第14條來看,該公約並未硬性規定,所有國家均需以固定方式建立外交關係。[112]

5.雙方同意對國籍問題所作的保留聲明,顯示東德並未放棄其法律立場。[113]

6.有關條約的生效方式方面,西德聯邦憲法法院認為,條約批准書是由聯邦總統簽署,照會(note)是由聯邦政府總理簽發,《基礎條約》規定條約在雙方交換有關照會後生效。此一有別於一般條約係在交換批准書後生效的方式,被視為該條約具有特殊性的一項理由,而將此作為東西德關係為一種特殊關係的理由之一。不過,依《維也納條約法公約》第13條稱,「在文書規定此種交換有此

---

[109] a.a.O., S.196.
[110] a.a.O.
[111] a.a.O.
[112] a.a.O., S.195.
[113] a.a.O., S.196.

效果；或另經確定此等國家協議文書之交換有此等效果情形下，國家同意承受由彼此交換之文書構成之條約拘束」來看，國際法上對於條約的生效，並沒有固定的條約交換方式。只要兩國達成協議，應可以各種方式爲之，故在形式上，《基礎條約》的生效方式固然有別於其他國際條約，但在國際法的意義上，實無差別。特別的條約生效方式並未爲《基礎條約》創造特殊性的法理基礎。

　　基於國際間的交往並無一成不變的固定型式，《基礎條約》內東西德兩方同意的條款，並不能作爲兩者「特殊關係」的法律理由，而應只能算是一種因「特殊關係」而生的現象。換言之，《基礎條約》本身並不能創造東西德法理上的「特殊關係」。「特殊關係」或「內部關係」得以存在的法律基礎應基於德國尚未滅亡，東西德雙方以不具完全國際法地位的主體身分發生互動關係。雙方彼此雖均作國家承認，但由於仍有一個1937年的德國「屋頂」存在，東西德均是這個屋頂下的部分秩序主體，所以東西德兩國的關係可以在法律上解釋成「內部關係」，亦可由這種內部關係而衍生成「特殊關係」。假若德國已經滅亡，即使東西德《基礎條約》內仍有此種規定，仍不能認爲兩者在法律上有「內部關係」或享有法律上的「特殊關係」，而只是政治上兩廂情願的「特殊關係」。

　　「特殊關係」在德國問題上最大的意義爲，西德僅對東德作國家承認，但不作國際法的承認，承認東德是一個國家，但不是外國。

　　基於東西德之間的關係爲「特殊關係」，西德聯邦憲法法院在判決中認定《基礎條約》具有「雙重性質」（Doppelcharakter），「就形式而言，該條約屬國際法條

約，但就其特殊內容而言，是屬一規範內部關係的條約」114。聯邦憲法法院這項解釋自然受到西德學術界的嚴厲批評。115批評的重點多在於：德國是否在《基礎條約》簽署後仍然存在？如果已經滅亡，則自無「特殊關係」可言，另由於東德從未明白或暗示地承認這種「特殊關係」，「特殊關係」是否可在法律上存在？

就法律層面而言，由於東德不承認東西德間具有「特殊關係」或為「內部關係」，使得「特殊關係」或「內部關係」變成西德對東德單方面的地位界定，這種關係雖然確實具有國際法的理由（如德國仍未滅亡）及獲得歐洲共同體國家的同意（如東西德的經貿關係形態），但由於東德的否認，使得這種關係變得類似於西德對德國問題的單方面立場宣示。唯一對西德有利的是，西德可以在法律上找到理由來支持其看法，故西德的主張絕非純屬一政治宣言而已。

「內部關係」或「特殊關係」的意義在於：東西德兩國均屬國家，但兩者間非屬外國關係。這種看法除受到聯邦憲法法院支持外，西德大多數的民眾亦表同意，此為西

---

114 *BVerfGE 36*, 1 ff/24.

115 Bruno Simma, "Der Grundvertrag und das Recht der völkerrechtlichen Verträge," *Archiv des öffentlichen Rechts 100* (1975), S.9.

Otto Kimminich, "Das Urteil über die Grundlagen der staatsrechtlichen Konstruktion der Bundesrepublik Deutschland," *Deutsches Verwaltungsblatt* (1973), S.657ff.

Christian Tomuschat, "Auswärtige Gewalt und verfassungsrechtliche Kontrolle – Einige Bemerkungen zum Verfahren über den Grundvertrag," *Die öffentliche Verwaltung* (1973), S.804.

德政府的主張賦予合法的民意基礎。**表3－3**顯示，自1973年至1987年間對「東德是外國或不是外國」的問卷調查指出，約有三分之二的西德人民認為東德不是外國，換言之，僅有三分之一的西德人民不苟同東西德的關係為「內部關係」或「特殊關係」。[116]

三、東西德邊界的特殊性

《基礎條約》序言稱，「條約當事國……意識到疆界之不可侵犯以及尊重全體歐洲國家現有疆界之領土完整及主權，是和平之基礎條件」。

第2條第二段稱，「雙方重申，兩國現在疆界在現在及未來均不可侵犯，並且負有完全尊重其領土完整之義務」。

第6條稱雙方同意，「雙方任何一國之最高權力只限於在其領土內。雙方尊重兩國中任何一國在其內政及外交事務方面之獨立與自主」。

《基礎條約》第3條《附加議定書》補充規定東西德「同意成立一個由兩國政府代表組成之委員會，以便審核，並於必要時，更新兩國間疆界之標示，建立有關疆界分佈情形所需之資料，並促成解決其他諸如水文、能量供應及災害防治等攸關疆界分佈等問題」。「條約簽署後，該委員會即展開工作」。

西德憲法及國際法學者布魯門魏茲在代表巴伐利亞政

---

[116] Jansen, "Zwei deutsche Staaten – zwei deutsche Nationen? Meinungsbilder zur deutschen Frage im Zeitablauf," S.1143.

表3-3 認爲「東德是外國或不是外國」的百分比

外國	1973	1974	1975	1976	1977	1978	1979	1980	1982	1983	1984	1987
是	22	22	22	36	26	24	25	24	28	33	33	32
否	73	70	69	67	73	73	70	70	70	66	66	67

Quelle： infas, Resonanz der innerdeutschen Beziehungen, Ergebnisse von Repräsentativerhebungen von April bis Dezember 1973, Bonn-Bad Godesberg 1974.

– Resonanz der innerdeutschen Beziehungen 1974, Die öffentliche Meinung in der Bundesrepublik zun Verhältnis zwischen den beiden deutschen Staaten, Jahresbericht, Bonn-Bad Godesberg 1975.

– Resonanz der innerdeutschen Beziehungen. Ergebnisse von Repräsentativerhebungen Januar/Februar – November/Dezember 1974, Bonn-Bad Godesberg 1975/

– DDR – Spiegel, Dezember 1975, Bonn-Bad Godesberg 1976.

– Resonanz der innerdeutschen Beziehungen. 1977. Die Deutschlandpolitik der Bundesregierung und die Beziehungen zur DDR im Meinungsspiegel, Jahresbericht, Bonn-Bad Godesberg 1978.

– Resonanz der innerdeutschen Beziehungen. Die Deutschlandpolitik der Beziehungen zur DDR im Meinungsspiegel, Jahresbericht 1979, Bonn-Bad Godesberg 1980.

– Meinungen der Bevölkerung in der Bundesrepublik zur Deutschlandpolitik und zur DDR 1976, Tab – Bd.11. München 1976.

– Deutschlandpolitik und innerdeutschen Situation. Einstellungen und Verhaltensweisen der Bundesbevölkerung, Tab – Bd.1983, Bd.2, München 1983.

– Deutschlandpolitik und innerdeutschen Situation. 1982, Bd.1, Tab – Bd., München 1982/

– Deutschlandpolitik und innerdeutschen Situation. 1984, Tab – Bd.1984/1, Bd.2, München 1984.

Infratest/Die Welt, Die Deutschen und ihr Vaterland. Repräsentativerhebung im Oktober 1987 zum Thema " Deutschland " München – Bonn 1988.

府向聯邦憲法法院申請宣告《基礎條約》違憲的聲請書中即表示，由於該條約中確定東西德的疆界不可侵犯，所以就憲法及國際法的意義而言，德國已經分裂[117]，而此又與西德基本法所規定的統一命令相違背。[118]

聯邦憲法法院對東西德疆界（Grenze）的解釋為：

「邊界具有不同之法律性質（rechtliche Qualität）；如行政邊界（Verwaltungsgrenzen），劃界線（Demarkationsgrenzen）、利益範圍界限（Grenzen von Interessensphären），1937年12月31日德意志帝國之邊界，以及整個國家（Gesamtstaat）內各分子國（Gliedstaaten）（例如德意志聯邦共和國內之各邦）間之邊界。由該條約其他條文（如第1、2、3－1、4、6條）可知，第3條第2段是指憲法上之邊界（staatsrechtliche Grenze）」。[119]

這項判決解釋自然亦遭到學界廣泛的批評。[120] 批評

---

[117] Cieslar／Hampel／Zeitler, *Der Streit um den Grundvertrag – Eine Dokumentation*, S.180.

[118] Helmut Steinberger, "Völkerrechtliche Aspekte des deutsch-sowjetischen Vertragswerkes vom 12. August 1970," *Zeitschrift für ausländisches öffentliches Recht und Völkerrecht 31* (1971), S.109.

Otto Kimminich, "Die Ostverträge," *Internationales Recht und Diplomatie* (1971), S.36.

Claus Arndt, *Die Verträge von Warschau und Moskau – Politische, verfassungsrechtliche und völkerrechtliche Aspekte* (Bonn, 1982), S.102 ff.

[119] *BVerfGE 36*, 1 ff/26 ff.

[120] Ulrich Scheuner, "Die staatsrechtliche Stellung der Bundesrepublik," *Die öffentliche Verwaltung* (1973), S.583.

之處多在於聯邦憲法法院將「邊界」一語作如此廣泛的解釋實屬非理性的解釋[121]，將東西德邊界比作西德各邦邊界亦屬不妥。[122]

　　「疆界」與「邊界」二字，在中文的語意上，前者自然是指國家與國家間的界限，而後者則含義較廣，較無約定俗成之定義。而在德文中，兩者均可以"Grenze"稱之。西德聯邦憲法法院在判決中認為，由《基礎條約》第1、2、3－1、4、6條可知第3條第2段所稱的邊界是指憲法上的邊界一語實在並無說服力。客觀而論，倘純粹以上述各條文來看，包括共同尊重所有國家主權平等、雙方邊界不可侵犯、尊重對方領土完整等等的用詞，很明確地東西德邊界與一般國際法上各個國家間的疆界沒有什麼不同。能夠將東西德邊界解釋成憲法上邊界，而不是國際法上的

[120]Walter Lewald, " Die verfassungsrechtliche Lage Deutschlands, " *Neue Juristische Wochenschrift* （1973）, S.2268.

Hans Peter Ipsen, " Über das Grundgesetz – Nach 25 Jahren, " *Die öffentliche Verwaltung* （1974）, S.302.

Walter Völkel, " Zur Reaktion der DDR auf das Karlsruher Urteil zum Grundlagenvertrag, " *Deutschland Archiv* （1974）, S.140 ff.

Cieslar / Hampel / Zeitler, *Der Streit um den Grundvertrag – Eine Dokumentation*, S.362.

Hans Schneider, " Von der Demarkationslinie zur Staatsgrenze？ Zum Charakter der innerdeutschen Grenzen, " In *Finis Germaniae？ Zur Lage Deutschlands nach den Ostverträgen und Helsinki.* Hrsg. von Ingo Münch, Thomas Oppermann und Rolf Stödter （Frankfurt/Main, 1977）, S.97ff.

[121]a.a.O.

[122]Thomas Oppermann, " Anmerkung zum Urteil des Bundesverfassungsgerichtes über den Grundlagenvertrag " *Juristische Zeitung* （1973）, S.596.

疆界的唯一理由，應在於《基礎條約》第9條的規定。由該條「本條約不觸及雙方已簽訂或與其有關之雙邊或多邊國際條約及協議」的規定，推論出四強對德國問題仍具有權利及責任，再由此得出德國因此尚未滅亡而繼續存在的結論。基於德國沒有滅亡，所以東西德間的邊界為憲法上，而非國際法上的邊界。

不過，與《基礎條約》其他條文一併來解解，東西德邊界固然可解釋成憲法上的邊界，但由於雙方同意尊重對方領土完整，現在及將來均不侵犯現有疆界，並不以武力相威脅或使用武力，使得東西德邊界亦具有國際法的性質。這應該是兩國關係中最具「特殊性」的地方。此「特殊性」的意義在於：

1. 由於其特殊性是基於四強的權利與責任而來，故東西德間的邊界在國際法意義上仍可改變[123]。

2. 由於邊界仍具有國際法性質，東德在邊界的非人道措施，西德不可將其視為違反《基礎條約》，只能算是違反兩國的睦鄰原則[124]。

3. 由於東西德邊界可視為憲法上的邊界，故此邊界可不屬關稅邊界[125]，此亦為兩國經貿交往關係提供一合

---

[123] Wilhelm Kewenig， " Auf der Suche nach einer neuen Deutschland – Theorie， " *Die öffentliche Verwaltung*，S.800.

Ress， *Die Rechtslage Deutschlands nach dem Grundlagenvertrag vom 21. Dezember 1972*，S.49.

[124] Ress， a.a.O.，S.233 ff.

[125] Eckart Klein， " Die rechtliche Qualifizierung der innerdeutschen Grenze， " In *Fünf Jahre Grundvertragsurteil des Bundesverfassungsgerichts*，Hrsg. von Gottfried Zieger，（Köln，1979），S.110.

理的解釋。

對西德而言，將雙方邊界界定在憲法上的邊界，象徵著「德國」內部領土及政治秩序仍未完全確定。在國際條約的約束下，東德亦不能片面破壞這種主張，倘若東德日後願意，自可也將東西德的邊界視為各邦間的邦界。西德對東西德邊界性質的界定正反映出西德對「東德是一個國家，但不是一個外國」的主張。

第四章
德國問題存廢的爭議

東西德簽署《基礎條約》後，西德社會曾對布朗德政府的德國政策展開「統獨之辯」，即東西德是否已由事實上的暫時分裂走向法律上的永久分裂？《基礎條約》是否是一個分裂條約？如果是，則德國問題已經解決。如果不是，其法律依據又是甚麼？西德政府爲使德國問題仍然存在，曾在《莫斯科條約》及《基礎條約》簽署當日，分別致函蘇聯及東德兩國政府以表明德國問題仍未解決。此信函在法律上有何意義？是否可作爲解釋條約的工具？如果不可以，又有何種理由可作爲德國問題仍未解決的法律依據，本章將對上述問題作一分析與探究。

第一節　「統一信函」的法律性質

　　1970年8月12日西德政府在《莫斯科條約》簽署後遞交蘇聯外長一封信函，表明西德絕不放棄統一目標。[1]1972年12月21日，《基礎條約》簽署當日，西德總理府亦遞交東德外長一封信函作同樣表示。[2]

　　上述兩封信函通常被稱爲「德意志統一信函」（ Der Brief zur deutschen Einheit ），內容幾乎完全一樣，均稱雙方所簽署的條約「不牴觸德意志聯邦共和國所堅持德意志人

---

[1] *Zehn Jahre Deutschlandpolitik – Die Entwicklung der Beziehungen zwischen der Bundesrepublik Deutschland und der Deutschen Demokratischen Republik 1969 – 1979* . Hrsg. von Bundesministerium für innerdeutsche Beziehungen, S.156 ff.

[2] a.a.O., S.206 ff.

民以自決完成統一，並以實現歐洲和平之政治目標」。[3]

　　這兩封信函在國際法的意義上是否可視爲《莫斯科條約》與《基礎條約》的一部分？若可，則表示，在法律意義上，西德的立場受到國際法的保障，亦等於德國問題仍未解決；若否，則對西德而言，「統一信函」僅是一種政治性的補強作用，多具「內政鎮靜劑」的效果。[4]

　　西德政府認爲「統一信函」當然具有國際法意義，應屬條約的一部分。[5]1973年6月6日西德政府將《基礎條約》變更爲法律時一併將「統一信函」納入法律，該法律第1條稱：「……1972年12月21日簽署之《基礎條約》包括：1972年12月21日德意志聯邦共和國致德意志民主共和國有關德意志統一之信函。」[6]但東德政府在1973年6月13日將《基礎條約》變更爲法律時，卻未將該信函納入法律的部分。[7]

---

[3] a.a.O.

[4] Bruno Simma ， " Der Grundvertrag und das Recht der völkerrechtlichen Verträge， "*Archiv des öffentlichen Rechts* 100（1975），S.15.
1973年西德聯邦憲法法院就基礎條約是否違憲時西德司法部即持此項看法。

[5] Eve Cieslar／Johannes Hampel／Franz-Christoph Zeitler,（Hrsg.）*Der Streit um den Grundvertrag- Eine Dokumentation*（München，1973），S.280 ff.
Hans Heinrich Mahnke， " Der Vertrag über die Grundlagen der Beziehungen zwischen der Bundesrepublik und der DDR， " *Deutschland Archiv*（1973），S.1172.

[6] Cieslar／Hampel／Zeitler, *Der Streit um den Grundvertrag – Eine Dokumentation*，S.268.（BGBI. 1973II421）

[7] a.a.O.（*GBI. der DDR* 1973II25）

本節以1969年5月23日《維也納條約法公約》爲基礎，將「統一信函」在上述二條約中的地位作一探究。

一、依據條約法第31條第2款的解釋

　　條約法第31條第2款稱：

「就解釋條約而言，上下文除指連同序言及附件在內之約文外，並應包括：
（甲）全體當事國間因締結條約所訂與條約有關之任何協定。
（乙）一個以上當事國因締結條約所訂並經其他當事國接受爲有關文書之任何文書（ Instrument ）。」

　　「統一信函」所引發的法律爭議在於東德是否「接受」了西德所遞送的該信函，亦即此信函在法律上是否滿足了事實情況（ Sachverhalten ），即指東德是否事實上接受了該信函，或具接受的法律條件（ rechtliche Qualifikation ），即指東德有無表示接受此信函的意願（ Willenserklärung ）。[8]

　　西德政府認爲，依條約法第31條第2款（乙），「統一信函」可作爲解釋《基礎條約》的文書，其理由在於，西德在與東德就《基礎條約》談判時，已告知東德：(1)「統一信函」的內容將與西德致蘇聯之「統一信函」內容幾乎一致。(2)該信函將於條約簽署前送交東德。(3)倘東德

8　Georg Ress, *Die Rechtslage Deutschlands nach dem Grundlagenvertrag vom 21. Dezember 1972* （ Berlin, 1978 ）, S.128 ff.

不肯定表示將接受此信函，西德代表將不簽署該條約。西德政府因此認定，東德政府已經充分了解，《基礎條約》簽署的基本條件為，西德絕不放棄德意志人民行使自決權的目標。[9]

西德政府另提出東德政府接受該信函的收據，作為佐證，並將之繳予聯邦憲法法院作為判決的依據。[10] 聯邦憲法法院在判決時接受了西德聯邦政府的看法，認為：

> 「依據 1973 年 6 月 19 日口頭會談結果，該信函的內容已被告知，該信函並於簽約前即刻遞交。在此信函中確認，（基礎）條約不違反德意志聯邦共和國以德意志人民自決完成統一，並以實現歐洲和平之政治目標」。[11]

西德政府及聯邦憲法法院的看法為，不僅東德在談判時已表示了願接受「統一信函」的意願，東德在事實上也接受了該信函。兩個爭議的問題存在於：

1. 西德政府所提出的收據可否作為東德已接受了該信函的證明。

2. 在東德不承認曾接受該信函的前提下，是否如西德聯邦政府及聯邦憲法法院所言之，東德政府已表示了願接受的意願，默認地接受了該信函的內容。

---

[9] Cieslar / Hampel / Zeitler, *Der Streit um den Grundvertrag – Eine Dokumentation*, S. 281.

[10] a.a.O.

[11] *BVerfGE* 36, 1 ff/24 ff.（Urteil vom 31. Juli 1973. Grundlagenvertrag Bundesrepublik Deutschland und Deutsche Demokratische Republik）

謹分述如後：

㈠有關「收據」部分

西德政府提交聯邦憲法法院的收據形式如下：[12]

1. 材料：吸墨郵政用紙（Saugpostpapier）

2. 規格：半張大小紙（DIN A5大小）

3. 本文：茲收到致德意志民主共和國次長 Dr. Michael Kohl 信函乙件：

柏林，1972年12月21日

總理府郵局　　　　簽名

（橡皮圖章）　　（無法辨認）

該收據日期與簽名皆係用原子筆填寫，收據上無鋼印，而僅以橡皮圖章拓印，收件人部分係以打字機填寫，其餘部分皆係已印妥之鉛字。[13]

後來曾任海牙國際法院法官的西德學者杜寧（Karl Doehring）以及瑞斯（Georg Ress）均認為此種郵件收據形式的收據並不足以證明東德政府「收到」或「接受」「統一信函」，且收據上又未言明所述的信函為何。該收據不能證明東德「收到」的信函就是「統一信函」，如此收據更不能作為證明東德有接受西德主張的意願。故他們二人認為該收據不合乎條約法第31條第2款（乙）所稱「接受」一詞的含義。[14]特別是東德代表在簽署《基礎條約》

---

[12] Cieslar / Hampel / Zeitler, *Der Streit um den Grundvertrag – Eine Dokumentation*, S.267.

[13] a.a.O.

[14] a.a.O., S.268.

典禮時被問及有關「統一信函」時，答稱「什麼時候有這麼一封信，我不知道」，[15]使得西德所提出的「收據」證據在法律的意義上顯得非常的薄弱。

㈡有關接受「意願」部分

西德法學者布魯門維茲認爲，不能因爲認定對方在簽約前已被告知「統一信函」內容，或於簽約前送交對方，即推論出東德已正式地同意（ formelle Konsens ）西德的看法。[16]事實上，1973年6月13日東德外長溫策（ Otto Winzer ）在國會中即否認「統一信函」可以作爲解釋《基礎條約》的工具，渠發言稱：[17]

> 「德意志聯邦共和政府仍嘗試將條約的意義作德國問題
> 仍未解決的解釋。對於這種任意的解釋，德意志民主
> 共和國次長克爾（ Michael Kohl ）在與德意志聯邦共和
> 國部長巴爾（ Egon Bahr ）於1973年2月26日會談時已
> 明確地予以駁斥。本人願於此再次重申：德意志民主
> 共和國與德意志聯邦共和國爲兩個主權的國際法主
> 體。……《基礎條約》具有國際法的性質……該條約
> 之各項《附加議定書》文件才是解釋此條約之唯一基
> 礎」。

---

[15] Dieter Blumenwitz, *Die Ostverträge im Lichte des internationalen Vertragsrechts, insbesondere der Wiener Vertragsrechtskonvention* （ Bonn, 1982 ）, S.45.

[16] Cieslar / Hampel / Zeitler, *Der Streit um den Grundvertrag – Eine Dokumentation*, S.268 ff.

[17] a.a.O., S.264.

1973年5月29日何內克在社統黨中央委員會中亦
稱：[18]

　　「作爲規範兩個主權國家間國際法關係規則的柏林條約
　　（即指《基礎條約》），不是一個臨時協定（Modus
　　Vivendi），依據邏輯無法得出『德國問題仍未解決』
　　的結論，如果有人堅持該主張，僅是在耗費時間而
　　已」。

　　基於上述東德政府的談話，可知東德根本否認「統一
信函」的內容及拒絕承認其所可能發生的國際法效力。東
德的明白宣示，使得東德不得被認爲是已默認接受「統一
信函」的內容，亦表示東德根本沒有接受該信函的意願。
　　「統一信函」在《莫斯科條約》內的地位比較不受爭
議，由於該信函是在條約簽署前半小時送交蘇聯外交部，
並獲蘇聯外長親自簽字簽名的收據，[19]此合乎了條約法第
31條第2款（乙）項之條件。[20]

---

[18] a.a.O.

[19] Helmut Steinberger, " Völkerrechtliche Aspekte des deutsch – sowjetis-
chen Vertragswerkes vom 12. August 1970, " *Zeitschrift für ausländisches
öffentliches Recht und Völkerrecht* 31（1971）, S.113.
Blumenwitz, *Die Ostverträge im Lichte des internationalen Vertragsrechts,
insbesondere der Wiener Vertragsrechtskonvention*, S.39 ff.

[20] Steinberger, " Völkerrechtliche Aspekte des deutsch – sowjetischen Ver-
tragswerkes vom 12. August 1970, " S.82.
Claus Arndt, *Die Verträge von Warschau und Moskau – Politische , verfas-
sungsrechtliche undvölkerrechtliche Aspekte*（Bonn, 1982）, S.58.
Johannes R. Gascard, " Moskauer Vertrag und deutsche Einheit, " In
Ostverträge – Berlin-Status – Münchener Abkommen – Beziehungen zwis-

二、依據條約法第32條的解釋

條約法第32條稱：

「爲證實由適用第31條所得之意義起見，或遇依第31條
作解釋而：
（甲）意義仍屬不明或難解；或
（乙）所得結果顯屬荒謬或不合理時，爲確定其意義
起見，得使用解釋之補充資料，包括條約之準備工作
及締約之情況在內。」

條約法第32條與第31條意義上的差別在於，第31條屬
於一般性的解釋通則（ allgemeine Auslegungsregel ），第32條
屬於解釋條約的補充資料 （ zusätzliche Auslegungsmittel ）。
補充資料僅能在依第31條所述的文書、協定解釋條約後，
條約的意義仍屬不明或難解，或所獲得的結果明顯地荒謬
不合理時才得使用。其意爲，倘依第31條所述的文書或協
定解釋條約時，其意義已明確，則不需要第32條所述的補

---

[20] chen der BRD und der DDR, Symposium, Veröffentlichungen des Insti-
tutes fur internationales Recht an der Universität Kiel. (Hamburg,
1971), S.98.

Jochen Abr. Frowein, *Die Grenzbestimmungen der Ostverträge und ihre
völkerrechtliche Bedeutung – Beziehungen zwischen der BRD und der DDR*,
Symposium, Veröffentlichung des Instituts für internationales Recht an der
Universität Kiel (Hamburg, 1971), S.29 ff.

充資料。[21]

　　西德政府爾後並未對《基礎條約》有不明、難解、荒謬或不合理的表示，故依第32條，將「統一信函」作為補充資料以解釋《基礎條約》的論證，實不具說服力。[22]

　　西德法學者瑞斯認為，由於《基礎條約》序言第四段所述的內容的確不甚明確，故「統一信函」應可以第32條作為補助資料以解釋該條約，但其功能亦只是將西德的立場再作明確表示而已。[23]再則由於該條約並非意義上的不明確或難解，並不需要由「統一信函」以使其清楚，加之「統一信函」並不具「高度的正確性」，即並非西德對民族問題及其他基本問題所持的立場皆是「正確」，故「統一信函」的功能應只是再度將東西德所不同意的問題，指明出來而已。[24]

三、「統一信函」的法律效果

　　第三個值得爭議的問題是，即使「統一信函」可作為解釋《基礎條約》或《莫斯科條約》的文書，該信函本身所具有的法律意義與效果為何？

---

[21] Rudolf Bernhardt, *Die Auslegung völkerrechtlicher Verträge insbesondere in der neueren* Rechtsprechung internationaler Gerichte（Berlin, 1963）, S.109 ff.

[22] Cieslar / Hampel / Zeitler, *Der Streit um den Grundvertrag – Eine Dokumentation*, S.265, 271 ff.

[23] Ress, *Die Rechtslage Deutschlands nach dem Grundlagenvertrag vom 21. Dezember 1972*, S.123 ff.

[24] a.a.O., S.126.

「統一信函」中僅稱西德堅持「德意志人民以自決完成統一⋯⋯之政治目標」而未使用堅持德意志人民的「自決權」（Selbstbestimmungsrecht）或「再統一權」（Recht auf Wiedervereinigung）等文字。巴伐利亞政府在請求判決《基礎條約》違憲時即認為，西德政府已放棄追求自決與再統一的「權利」，而只將其稱之為「政治目標」。[25]

就「統一信函」的字面意義上而言，西德追求的只是一種政治目標，此種「政治目標」並不會產生法律上的效果（Rechtswirkung），加之東西德在簽署《基礎條約》時仍未對信函所述的事實達成一致的看法，該「統一信函」絕無法在解釋條約時產生其法律上的拘束力。[26]學者金米尼西（Otto Kimminich）即認為《基礎條約》使用的文字是「東德觀點的一項勝利」[27]，東西德雙方對條約應負擔的義務亦非「統一信函」所能改變。[28]

---

[25] Cieslar / Hampel / Zeitler, *Der Streit um den Grundvertrag – Eine Dokumentation*, S.113.

[26] Blumenwitz, *Die Ostverträge im Lichte des internationalen Vertragsrechts*, S.40 ff.

Dieter Blumenwitz, " Die Briefe zur Deutschen Einheit der Bundesregierung – Alibis oder präsentable Elemente eines Selbstbestimmungsanspruchs？" In *Finis Germaniae？ Zur Lage Deutschlands nach den Ostverträgen und Helsinki*, Hrsg. von Ingo von Münch, Thomas Oppermann und Rolf Stödter（Frankfurt/Main）, 1977, S.55.

[27] Otto Kimminich, *In Kommentar zum Bbonner Grundgesetz*, Anhang：Grundvertrag, 1974, Rd.40. S.49 ff.

[28] a.a.O., Rn 46.

由上分析可知，「統一信函」本身不具國際法的性質，亦未能在解釋《基礎條約》及《莫斯科條約》中產生其法律的功能，對西德而言，屬於一種「明確重申立場」的政治性文件。東德固然不能認定西德推動以和平方式追求再統一的政策是違反《基礎條約》，但是，東德亦無義務接受西德的再統一政策。[29]

第二節　四強權利與責任文件的法律意義

　　德國問題是否仍未解決的另一關鍵在於，四強是否在國際條約或協議中仍保留了各國對德國問題的權利與責任？如果已經放棄，則表示四強認為德國已經滅亡，不需再作規定。反之，則表示德國作為一個國際法人，仍然存在，故四強的態度與德國問題是否仍未解決有著絕對的關係。

一、與《莫斯科條約》及《華沙條約》
　　　有關的文件

　　《莫斯科條約》第4條稱，西德與蘇聯所簽訂的「本條約不觸及到雙方以前所簽訂之雙邊及多邊條約與協議」。本條文所稱的雙邊及多邊條約，並不只限於經過批准過程的國際條約，尚包括四強對於四強地位所達成的協

---

[29] Ress, *Die Rechtslage Deutschlands nach dem Grundlagenvertrag vom 21. Dezember 1972*, S.143.

議，及《波茨坦協定》。[30]純粹就字面上來看，對蘇聯而言，該條文所指的條約與協議，包括《聯合國憲章》、《華沙公約》及蘇聯與其他東歐國家所簽訂的雙邊條約。[31]對西德而言，該條文包括西德與其他國家簽訂的條約，特別是《德國條約》及有關該條約的各項協議。[32]惟若就解釋條約應有的「善意」（Trau und Glauben）而言，該條文應是指《莫斯科條約》不可觸及四強對整個德國及柏林的權利與責任。[33]

1970年8月6日，《莫斯科條約》簽署前，西德曾發表聲明稱，「四強權利問題（Die Frage der Recht der vier Mächte）與德意志聯邦共和國和蘇聯簽署之本條約無關，亦不被該條約所觸及（影響）」。[34]

同日蘇聯亦發表聲明稱，「四強權利問題不是與德意

---

30 Otto Kimminich, *Der Moskauer Vertrag vom 12.8.1970 – Eine völkerrechtliche Analyse.* （Hamburg, 1972），S.88.

Dieter Blumenwitz，" Die Unberührtheitsklauseln in der Deutschland-politik" In *Festschrift fur Friedrich Berber*.（München, 1973），S.87.

31 Alexander Uschakow，" Die Ostverträge in östlicher Sicht，" In *Ostverträge – Berlin-Status – Münchener Abkommen – Beziehungen zwischen der BRD und der DDR*, Symposium. Veröffentlichung des Institutes für Internationales Recht an der Universität Kiel（Hamburg, 1971），S.91 ff.

32 Kimminich, *Der Moskauer Vertrag vom 12.8.1970 – Eine völkerrechtliche Analyse*, S.98.

33 Rainer Schenk, *Die Viermächteverantwortung für Deutschland als Ganzes, insbesondere deren Entwicklung seit 1969* （Frankfurt/Main, 1976），S.106.

34 *Zehn Jahre Deutschlandpolitik*, S.155.

志聯邦共和國談判之主題，蘇聯亦認為此問題不應被提及，四強權利問題亦不被德蘇所簽訂之條約所觸及」。[35]

8月7日西德在致英、美、法三國的信函中明確表示四強對德國問題的權利與責任並未因《莫斯科條約》之簽署而失效。該信函稱，「由於和平條約尚未簽署，（西德與蘇聯）雙方即將簽署之條約，不觸及法、英、美三國之權利與責任」[36]，西德在此信函中明確地表示，四強的權利與責任即是指有關與德國簽署《和平條約》的權利與責任。[37]

英、法、美三國在8月11日函覆西德政府時均表示，「因第二次世界大戰所生及1944年11月14日及1945年6月5日及其他戰爭中或戰後協議中所述之四強對柏林及整個德國之權利與責任不能被德意志聯邦共和國與蘇聯簽署之條約所觸及」。[38]

1970年12月7日西德與波蘭簽署的《正常化基礎條約》（《華沙條約》）第4條亦規定：「本條約不觸及締約國過去簽訂或與其有關之雙邊及多邊協議」。

與《華沙條約》不同處在於：《莫斯科條約》僅稱不觸及雙邊及多邊協定，《華沙條約》則將範圍擴及「有關協議」，此當然包括《德國條約》對德國的三強保留，以及東西德與波蘭均未簽署的1945年6月5日的〈柏林聲明〉

---

[35] *Die Verträge der Bundesrepublik mit der Union der Sozialistischen Sowjetrepubliken und mit der Volksrepublik Polen*. Hrsg. von Presse – und Informationsamt der Bundesregierung (Bonn, 1972)，S.13.

[36] *Zehn Jahre Deutschlandpolitik*，S.155.

[37] a.a.O.

[38] a.a.O.

及《波茨坦協定》等「有關協議」。[39]與《莫斯科條約》相同處在於兩條約均未明述「四強之權利與責任」等字句，不過西德政府在與波蘭政府談判過程中，一直強調，《華沙條約》不觸及到四強的權利與責任」。[40]

在保留四強對德國問題的權利與責任前提下，波蘭願與西德簽署《華沙條約》，此顯示就法律意義上而言，波蘭亦同意德國問題仍未解決的見解。

二、與《基礎條約》有關的文件

1972年12月21日東西德簽署《基礎條約》第9條稱：「本條約不觸及雙方已簽訂或與其有關之雙邊及多邊協定及協議」。

西德政府於同日致函東德政府稱，西德已將下列內容信函遞交英、美、法三國駐西德大使，該信函稱：

> 「關於《基礎條約》第9條之規定，德意志聯邦共和國與德意志民主共和國兩國確定，該條約不觸及四強之權利與責任，以及有關之四邊協定、決議及已執行之

---

[39] Kimminich, *Der Moskauer Vertrag vom 12.8.1970 – Eine völkerrechtliche Analyse*, S.93.

[40] Steinberger, " Völkerrechtliche Aspekte des deutsch – sowjetischen Vertragswerkes vom 12. August 1970, " S.136.

Frowein, *Die Grenzbestimmungen der Ostverträge und ihre völkerrechtliche Bedeutung – Beziehungen zwischen der BRD und der DDR*, S.31.

Die Verträge der Bundesrepublik mit der Union der Sozialistischen Sowjetrepubliken und mit der Volksrepublik Polen, S.157.

行爲（Praktiken）」。[41]

　　東德政府亦於同日致西德政府稱，東德已將含下列內容信函遞交蘇聯駐東德大使，該信函與西德致英、美、法三國的信函內容完全一致，僅東西德國名順序顛倒，該信函稱：

「關於《基礎條約》第9條之規定，德意志民主共和國與德意志聯邦共和國兩國確定，該條約不觸及四強之權利與責任，以及有關之四邊協定、決議及所已執行之行爲」。[42]

　　東西德交換內容相同的信函，且由東德通知蘇聯，西德通知英、美、法三國的方式表達《基礎條約》不觸及到四強的權利與義務的意義爲：

　　1.東西德向四強肯定表示，《基礎條約》不觸及四強的權利與責任。

　　2.東西德沒有法律上的權利侵害到四強的權利與責任。[43]

　　3.作爲國家的東西德，主權仍受到限制。

　　4.東西德承認四強在德國的占領權仍然有效，即德國未來的命運，不是東西德兩國可單獨解決。[44]

　　5.東西德雖均同意四強的權利與責任，但東西德卻

[41] *Zehn Jahre Deutschlandpolitik*, S.210 ff.

[42] a.a.O., S.211.

[43] Ress, *Die Rechtslage Deutschlands nach dem Grundlagenvertrag vom 21. Dezember 1972*, S.374.

[44] a.a.O., S.376.

各自向其前占領國通知，這表示，西德並不反對蘇聯在東德範圍內行使其權利與責任，相反地，東德也承認英、美、法三國在西德有行使權利與責任的權利。[45]

6. 由於四強均未對東西德所遞交的信函表示異議，可視爲默示的接受，依條約法第31條第1款（甲），該信函可作爲解釋條約的一部分。此表示，東西德承認，《基礎條約》只能在四強的權利與責任的法律層次下運作。[46]

四強的法律立場，也在1971年9月3日簽署的《四強柏林協定》序言中非常清楚地表明。該序言稱，該協定係在「四強之權利與責任及本協定不觸及四強戰時及戰後所簽訂之有關協定及決議之基礎」下簽訂。

三、其它有關的文件

在政治實踐上，1960年代蘇聯是持否認德國仍具憲法上的性質，而傾向兩個國家理論以解釋德國問題的現狀。但蘇聯在1964年6月12日與東德簽署的《互助友好條約》第9條仍稱，「本條約不觸及雙方及其他仍有效之國際協定，包括《波茨坦協定》所生之權利與義務」[47]，此顯示在法律意義上，蘇聯認爲整個德國的法律地位問題仍未解決，並不排除《波茨坦協定》所主張以簽署對德和約方式

---

[45] a.a.O.

[46] a.a.O., S.379.

[47] *Documents on Germany 1944－1985*（United States Department of States），S.869 ff（871）

以解決德國問題的可能性。[48]

　　1975年10月7日蘇聯與東德簽署的《友好條約》序言稱，東德「已經執行完成《波茨坦協定》之基本原則」……而「成爲一主權、獨立、社會主義、在聯合國內有充分權利之會員國家」，但在第10條仍稱，「本條約不觸及雙方所簽署仍有效之雙邊及多邊協定」。[49]

　　在《友好條約》簽署後，英、美、法三國隨即表示立場，三國大使共同在同年10月14日發表聲明稱，該條約不得觸及四強對柏林及整個德國的權利及責任。[50]

　　在英、美、法三國與東德的關係方面，1973年2月9日，英、法兩國分別與東德建立外交關係並互換特命全權大使，雙方關係以1961年的《維也納外交公約》爲規範，在建交公報中均未提及對德國問題有任何保留的字句。[51] 1974年9月4日美國與東德建立外交關係，互換特命全權大使，雙方關係亦以1961年的《維也納外交關係公約》爲規範，在建交公報中亦未提及有關德國問題的任何保留字句。[52]

　　有論者認爲，英、美、法三國毫無保留地對東德作國

---

[48] Helmut Steinberger, " Die Ostverträge und der Viermächtestatus Deutschlands, " *In Beiträge zur Ostpolitik*, Arbeitspapier eines Colloquiums der Hans – Seidl – Stiftung e. V., 28. – 31. Oktober 1971, （ Bad Wiessee, 1971 ）, S.73.

[49] *Documents on Germany 1944 – 1985*, S.1297 ff.

[50] a.a.O., S.1301.

[51] Schenk, *Die Viermächteverantwortung für Deutschland als Ganzes, insbesondere deren Entwicklung seit 1969*, S.157.

[52] a.a.O.

際法上的承認並與其建立關係，表示承認德國已經分裂，德意志帝國已經滅亡。[53]但若就戰時、戰後及至《基礎條約》簽署後四強的法律立場來看，特別是自1970年代以後，四強是以「部分秩序理論」（屋頂理論）來處理德國問題，即承認德國仍舊存在，亦承認東西德具有國家屬性，1970年代後並與其發展國與國間的外交關係。特別是由《莫斯科條約》與《華沙條約》第4條、《基礎條約》第9條、《四強柏林協定》的序言，以及與上述條約有關的往來信函，均直接或間接地述明，四強的權利與責任不得被觸及、不得被影響。此均顯示，就法律立場而言，四強仍認為四強對德國問題的權利與責任仍未終了，亦即德國問題應尚未解決。

1990年的發展，終於證明四強的權利與責任是德國問題解決的關鍵。經過自由選舉而產生的東德政府亦贊同此一點，而與西德共同出席為解決德國問題而召開的歷次「二加四」會議。西德外長在3月14日第一次「二加四」會談前，曾接受訪問稱，「讓我們再一次地重申，我們絕不會對四強行使其權利有何質疑」。[54]蘇聯總統戈巴契夫亦稱，只有二次世界大戰時的英、美、法、蘇四強才能決定德國最後的地位。[55]

1990年5月5日在波昂、7月18日在巴黎及9月11日在莫斯科舉行的「二加四」會談，均顯示對德國問題而言，四強的權利同時也是四強的責任。他們自然有權以戰勝國的

---

53 a.a.O., S.159.

54 *Die Welt* vom 15.3.1990.

55 a.a.O.

身分迫使德國分裂，亦有權決定統一後的德國地位。但對東西德人民而言，四強亦有使德國完成統一的責任。四強的權利與責任是德國問題能否解決，如何解決的關鍵。隨著東德的快速民主發展，四強不得不擔負起讓德國統一的責任。在歷次的會談中，四強僅能就德國統一後的地位行使其權利，而沒有干涉阻撓德國的再統一。9月12日在莫斯科，英、美、法、蘇及西德外長與東德總理簽署《二加四條約》。在這個條約中，1945年的戰勝國終於放棄對德國及柏林的權利與責任，德國重新獲得了主權。56

---

56 *Die Welt* vom 13.9.1990.

第五章
東西德對「基本問題」見解的爭議

《基礎條約》序言第四句稱：「基於歷史事實（die historische Gegebenheit）以及不傷害德意志聯邦共和國與德意志民主共和國對基本問題（Die grundsätzliche Frage）之見解，其中包括民族問題（Die nationale Frage）」。東西德將此認知視為雙方同意簽署《基礎條約》的基礎之一。

　　上句中「歷史事實」一語雖未言明所指為何，惟就德國問題而言，此一「集合概念」（Sammelbegriff）應係指從戰後到《基礎條約》簽訂期間，因德國問題而生的一些歷史事實。包括東西德已分別成立、四強對整個德國問題的介入事實、德國東邊疆域的現實發展以及在柏林、東西德間所形成的一些法律及事實上的情況。本語與《莫斯科條約》序言中所使用的「現存情勢」（bestehend Situation）及《柏林四強協定》使用的「真實之現有情勢」（wirklich bestehende Frage）應屬同義字。[1]

　　至於該句所稱雙方對「基本問題」的不同見解，除明文確定包括民族問題外，並沒有再明確地指出基本問題是指那些問題。西德學者認為，由戰後東西德及國際情勢的發展來看，東西德對基本問題的歧異應指：德國的法律地位、四強對德國的權利與責任、德國東邊疆域、柏林的法律地位以及德國國籍與財產問題等。其中除了德國國籍及財產等問題，東西德另於《基礎條約》作附帶聲明以陳述雙方的立場外，其餘各項基本問題均未在《基礎條約》中提及與說明。[2]

---

[1] Georg Ress, *Die Rechtslage Deutschlands nach dem Grundlagenvertrag vom 21. Dezember 1972*（Berlin, 1978），S.83.

[2] a.a.O., S.88.

有關德國東邊疆域及柏林法律地位等問題，將在第七、八章中陳述，本章僅就東西德對民族問題及由該問題所衍生而出的自決權兩問題所持的立場，包括雙方對民族與自決兩基本概念的不同詮釋，作一分析。另外，將在第三節中就《基礎條約》在上述兩問題上所可能發生的法律效果作一討論。

第一節　民族統一問題的爭議

一、西德的立場

　　西德基本法在序言中即宣示維護德意志民族的統一，布朗德總理在推動其東進政策時亦以堅持德意志民族統一爲其政策的基礎。布朗德在艾福特會談時，即堅持德意志民族爲一「繼續存在且具生命力的事實」[3]，「對暫時分裂的德國而言，它的存在不容被爭議」。[4]在卡塞會談時布朗德又再三強調，東西德兩個國家不是外國關係，所有的德國人都屬於同一民族。[5]

---

[3]　Volker Hornung, *Zehn Jahre Grundlagenvertrag zwischen der Bundesrepublik Deutschland und der Deutschen Demokratischen Republik 1972 – 1982* (Rheinfelden, 1985), S.30.

[4]　a.a.O.

[5]　*Zehn Jahre Deutschlandpolitik – Die Entwicklung der Beziehungen zwischen der Bundesrepublik Deutschland und der Deutschen Demokratischen Repub-*

堅持東西德人民同屬德意志民族是西德政府一貫的立場。但究竟德意志民族應指爲何？則是學理與現實政治上的一個問題。它究竟應該界定在「文化民族」（Kulturnation）或是「國家民族」（Staatsnation）上方屬合適？

　　所謂「文化民族」係指一群具有相同語言、風俗、血統、歷史、宗教等人們所組成的群體。[6]西德國際法學者塞德‧霍亨費德（Ihnaz Seidl-Hohenveldern）認爲，以共同文化或語言等來界定民族的差異是十九世紀的主張，二十世紀已不再如此。例如，操義大利語或德語的瑞士人，不再屬於義大利民族或德意志民族，而是瑞士民族（Schweizerische Nation），二十世紀民族的概念已包含對一個國家歸屬的意願（die Wille zur Staatlicher Zusammengehörigkeit）[7]，即所謂的「國家民族」。

　　「國家民族」可與「文化民族」爲一致，但不必然爲同一[8]。「民族文化」內最重要的要素是人民對自己「民

---

[5]　lik 1969 – 1979. Hrsg. von Bundesministerium fur innerdeutsche Beziehungen, S.138 ff.

[6]　Nikolaus Monzel, "Nation," In *Staatslexikon. Recht – Wirtschaft – Gesellschaft*, Bd. V, 6. Auflage, Hrsg. von Görres – Gesellschaft. (Freiburg, 1960), S.886.
Gerhard Leibholz, "Nation," In *Evangelisches Staatslexikon*, Hrsg. von Hermann Kunst and Siegfried Grundmann (Stuttgart, 1966), S.1331.
Gebhard Schweigler, *Nationalbewußtsein in der BRD und der DDR*, 2. Auflage, (Düsseldorf, 1974), S.28.

[7]　Ignaz Seidl-Hohenveldern, *Völkerrecht*, 6. *Auflage* (Köln, 1987), S.263, <1294>.

[8]　Bernhard Witte, "Die deutsche Nation nach dem Grundvertrag," *Europa Archiv* (1973), S.233.

族的認同感」（ Nationalbewußtsein ），「國家民族」存在的重要條件則是人民對自己國家的「國家認同感」（ Staatsbewußtsein ）。[9]

西德政府在歷年的〈民族情勢報告〉（ Bericht zur lage der Nation ）中，述及民族的概念時並不僅以「國家民族」作爲範疇，也稱「民族的意義及範圍不僅包含共同語言、文化、國家及社會秩序（ Gesellschaftsordnung ），民族（構成）的基礎在於人民的持續歸屬感」[10]，「民族是一個認同與意願的問題」（ eine Frage von Bewußtsein und Willen ）。[11]

西德聯邦憲法法院在對《基礎條約》之判決中卻很明顯地將德意志民族概念界定在「國家民族」上。判決稱：

> 「一個統一的德意志民族不僅是具有共同的語言與文化，亦同時是德意志帝國的國民。基本法即以（整個）德意志民族及（整個）德意志國家權力與整個德國存在爲前提（所制定）。今日所稱之德意志民族與德國是密不可分的，（我們）可將其視爲德意志國民（ das staatliche Staatsvolk ）」。[12]

---

9 Walther Hofer, " Nationalbewustsein, " In *Staatslexikon*： *Recht*, *Wirtschaft und Gesellschaft*, Band V, 6. Auflage, Hrsg. von Görres – Gesellschaft (Freiburg, 1960), S. 701.
   Schweigler, *Nationalbewußtsein in der BRD und der DDR*, S. 45.

10 Ress, *Die Rechtslage Deutschlands nach dem Grundlagenvertrag vom 21. Dezember 1972*, S. 89, Anm. 229.

11 a. a. O.

12 *BVerfGE* 36, 1 ff/19. (Urteil vom 31. Juli 1973. Grundlagenvertrag Bundesrepublik Deutschland und Deutsche Demokratische Republik)

憲法法院這項判決認爲凡德意志帝國的國民皆係德意志民族，亦即凡基本法第116條所稱的人民均屬德意志民族。

在法律上，西德仍適用1913年之「國籍法」（Reichs-und Staatsangehörigkeitsgesetz，RuStAG）。[13]依此法律，凡合乎基本法第116條條件的德國人，皆具有德國國籍，不屬於西德管轄的德國人，有權向西德取得所謂的西德護照與身分證（在法律意義上是德國護照與身分證）。在民族問題上，西德所持的是「同一性理論」──即西德與德國爲同一。

西德一直未放棄1913年的「國籍法」，其理由在於西德認爲德國並沒有滅亡，作爲行使德國主權的人民──亦即德意志帝國的國民，即德意志民族，並沒有消失。倘要使「統一的德意志民族」不再成爲事實，在法律上須具備下列兩個假設的先決條件，一爲和平條約簽署後，德國分裂成爲事實；另一爲德意志民族經由自決權的行使，由於東德人民不選擇再統一，而造成東西德的正式分裂。在此兩項假設先決條件均未成立前，西德政府在法律上自可繼續堅持其一個德意志民族，一個德國國籍的立場。

---

[13] Hornung, *Zehn Jahre Grundlagenvertrag zwischen der Bundesrepublik Deutschland und der Deutschen Demokratischen Republik 1972 – 1982*, S.40.

二、東德的立場

㈠1970年前之立場

如前第二章所述，早期東德是持與德國爲「同一」的看法，視東西德人民爲同一個德意志民族。1950年代中期，雖然主張兩個國家，但仍持一個民族的立場。1954年4月東德社統黨主席烏布里希特在該黨第四次黨代表大會中稱：

> 「由於我們的家鄉西邊的德意志人是我們的兄弟，由於我們愛我們的祖國，也由於我們知道，重建一個統一的德國是一個無法改變的歷史合法性（historische Gesetzmäßigkeit），我們贊成德國統一」。[14]

1960年12月烏布里希特在社統黨中央委員會中表示，持兩個德意志民族主張，是一項「錯誤的看法」。東西德人民「雖然暫時分離，但統一民族的重建，是一歷史上必然之事」。[15]

1966年2月28日東德雖然申請加入聯合國，主張兩個德意志國家，但在聲明中仍主張東西德爲同一民族。[16]1967年2月20日，東德人民議會通過「國籍法」，主張東德人民雖有自己的「東德國籍」，但即使如此，仍

---

[14] *DDR-Handbuch*, Bundesminsterium für innerdeutsche Beziehungen, Bd. Ⅱ, 3. Auflage, （Köln, 1985）, S.924.

[15] a.a.O.

[16] *Europa Archiv*, 1966, S. D 1990 ff, （191）.

認爲東西德皆屬於同一民族。[17]

　　1968年4月6日東德修改憲法，序言開宗明義第一句稱「本憲法負有責任引導整個德意志民族走向和平與社會主義之道路」。[18]

　　第1條第一段稱：

「德意志民主共和國爲一德意志民族之社會主義國
　家」。[19]

　　第8條第二段稱：

「在平等基礎上建立與進行兩個德意志國家之正常關係
　與合作是德意志民主共和國之民族要求，德意志民主
　共和國將致力於克服由德意志民族資本主義所進行之
　德國分裂，兩個德意志國家逐步接近直至在民主與社
　會主義基礎下完成統一」。[20]

　　由上述的憲法條文、東德的政策與東德社統黨主席的發言可知，東德在1970年以前是採認同德意志民族的立場。就學理而言，是以「文化民族」來詮釋對民族的認同。東德雖然認爲東西德是兩個不同的國家，兩者有著意識形態的差異，但東西德仍屬同一個德意志民族，東德在政策上亦主張應追求德意志民族的統一。

---

[17] *DDR-Handbuch*, a.a.O., S.925.

[18] *Dokumente des geteilten Deutschland*, Hrsg. von Ingo von Münch, Band Ⅰ,（Stuttgart, 1976），S.525.

[19] a.a.O.

[20] a.a.O., S.531.

㈡1970年後的立場

1969年布朗德以德意志帝國未滅亡、東西德爲一個德意志民族（一個德國）、兩個國家、雙方關係爲「特別關係」爲基礎的德國政策，獲得國際間的支持，這使得東德感受到相當的壓力。東德爲徹底執行其「分離政策」，爰於1970年代起改變其原有對民族問題的立場。

1970年1月19日東德社統黨主席烏布里希特在東柏林的一項國際記者會上正式宣告，「資本家與工人階級間，不形成民族統一問題」[21]，開始其兩個民族理論的主張。

同年3月19日東德總理史特夫（Will Stoph）在艾福特與布朗德會晤時亦告稱，「德意志民族的分裂已由於西德在1949年建立、1954年《巴黎條約》之簽署及1955年西德加入北約，而告確定」。[22]

1970年12月7日烏布里希特在社統黨二十五週年紀念籌備會的演講中，以意識形態的差異作爲兩德民族不同的理由，該談話稱：

> 「由封建主義至資本主義過程中所形成，並自1871年至
> 1945年在一個統一國家內所存在的資產階級德意志民
> 族（Die bürgerliche deutsche Nation）已經不存在。德意
> 志民主共和國爲一個社會主義德意志民族國家（Der
> sozialistische deutsche Nationalstaat），社會主義民族（Die
> sozialistische Nation）已在其（指東德）建立的過程中形

---

[21] *Deutschland Archiv*,（1970），S.182.
[22] *Deutschland Archiv*,（1970），S.510.

成，這是不容否定的事實」。[23]

　　烏布里希特的繼任者何內克，亦繼續持上述觀點。何內克在1971年6月東德社統黨第八次代表大會中再稱：在東德已形成一新形態的民族，即「社會主義民族」，然而在西德的仍是「資產階級民族」。[24]該次大會中並確認：

> 「在由社會主義德意志民族所形成的社會主義德意志民
> 　主共和國與由舊有資產階級民族所形成的資本主義獨
> 　占的德意志聯邦共和國之間不能，亦不會有所謂的
> 　『德意志內部關係（ innerdeutsche Beziehungen ）』
> 　」。[25]

　　隨後，東德將其對民族的見解納入其1974年10月7日修改的憲法中。該憲法序言已刪除1964年憲法中所使用的「德意志民族」等字，而只保留東德「人民」，並認為東德「人民已在歷史之發展內完成其社會經濟、國家及民族之自決權，並創造了一個已開發的社會主義社會」。第1條東德自稱「為一個工農民之社會主義國家」以取代1964年憲法之「德意志民族社會主義國家」。在1964年的憲法尚稱東德將致力克服由德意志民族資本主義所造成的德國分裂，但1974年的憲法第6條第2款卻稱東德將「經常及不容爭議地與蘇維埃社會主義聯合」。[26]

---

[23] *Deutschland Archiv*,（ 1971 ）, S.309 ff.

[24] *Deutschland Archiv*,（ 1971 ）, S.771.

[25] *Deutschland Archiv*,（ 1970 ）, S.880.

[26] *Dokumente des geteilten Deutschland*, Hrsg. von Ingo von Münch, Band II（ Stuttgart, 1976 ）, S.463 ff.

東德社統黨此種以意識形態及階級利益區分民族，將德國人分離的主張，並不儘爲東德人民所接受。何內克爰於1974年12月表達其個人對民族問題的看法，他將「民族」（Nation）與「民族性」（Nationalität）予以區分，「民族」是由社會階級及意識形態所決定，即東德內的人民是社會主義民族，西德內的人民是資本主義民族（Die kapitalistische Nation）；「民族性」則由共同語言及歷史等因素所決定。[27]

東德社統黨黨內及時出版《民族之歷史與現在》（ *Nation in Geschichte und Gegenwart* ）一書以支持何內克的論證。[28]東德學者柯辛（Alfred Kosing）亦著專書以區別「民族」與「民族性」的差異。他認爲，東德的「社會主義民族」與西德的「資本主義民族」的差別，「不在於其血統的特性，即其民族性，而在於其社會的基礎及內容」。[29]即「民族性」是以血緣爲基礎，「民族」以社會意識形態爲根本。東西德有相同的「民族性」，但卻是兩個不同的「民族」。

1976年5月東德社統黨第九次大會中，確定該黨對民族的詮釋爲：兩個德意志國家內均各自有一種德意志民族，在東德的是社會主義德意志民族，在西德的是資本主義德意志民族。依「民族性」而言，兩個民族皆是德意志民族（有相同血緣），但僅用民族性不足以彰顯「民族」的特點，決定「民族」特性的應是社會形成的社會經濟基

---

[27] *DDR-Handbuch*, a.a.O., S.926.

[28] a.a.O.

[29] a.a.O., S.926 ff.

礎。在此基礎上，東德人民已形成了社會主義民族。[30]

依據上述東德對民族的詮釋，東德人的「國籍」是德意志民主共和國，「民族性」爲德意志民族性，但其「民族」屬社會主義民族。[31]

對民族的重新定義，是東德執政黨爲推動其「分離政策」所找尋的一項理論基礎。依此理論架構，對東德政府而言，已無德國問題，更無所謂的民族問題。東德的目的無非是想釜底抽薪地切斷與西德的關係，也徹底否定西德所主張的民族自決權。

第二節　自決權的爭議

一、自決權的性質

自決權的法律性質（Rechtscharakter）是屬一種政治性的訴求？國際法的一般原則？或是國際法的規範（norms）？是一頗受爭議的問題。

由1949年《聯合國憲章》第1條第2款「發展國際間以尊重人民平等權利及自決原則爲根據之友好關係，並採取

---

[30] *Deutschland Aarchiv*,（1976）.

[31] Gottfried Zieger, *Die Haltung von SED und DDR zur Einheit Deutschlands 1949 – 1987*（Köln, 1988）, S.236.

Hornung, *Zehn Jahre Grundlagenvertrag zwischen der Bundesrepublik Deutschland und der Deutschen Demokratischen Republik 1972 – 1982*, S.40.

其他適當辦法，以增強普遍和平」，及第55條「爲造成國際間以尊重人民平等權利及自決原則爲根據之和平友好關係所必要之安定及福利條件起見，聯合國應促進……」等二條文可知，《聯合國憲章》是將「自決」視爲國際法的一般原則。

一直到1960年代初期爲止，大多數西方國際法學者在其著作中多將自決權視爲國際法的「一般原則」。[32]如西德法學者明興所稱，當時十七位著名的西德法學者著作中僅有一人視自決權爲國際法的「規範」[33]，但自1970年代起，多數的法學者已開始將自決權視爲是國際法的規範。[34]

造成這項看法轉變的原因，首推1966年12月16日的《聯合國人權公約》的影響所致。該約第1條即稱「所有人民（Völker）均享有自決的權利（Recht auf Selbstbestim-

---

[32] Herbert Kraus, *Der völkerrechtliche Status der deutschen Ostgebiete inner-halb der Reichsgrenzen nach dem Stande vom 31 Dezember 1937*（Göttingen, 1964）, S.95.

Siegfried Mampel, "Das Selbstbestimmungsrecht der Völker in der Rechtslehre der SBZ," *Jahrbuch für Ostrecht* 1&2（1960）, S.48.

Georg Dahm, *Völkerrecht*, Bd.1.（Stuttgart, 1958）, S.389.

Friedrich August v. d.Heydte, *Völkerrecht*, Bd.1.（Köln, 1958）, S.293.

Friedrich Berber, *Lehrbuch des Völkerrechts*, Bd.1 *Allgemeines Frieden-srecht*（München, 1960）, S.75.

Alfred Verdross, *Völkerrecht*, 5.Auflage,（Wien, 1964）, S.75.

[33] Fritz Münch, "Diskussionsbeitrag," In *Berichte der Deutschen Gesellschaft für Völkerrecht*, Heft 14.（Karlsruhe, 1974）, S.87.

[34] a.a.O.

mung），並根據此權利自由決定其政治地位及自由追求其經濟、社會與文化的發展」。[35]

1970年10月24日聯合國第2625號決議（ Resolution Nr. 2625）有關「依據聯合國憲章有關國家間友善關係及相互合作之國際法基本原則」的聲明中，再將自決權的國際法規範性質作了更詳盡的闡述，該聲明稱：

> 「基於憲章所確定之平等及人民有自決權之原則，所有人民具有完全自由及不受外在干涉以決定其政治地位及追求經濟、社會及文化發展之權利。任何國家均有義務尊重此項與憲章規定相符之權利」。「任何國家均有義務與其他國家共同及單獨地促使與憲章相符之平等權與自決權原則之實現，聯合國各組織亦應予支持，實現此一義務」。[36]

為顯示自決權並非一毫不受限制的權利，決議文中亦稱，各國及聯合國組織的義務不得解釋為授權或鼓勵採取任何行動，破壞或損害「具有代表領土內不分種族、信仰或膚色之全體人民之政府之自主獨立國家之領土完整或政治統一。每一個國家均不得採取目的在局部或全部破壞另一個國家國內統一及領土完整之任何行動」。[37]

---

[35] 可參考，丘宏達編輯，《現代國際法基本文件》，（台北，三民書局，73年），頁312。

[36] Dieter Blumenwitz, " Deutschlandfrage und Selbstbestimmungsrecht, " In *Das Selbstbestimmungsrecht der Völker und die deutsche Frage*, Hrsg. von Dieter Blumenwitz and Boris Meissner（ Bonn, 1984 ）, S.140.

[37] a.a.O.

由上可知，合乎《聯合國憲章》的自決權已非僅是一政治性的訴求，或國際法的一般原則，自1970年代起它已成爲一國際法的規範。但是國家主權領土的完整不可侵犯也是另一項的國際法規範。因此，「自決權」與「主權領土完整」這兩個有可能會衝突的「規範」，也成爲東西德間各說各話的國際法依據。東德並用其意識形態邏輯來架構其對「民族」定義解釋的理論基礎，並引以證明，在東德已沒有所謂的「德意志民族的自決權問題」。

二、西德的立場

　　西德制憲者是將自決權視爲德意志人民追求國家統一的一項權利與方法。基本法序言中稱「德意志人民務須依其自由自決（freie Selbstbestimmung）完成德國之統一與自由」，第146條稱「本基本法於德意志人民依其自由決定（freie Entscheidung）制定之憲法生效時停止施行」。西德的每一任總理皆持此一信念，視自決的行使爲德意志人民決定自己國家未來命運的一種權利。

　　西德學者鄧克（Gunter Decker）即表示，自決權並非僅屬殖民地國家的人民所享有，亦包括現有的各民族。他認爲，目前分裂的民族當有權利共組一民族國家，德國的分裂並非是因德國人民的意願所造成，故德意志人民有權利依自決權再完成民族的統一與統一的德國。[38] 其餘西德法學者亦多主張，在德國分裂尙未完全確定的情況下，德

---

[38] Günter Decker, *Das Selbstbestimmungsrecht der Nationen*（Göttingen, 1955），S.224 ff.

意志人民應有行使自決權以使德國統一的權利。[39]

在自決權的內容方面，鄧克認爲應包括下列三點：(1)建立一個德意志民族國家的權利。(2)不受占領國的影響（包括意識形態），而獨立主政的權利。(3)自由決定其政府及社會形態的權利。[40]

西德亦持與聯合國憲章相同的見解，視「人民」爲自決權行使的主體。[41]落實在德國問題上，整個德意志人民方是行使有關德國命運自決權的主體，即基本法第116條所稱的「德國人」，而不僅是東德人或西德人單方面而已。[42]

三、東德的立場

東德名法學家阿慶格（Rudolf Arzinger）視自決權的內容應包括下列幾點：(1)尋求國家獨立的權利。(2)人民在基於特殊具體情況的考慮下，有行使自決以建立一民族國家的權利。(3)分裂的民族有再統一的權利（但不是一種義

[39] Dieter Blumenwitz, *Das Selbstbestimmungsrecht der Völker und die deutsche Frage*, Hrsg. von Dieter Blumenwitz and Boris Meissner（Bonn, 1984），

本書中各作者如：Theordor Veiter, Otto Kimminich, Helmut Rumph, Karl Dorehring, Gottfried Zieger, Boris Meisser, Eckart Klein, Kurt Rabl, Dieter Blumenwitz 等均持同樣看法。

[40] Decker, *Das Selbstbestimmungsrecht der Nationen*, S.228, 342.

[41] Boris Meissner, " Die marxistisch- leninistische Auffassung vom Selbstbestimmungsrecht, " In *Das Selbstbestimmungsrecht der Volker und die deutsche Frage*, Hrsg. von Dieter Blumenwitz und Boris Meissner.（Bonn, 1984），S.99.

[42] Blumenwitz, *Deutschlandfrage und selbstbestimmungsrecht*, S.148.

務）。⑷人民有權決定其所建立之國家的政府形態。[43]

　　就自決權應有的內容而言，東西德學者的看法並無多大差別。而且東德學者很早即將自決權視爲是一種國際法的規範。[44]東德官方亦持同樣見解，例如，1952年3月10日蘇聯曾提出一份與德國簽署和平條約草案，東德對此發表意見稱，德意志民族的自決權是該草案中一絕對必要的部分，自決權係「每一個民族依國際法原則及規範」所享有。[45]但東德學者與官方在自決權存在的條件與行使自決權的主體兩方面，與西德的看法不同：

㈠自決權行使的條件

　　就聯合國憲章可知，自決權存在的條件與人民現有的歷史、政治及經濟等條件無關。但列寧卻曾表示，自決權不是一項絕對的權利，它的行使應顧及到歷史發展的時代

---

[43] Rudolf Arzinger, *Das Selbstbestimmungsrecht im allgemeinen Völkerrecht der Gegenwart* (Berlin – Ost, 1966), S.787.

[44] a.a.O., S.76, 89, 161 ff, 271, 292.

Rudolf Herold, *Selbstbestimmung und Selbstbestimmungsdemagogie in Deutschland – Eine Auseinandersetzung mit antinationalen Bonner Parolen*, Dissertation am Institut der Gesellschaftswissenschaften beim Zentralkomitee der Sozialistischen Einheitspartei Deutschlands, 1966.

Herbert Kröger, " Das demokratische Völkerrecht und die Grundlagen der Bonner' Hallstein – Doktrin', " *Staat und Recht* (1961).

Edith Oeser, *Die Rolle der Pariser Verträge bei der Losreißung Westdeutschlands vom deutschen Staatsverband und einige grundlegende Konsequenzen für die Durchsetzung des Selbstbestimmungsrechts des deutschen Volkes*, Dissertation. (Berlin, 1961), S.24.

[45] Rudolf Arzinger, *Die Verträge von Bonn und Paris und die Rolle der völkerrechtlichen Anschauungen in den Auseinandersetzungen um diese Verträge in Westdeutschland*, Dissertation. (Leipzig, 1956), S.357.

性，而與階級利益有關。[46]東德的學者再將其詮釋爲：歷史的發展是由資本主義演進至社會主義，自決權亦與此種歷史的發展有關，隨著不同的發展階段，自決權的內容亦有不同的意義。自決權行使的目的係在促成這種歷史的演變。自決權的行使絕不可以使一個民族由「高發展」轉回至「低發展」層次，亦即不可以由「共產主義國家」轉回至「資本主義國家」。[47]依東德學者的看法，西德仍屬資本主義，而東德的人民卻已經越過此階段而進入社會主義，故東德人民不可再使用自決權使得東德成爲一個資本主義國家。倘若在這種情況下使用自決權，是錯誤地使用了自決權。[48]對東德學者，自決權並非屬價值中立的一種權利，而係爲完成社會主義的一項權利。[49]

(二)自決權行使的主體

如前所述，西德認爲自決權的行使主體應爲整個德意志人民，僅部分人民並不能作爲自決權的主體。東德學者則認爲，自決權的主體可以是一項或多項共同點集合而成的一群人。這群人的共同點可以是文化、語言、宗敎或其他特點，他們有著共同的歷史命運、經濟與社會生活，以

---

[46] Antje Mattfeld, *Modelle einer Normalisierung zwischen den beiden deutschen Staaten – Eine rechtliche Betrachtung* (Düsseldorf, 1973), S.77.

[47] Arzinger, *Das Selbstbestimmungsrecht im allgemeinen Völkerrecht der Gegenwart*, S.225, 272, 364.

[48] Mattfeld, *Modelle einer Normalisierung zwischen den beiden deutschen Staaten – Eine rechtliche Betrachtung*, S.79.

[49] a.a.O., S.77 ff.

及爲共同追求民族解放而奮鬥。[50]東德人民「已經以正確方法高度理性地行使了自決權,希望有一天在西德的人民亦能以同樣的方式使用自決權」。[51]

東德社統黨1963年1月18日第六次黨代表大會中,溫策首次提出部分人民亦可爲自決權主體的看法,他稱「自決權並不僅屬於(全)民族或人民,部分人民與民族亦有權利決定不受外來干涉內部的秩序」。[52]

1970年艾福特會談中,東德總理史特夫更明確地告訴西德代表稱:「在我們德意志民主共和國內,勞動人民已經使用自決權發展了一個社會主義的社會」。[53]

綜上所述,東德在1970年前對自決權的認知爲,部分民族或部分人民(指東德)亦可爲自決權的主體,且東德人已經行使過此種自決權並用以建立了東德國家。自1970年代起,東德再將其論點推至東西德已是不同的民族,當然亦就沒有所謂的「德意志民族的自決權問題」。

---

[50] Arzinger, *Das Selbstbestimmungsrecht im allgemeinen Volkerrecht der Gegenwart*, S.252.

Rudolf Arzinger, *Das Selbstbestimmungsrecht der völker – eine Grundprinzip des demokratischen Völkerrechts*, Deutsche Außenpolitik, 1964, S.788 ff.

[51] Jens Hacker, *Der Rechtsstatus Deutschlands aus der Sicht der DDR* (Köln, 1974), S.308.

[52] a.a.O.

[53] Roth Margit, *Zwei Staaten in Deutschland – Die sozialliberale Deutschlandpolitik und ihre Auswirkungen*, 1969 – 1978. (Opladen, 1981), S.55.

第三節 《基礎條約》對「基本問題」的法律效力

一、「基本問題」的歧見仍然存在

　　《基礎條約》並沒有對是否有一個「統一的德意志民族」存在作明文的表示，亦未提及有關德意志民族概念與如何解決民族問題。

　　在國籍問題上，東西德互設保留立場。西德在《基礎條約》的《附加議定書》中聲明「《基礎條約》並未處理國籍問題」——即該條約並未處理有關德意志民族的問題。東德則在議定書中聲明稱「《基礎條約》將簡化國籍問題之處理」——即該條約將有利於兩個德意志國籍，兩種德意志人民的發展。[54] 雙方對此問題的歧見，一直延續至1980年代均未解決。東德在此期間仍不斷要求，以承認東德國籍為改善兩國關係的首要條件。[55] 這項要求一直到

---

[54] *Zehn Jahre Deutschlandpolitik*, S.207.

[55] 東德何內克在1980年的「葛拉聲明」（Die Geraer Forderung）中向西德政府所提的四點要求，第一點即是要求西德承認東德的國籍法。1984年何內克在《新德意志日報》中再提此項要求。
葛拉聲明請參閱：*Deutschland Archiv*, 1980, S.1221 ff.
1984年何內克所作的要求，請見 Neues Deutschland vom 18 August 1984.
Gottfried Zieger, *Die Haltung von SED und DDR zur Einheit Deutschlands 1949 – 1987*（Köln, 1988）, S.206 ff.

1990年3月18日東德舉行大選前均無改變。

由於《基礎條約》是在「不傷害」雙方對「基本問題」的見解下簽訂。西德法學者瑞斯認為此意指東西德的不同見解不受《基礎條約》簽訂所影響。[56] 學者希瑪（Bruno Simma）亦稱，在《基礎條約》簽訂後，沒有一方的見解受到條約的保障與約束，東西德任何一方均無權指責對方對民族問題等基本問題的立場違反了《基礎條約》的規定。[57]

雖然就實際政治上而言，西德在簽署《基礎條約》前即已無能力阻止東德對民族問題的立場與行為，而只能表示反對。但就法律意義而言，《基礎條約》簽署後，西德雖可繼續其對民族問題的一貫看法，但在法律上已無權阻止東德對民族問題所持的立場與行為。

由於東西德雙方對民族問題並未達成協議，且雙方同意對方的不同見解。就國際法層次而言，《基礎條約》的簽署，對民族問題的發展具有下列三點意義：(1)雙方有權對民族問題各持己見。(2)雙方不得阻礙對方對民族問題的見解。(3)民族問題並未經由《基礎條約》而解決，在解釋《基礎條約》本文時，應排除雙方對民族問題的歧見。[58]

在自決權的行使方面，西德法學者杜寧（Karl Doehring）認為，由於西德在《基礎條約》中已承認東德

---

[56] Ress, *Die Rechtslage Deutschlands nach dem Grundlagenvertrag vom 21 Dezember 1972*, S.97 ff.

[57] Bruno Simma, "Der Grundvertrag und das Recht der völkerrechtlichen Verträge," *Archiv des öffentlichen Rechts* 100（1975）, S.12 ff.

[58] Ress, *Die Rechtslage Deutschlands nach dem Grundlagenvertrag vom 21 Dezember 1972*, S.94.

為一個獨立且平等的國家，未來在行使整個德意志人民的自決權時，應顧及到東西德人民均已是自決權行使的主體（依西德所主張的「國家民族」角度推論），故只要其中一方不贊成統一，德國即不能統一，而不能以人民的總人數作為自決時計算的標準，亦即不可以多數對抗少數。[59]

就國際法的層次而言，德國仍未滅亡，德意志民族亦未完全分裂。西德聯邦憲法法院因而認為整個德意志民族才是行使自決權的主體，此項法律權力的來源之一是四強對「整個德國」所擁有的權利與責任。[60]只要東西德未獲得完整的主權，就不能自行處理整個德國的法律命運；只要德意志民族尚未完成分裂過程，德意志民族自然有以國際法所賦予的自決權，阻礙這種分裂的完成。

但是在《基礎條約》的簽訂過程中，西德並未能在條約中成功地堅持此項見解，雖然第9條同意該條約不觸及雙方已簽訂或其有關的多邊國際條約與協議，可作為判定德國問題仍未解決的依據。但是序言內雙方「同意對方不同見解」的序文，卻使得東德的看法亦被合法化。就這一點而言，可謂是西德的一大讓步。而解決此問題的唯一方法，僅有依賴時間一途，仰賴著雙方人民的信念與耐力。

二、人民意願是「基本問題」的解決關鍵

本章前所述皆屬學者、政府、法院對此問題的看法，

---

[59] Karl Doehring, *Das Selbstbestimmungsrecht der Völker als Grundsatz des Völkerrechts*, Berichte der Deutschen Gesellschaft fur Völkerrecht, Heft 14.（Berlin, 1974），S.39.

[60] *BVerfGE* 36, 1 ff/39.

惟民意亦是法律得以維繫的基礎之一。究竟東西德人民對民族及自決權問題的態度如何，頗值得了解，亦唯有他們的態度方能對一個需要長時間解決、本質為政治的法律問題產生響影。德國問題能否解決，除需考慮到四強的態度外，東西德人民的意圖絕對占有其關鍵地位。下面幾項問卷調查或可反映出西德人民的態度：[61]

1. 對於東西德是否為兩個國家？兩國民族？兩種人民（ zwei Völker ）的看法？

由**表5–1**可知，除1976年的問卷調查顯示贊同東西德為兩個國家，兩個民族的比率略高外，其餘各年的調查皆顯示多數西德人民視東西德為兩個國家，但仍為同一民族與人民。

2. 對於《基礎條約》序言內有關統一命令（指行使自決權完成統一）乙節應保留或刪除？[62]

表5–2顯示大多數西德人仍主張該節條文仍應保留，這表示多數西德人民仍主張德意志人民有權使用自決權追求德國的統一。

在東德方面，1990年3月18日自由選舉以前並沒有類似可信的資料。雖然東德官方在此前一直採行以分裂民族為基礎的分離政策，但當日的選舉結果顯示，絕大多數的東德人民仍視東西德人民為同一民族，應完成統一，甚至約百分之五十的人民認為不需再經由全德意志人民的自

---

[61] Silke Jansen, " Zwei deutsche Staaten – zwei deutsche Nationen？ Meinungsbilder zur deutschen Frage im Zeitablauf, " *Deutschland Archiv* 10 （ 1989 ）, S.1142.

[62] a.a.O., S.1141.

表5－1　東德與西德是下面那一種關係？（%）

年份	暫時性分裂	一個國家	兩個國家一個民族	兩個國家兩個民族	一種人民	兩種人民
1972	24	–	43	31	–	–
1974	–	–	70	29	–	–
1976	–	–	45	53	–	–
1977	–	–	41	41	–	–
1978	–	–	44	41	–	–
1979	–	–	48	37	–	–
1980	–	–	55	35	–	–
1984	–	17	42	53	73	27
1987	–	24	79	–	78	21

1. Infratest – Repräsentätiverhebungen ohne Nation-Bezug.

2. Infratest – Repräsentätiverhebungen ohne Nation-Bezug.

3. EMNID – Repräsentätiverhebungen nach Zugehörigkeitzu einer Nation（ohne Staats-bezug）.

決，而願以加入西德的方式完成德國的統一。[63]東西德對民族問題的法理爭議，至此也可謂正式告一結束。

---

[63] 1990年3月18日東德大選前，基督民主聯盟（CDU）主張德國統一愈快愈好，可依基本法第23條加入西德完成統一，德國社會民主黨（SPD）主張應在歐洲架構內成立邦聯依基本法第146條完成統一，前社統黨，後改名爲民主社會黨（PDS）亦主張在歐洲統合下成立邦聯完成統一，自由民主黨（FDP）主張經由人民自決完成統一。選舉結果，CDU及其友黨得票率近50%爲最大贏家，SPD得21.1%，PDS得15.6%，FDP得5.2%，由此可見大多數東德人均持東西德爲同一民族，應該統一，而近半數主張即刻統一。

表5-2 基本法序言：保留或刪除？

	再統一命令		
	應保留	應刪除	無差別
4/73	73	11	16
1/76	72	12	16
1/78	75	11	14
5/79	76	10	14
6/82	77	9	14
10 - 11/83	79	7	14
5/85	72	13	15
12/85	69	12	19

Quelle：

- Allensbacher Archiv，ifD-Umfragen 2093，3023，3052，3070，3079，4034，4055，4066；

- aus：G. Herdegen，" Demoskopische Anmerkungen zum Geschichtsbewustβein der Deutschen （ West ） im Kontext der deutschen Frage " ，in：W. Weidenfeld （ Hrsg ）， Geschichtsvewustβein der Dekutschen，Materialien zur Spurensuche einer Nation．　Mit Beiträgen von P. Alteru.a.，Köln 1987，S.187 - 202，hier：S.201；

- E. Noelle-Neumann，" Im Wartesaal der Geschichte．Bleibt das Bewuβtsein der Dèutschen Einheit lebendig？ " in：W. Weidenfeld （ Hrsg ），Nachdenken über Deutschland．Materialien zur politischen Kultur der Deutschlan．

Materialien zur politischen Kultur der Deutschen Frage，mit Beiträgen von H. Klages u.a.，Köln 1985，S.133 - 146，hier：S.37．

第六章
東西德互動關係的法律爭議

作為國際社會的成員，一般國與國間的外交與經貿多
為國際法上的關係。在《基礎條約》簽署後，東德獲得西
德的國家承認，但卻仍未得到西德對其國際法的承認。但
在1973年東西德共同加入聯合國後，作為聯合國的會員，
雙方間的關係是否已具有國際法的關係？此與西德所強調
的「特殊關係」有無衝突？均將在第一節中論述。

第二節將討論東西德雙方互設常駐代表處所引用的法
律基礎是否有別於一般大使館間的法律依據？雙方同意互
設常駐代表處是否可作為彼此不同意建立國際法外交關係
的證明等問題？

另外，第三節將就自二次世界大戰後，東西德經貿關
係形態的法律基礎，亦即西德所主張雙方貿易應為一種
「內部關係」的看法是否為歐洲共同體所接受，以及在東
西德簽署《基礎條約》後，「內部關係」的貿易形態是否
仍具有其法律基礎等問題作一討論。整體而言，本章著重
於探討：東西德的互動關係與一般國家間的關係有無差
異？若無差異，則東西德的永久分裂在國際政治上的解釋
等於已成事實，如有差異，則表示德國分裂仍未完，西德
仍可依法律基礎有所堅持。

第一節　共同加入聯合國後的法律爭議

一、東西德加入聯合國的過程

依據聯合國憲章第4條第2款的規定，凡欲成為聯合國

的會員國，必須「經由大會經安全理事會之推薦以決議行之」，即安全理事會的推薦是大會決議申請國能否加入聯合國的先決條件。由於戰後東西方在意識形態上的壁壘分明，有關東西德加入聯合國事只有兩種可能：或者兩國一起成為會員國，或者兩國均被排除於聯合國外。

1950年代起，西德政府已開始討論有關加入聯合國的問題，[1]英、美、法三國對此亦表示支持。1954年《巴黎條約》中稱：「聯邦共和國聲明其意願，願加入對自由世界共同目的有貢獻之國際組織，以與自由社會完全地結合。三國將於適當時機支持聯邦共和國加入此類組織」。[2]

雖然當時國際間皆樂觀其成，[3]甚而樂觀地見諸於國際法文件，例如，1954年10月29日艾德諾與杜勒斯在華盛頓簽署的《友好、貿易、航運條約議定書》（Das Protokoll zum Freundschafts- Handels- und Schifffahrtsvertrag）即稱，西德與美國同意「在德意志聯邦共和國加入聯合國後……（本條約）第27條第2款所稱之爭執，在經由外交及其他協議無法解決時，送交國際法院處理」。[4]不過由於美蘇對抗的現實環境影響，雖然西德自1952年起已成為聯合國的觀察員，而且是所有特別組織的會員，但西德一直到1970年

---

[1] Ingo von Munch, "Zur Frage einer gleichzeitigen Aufnahme von Bundesrepublik und DDR in die UNO," *Zeitschrift für Rechtspolitik* 3 (1970), S.57.

[2] a.a.O.

[3] a.a.O.

[4] a.a.O., S.57 ff.

代前均未向聯合國提出入會申請。[5]

　　東德爲追求其國際法地位，自始即對加入聯合國表現出積極的興趣。1966年2月28日東德國務會議主席烏布里希特即向聯合國秘書長提出入會申請。申請書稱：「基於在德意志土地上德國分裂爲兩個具主權之德意志民族已有十六年，每一個德意志國家都有自己的憲法、自己的國家機構、自己的經濟組織以及自己的獨立軍隊」。[6]蘇聯立即於3月7日表示支持，[7]但是英、美、法三國駐聯合國代表亦立即發表聲明稱：西德政府爲德意志人民自由選舉而產生的政府，唯有西德方可代表德國，1955年7月23日蘇聯亦參與的會議中，四強曾表示對德國再統一負有義務與責任，任何將東德視爲獨立國家的行爲，將迫使德國問題難以解決，因此三國反對東德加入聯合國。[8]

　　蘇聯支持東西德共同加入聯合國的目的係在促成德國的永久分裂，[9]西德不承認東德並避免與東德發生國際法的關係，係西德在1950、1960年代不願主動申請加入聯合國的主要原因。直到1960年代末期，西德的態度才開始改變，西德在準備承認東德爲國家的同時，亦贊同東西德共

5　a.a.O.

6　a.a.O.

7　*Dokument zu Deutschlandsfrage*, Hrsg. von Heinrich von Siegler Band Ⅳ,：Chronik der Ereignisse von der Regierungserklärung Erhards November 1965 bis zur Deutschland – Disskussion zwischen BRD und DDR November/Dezember 1967,（Bonn 1970），104 ff.

8　a.a.O., S.116 ff.

9　Gottfried Zieger, *Die Haltung von SED und DDR zur Einheit Deutschlands 1949 – 1987*（Köln, 1988），S.93.

同進入聯合國。[10]在四強樂觀其成的態度下，東西德分別在1973年6月12日及15日分別提出入會申請，6月22日安理會一致通過決議推薦，9月18日大會鼓掌通過，東西德分別成為聯合國第134及第135個會員國。[11]

東西德加入聯合國後，對德國問題而言，所衍生的問題是：(1)由於東西德均已是聯合國的會員國，是否可視為西德已經對東德作了國際法的承認？(2)東西德的關係是否仍係如西德所稱的「特別關係」？(3)對「德國的法律地位」有無影響？

二、國際組織內各會員國間法律關係的爭議

究竟國際組織內各會員國間的關係是否屬於一種國際法上的相互承認關係，國際法學者的看法互有不同，其觀點約可分為下列三種：

1. 認為國際組織內各會員國彼此間具有國際法上的相互承認關係。其理由為，在一個政治性的國際組織裡，各會員國應秉持善意，遵守或執行組織章程的義務，如聯合國憲章第2條第2款即規定「各會員國應一秉善意，履行其依本憲章所擔負之義務，以保證全體會員國由加入本組

---

[10] 請參考西德總理布朗德在1970年所做的「卡塞聲明」第20點，「雙方依議定的條約，籌劃在國際組織的會籍及合作」，本書第二章第二節。

[11] Dieter Blumenwitz, "Die Deutsche Frage in den Vereinten Nationen seit dem Beitritt von Bundesrepublik Deutschland und der DDR," In *Deutschland und die Vereinten Nationen*, Hrsg. von Gottfried Zieger, (Köln, 1981), S.35 ff.

織而發生之權益」。倘若會員國對組織內的其他會員國拒
絕作國際法的國家承認,則屬違反了國際組織內的善意原
則,此將無法使組織內各會員國密切與持續地合作。[12]另
一個理由在於,作為組織內的成員,當應遵守組織的決
議。當組織以多數決議通過會員國加入時,即表示大多數
會員國對加入國承認的意願,各其他會員當應接受此項決
議,也對加入國作國際法的承認。[13]

　　2.認為國際組織內各會員國彼此間不必然具有國際
法上的承認關係。持此項看法的理由為,是否對他國作承
認,完全是屬於一個國家的主權行為,國際組織不可以追
求組織利益為由,而限制會員國主權的行使,會員國當然
可對其他會員國或新加入的國家持承認或不承認的立

----

[12] Helmut Alexy, " Die Beteiligung an multilateralen Konferenzen, Verträgen und internationalen Organisationen als Frage der indirekten Anerkennung von Staaten, " *Zeitschrift für ausländisches öffentliches Recht und Völkerrecht* 26（1966）,S. 533.

Münch, "Zur Frage einer gleichzeitigen Aufnahme von Bundesrepublik und DDR in die UNO, " S.60.

Georg Dahm, *Völkerrecht*, Bd.2.（Stuttgart, 1961）, S.144.

Georg Ress, " Einige völkerrechtliche und staatsrechtliche Konsequenzen der Mitgliedschaft von BRD und DDR in den Vereinten Nationen und ihren Sonderorganisationen, " *Der Staat* 2（1972）, S.27 ff.

Dietrich Frenzke, " Die Völkerrechtliche Anerkennung und die Mitgliedschaft in der UNO – zu einem Teilproblem der Pläne für die Aufnahme beider deutscher Staaten in die UNO, " *Vereinte Nationen* 5（1970）, S.148 ff.

[13] Alexy, " Die Beteiligung an multilateralen Konferenzen, Verträgen und internationalen Organisationen als Frage der indirekten Anerkennung von Staaten, " S.535.

場。[14]另一個理由是從國際組織所應具的普遍原則作爲考慮。倘若同意加入即等於給予承認，則將使若干國家被迫排除於組織之外，爲使國際組織具有普遍性，應持同意加入並不等於承認的看法。[15]

3.第三種爲一折衷的看法，認爲在組織內各會員國間有著相互承認的關係，但這種關係並不能推展到該組織之外。[16]

在國際聯盟期間，大多數的國際法學者皆持第一種看法。[17]但在二次大戰後，大多數的西方學者則持第二種看

14 a.a.O.

Ress, " Einige völkerrechtliche und staatsrechtliche Konsequenzen der Mitgliedschaft von BRD und DDR in den Vereinten Nationen und ihren Sonderorganisationen, " S.34.

15 Alexy, " Die Beteiligung an multilateralen Konferenzen, Verträgen und internationalen Organisationen als Frage der indirekten Anerkennung von Staaten, " S.535.

16 Ress, " Einige völkerrechtliche und staatsrechtliche Konsequenzen der Mitgliedschaft von BRD und DDR in den Vereinten Nationen und ihren Sonderorganisationen, " S.32 ff.

Frenke, " Die Völkerrechtliche Anerkennung und die Mitgliedschaft in der UNO – zu einem Teilproblem der Pläne für die Aufnahme beider deutscher Staaten in die UNO, " S.149.

Alexy, " Die Beteiligung an multilateralen Konferenzen, Verträgen und internationalen Organisationen als Frage der indirekten Anerkennung von Staaten, " S.532.

Münch, " Zur Frage einer gleichzeitigen Aufnahme von Bundesrepublik und DDR in die UNO, " S.60.

17 Alexy, " Die Beteiligung an multilateralen Konferenzen, Verträgen und internationalen Organisationen als Frage der indirekten Anerkennung von Staaten, " S.532.

法。[18]蘇聯的學者亦認為「加入國際組織，根本不產生承認的問題」。[19]東德的學者亦稱「加入一個多邊條約為基礎的國際組織，並不意味者對他國政府或國家作承認」[20]，東德甚而在1966年申請加入聯合國時亦作類似表示。[21]

在實際政治上各國亦傾向「同意加入不等於承認」的觀點，例如，1949年5月11日以色列加入聯合國時，阿拉伯國家皆對以色列持不承認的立場；印度在1970年9月17日發表對以色列的承認聲明前，亦持不承認的態度；[22]蒙古人民共和國於1961年12月27日獲准加入聯合國時，大多數西方國家並未對其作承認，日本並另作同意蒙古加入聯合國，但不對其作承認的聲明；[23]原屬摩洛哥領土的茅列坦尼亞（Mauretanien）在1961年10月27日獲准加入聯合國，但摩洛哥隨即發表聲明表示不予承認。[24]

---

[18] a.a.O.

[19] Reinhard Maurach / Boris Meissner, Hrsg., *Völkerrecht in Ost und West* (Stuttgart, 1967), S.139.

Frenke, "Die Völkerrechtliche Anerkennung und die Mitgliedschaft in der UNO – zu einem Teilproblem der Pläne für die Aufnahme beider deutscher Staaten in die UNO," S.149.

[20] Frenke, a.a.O., S.149.

[21] Ress, "Einige völkerrechtliche und staatsrechtliche Konsequenzen der Mitgliedschaft von BRD und DDR in den Vereinten Nationen und ihren Sonderorganisationen," S.35.

[22] Alexy, "Die Beteiligung an multilateralen Konferenzen, Verträgen und internationalen Organisationen als Frage der indirekten Anerkennung von Staaten," S.536.

[23] a.a.O., S.537.

[24] a.a.O.

上述的各項實例，正如同法學家歐康奈爾（ Daniel Patrick O'Connell ）所言：「 政策及非邏輯決定了這個問題的答案，它的結果得到一規則，即會員資格並不涉及承認問題 」。[25]至於不發表不承認的聲明是否就表示默示的承認？1950年3月8日聯合國秘書長致安理會的一份備忘錄或許能爲這個問題找到答案。該備忘錄稱：「 ……會員國已清晰地實踐：(1)會員國可適當地以投票接受一個他不承認或沒有外交關係的政府，(2)此種投票並不隱含著承認或準備建立外交關係 」。[26]

　　由上分析可知，就國際法而言，東西德共同加入聯合國並不會產生「 西德等於對東德作國際法承認 」的結果。何況大會在決議東西德入會提案時，又很技巧地以鼓掌通過方式，避免了第三國對東西德「 同意是否就等於承認 」的問題。[27]

---

[25] Daniel Patrick O'Connell, *International Law* Vol.2. (London, New York, 1968), S.169.

[26] *American Journal of International law*, 1950, S.49.

[27] Ress, " Einige völkerrechtliche und staatsrechtliche Konsequenzen der Mitgliedschaft von BRD und DDR in den Vereinten Nationen und ihren Sonderorganisationen, " S.34.

Frenzke, " Die Völkerrechtliche Anerkennung und die Mitgliedschaft in der UNO – zu einem Teilproblem der Pläne für die Aufnahme beider deutscher Staaten in die UNO, " S.150, 152.

Alexy, " Die Beteiligung an multilateralen Konferenzen, Verträgen und internationalen Organisationen als Frage der indirekten Anerkennung von Staaten, " S.545.

Münch, " Zur Frage einer gleichzeitigen Aufnahme von Bundesrepublik und DDR in die UNO, " S.60.

不過就政治層面而言，在東西德加入聯合國後五個月內，即有四十八個國家與東德建立外交關係，使得東德被接受成為一個在國際社會中具有主權與平等的國際法主體。[28]惟即使已預知有此結果，西德仍積極站穩法律立場，在提出入會申請時特別發表保留聲明稱，東西德共同加入聯合國，並不表示西德同意對東德作「國際法的承認」。[29]有關東西德加入聯合國一事，可視為東德在政治上獲得利益，但西德在法律上卻無損失與讓步。

三、東西德在聯合國內的法律關係

東西德加入聯合國，雖然對西德而言，並不表示對東德已作國際法上的承認。但在一個國際組織內，各會員國間的關係是屬一種純粹的國際法性質的法律關係（Die völkerrechtliche Rechtsbeziehung）則已多為法學界所接受，[30]而組織與會員國間是屬於國際法的關係更係毋庸置疑。[31]

---

[28] Hans Heinrich Mahnke, " Die beiden deutschen Staaten in den Vereinten Nationen, " *Vereinte Nationen* 4（1973）, S.124.

[29] Rupert Dirnecker, " Das Karlsruher Urteil über die Verfassungsmäßigkeit des Grundvertrages, " In *Das Karlsruher Urteil über die Verfassungsmäßigkeit des Grundvertrages mit Kommentar*, Reihe Argumente, Dokumente, Materialien, Nr.207, （Hrsg.）CDU-Bundesgeschäftsstelle. Bonn, 1973, S.50.

[30] Ress, " Einige völkerrechtliche und staatsrechtliche Konsequenzen der Mitgliedschaft von BRD und DDR in den Vereinten Nationen und ihren Sonderorganisationen, " S.36 ff.

[31] a.a.O., S.35 ff.

西德法學家瑞斯即稱，在聯合國內，西德不對東德作國際法承認的空間實在很小。[32]在聯合國外，西德可以用保留方式聲明不對東德作國際法的承認，但在聯合國內，這種保留的效果是甚受懷疑的。[33]1969年的《維也納條約法公約》第19條即表示：「一國得於簽署、批准、接受、贊同或加入條約時提其保留……但該項保留與條約目的及宗旨不合者不在此限」。[34]

1973年10月1日東德在加入聯合國後即發表聲明稱，日後東西德間僅有國際法的關係。[35]但西德則仍認為雙方係一種「特殊關係」，而不是國際法的關係。

就政治層面而言，西德學者就兩國在聯合國內的投票及發言立場研究指出，在政治立場上兩國多以平等且相對的國家出現，其間並看不到東西德間所謂的「特別關係」。以第二十八屆大會為例，西德在聯合國內最優先的訴求目標並不是德國再統一以及其他有關的德國問題，或是如東德境內人權問題。且在第二十九次大會中亦未對東德違反人權事提出控訴。東德在聯合國中的立場則是代表社會主義陣營，為蘇聯共產集團的利益而發言。東西德在

---

[31] Grigori Tunkin, "Zur Aufnahme der beiden deutschen Staaten in die UNO," *Vereinte Nationen* 4（1972）, S.116.

[32] Ress, "Einige völkerrechtliche und staatsrechtliche Konsequenzen der Mitgliedschaft von BRD und DDR in den Vereinten Nationen und ihren Sonderorganisationen," S.40.

[33] a.a.O., S.39.

[34] 丘宏達編輯，《現代國際法文件》，（台北，三民書局，73年），頁53。

[35] Text in Vereinte Nationen, Heft 5,（1973）, S.161.

聯合國內的關係，完全與其他會員國間的關係毫無兩
樣。[36]

　　就法律層面而言，西德的論點亦可獲支持。因爲依據
聯合國憲章的規定，並不反對會員國之間維持某種程度的
「特別關係」。[37]

　　憲章第103條雖然規定「聯合國會員國在本憲章下之
義務與其依任何其他國際協定所負之義務有衝突時，其在
本憲章下之義務應居優先」。即表示若東西德在履行聯合
國憲章的義務與《基礎條約》的義務相衝突時，應以前者
爲優先。但在事實上，《基礎條約》的內容均無違反聯合
國憲章的地方，在履行時並不會發生與聯合國憲章相牴觸
的情形，自然亦不會發生《基礎條約》（強調雙方關係的
「特殊性」）位階超過聯合國憲章（屬國際法性質）的現
象。故可推論，在聯合國內兩國應有可能維持一種國與國

---

[36] Walter Gehlhoff, "Die Bundesrepublik Deutschland in den Vereinten Nationen," *Außenpolitik* (1974), S.11.

Erich Moldt, "Zur XXIV. Tagung der UN – Vollversammlung," *Deutsche Außenpolitik* (1975), S.165 ff.

Peter Florin, "Ein Jahr Mitgliedschaft der DDR in den Vereinten Nationen," *Deutsche Außenpolitik*, S.1292 ff.

Wilhelm Bruns, "Die uneinigen Vereinten – zum Verhalten der beiden deutschen Staaten bei der 29. UN – Vollversammlung," *Deutsche Außenpolitik* (1975), S.601.

[37] Ress, "Einige völkerrechtliche und staatsrechtliche Konsequenzen der Mitgliedschaft von BRD und DDR in den Vereinten Nationen und ihren Sonderorganisationen," S.40 ff.

Mahnke, "Die beiden deutschen Staaten in den Vereinten Nationen," S., 113.

間的「特別關係」。[38]

　　爲使東西德共同加入聯合國一事並不會影響到德國的法律地位，1972年11月9日，四強就有關東西德加入聯合國一事曾發表聲明稱，假若東西德申請加入聯合國，「英、法、美、蘇將給予支持，且確定其會員身分絕不觸及四強之權利與責任以及現有之有關四邊條約協定」。[39]此項聲明的目的在澄清西德的疑慮，以確保東西德申請加入聯合國，或加入後並不會影響到德國的法律地位，就法律意義而言，東西德共同爲聯合國的會員與德國的法律地位是否因而解決，兩者之間並沒有關係。

第二節　互設常駐代表處的法律爭議

一、互設常駐代表處的法律基礎

　　通常兩國建立外交關係時，雙方使節所享有的特權與豁免多係援用1961年4月18日的《維也納外交關係公約》。該條約曾分別於1964年12月11日及1973年3月4日在西德與東德生效。[40]《基礎條約》簽署後，西德政府爲表

---

[38] a.a.O.

Wilhelm Kewenig, "Deutschland und die Vereinten Nationen," *Europa Archiv* (1970), S.339ff.

[39] *Europa Archiv*, 1973, S. D.6.

[40] Georg Ress, *Die Rechtslage Deutschlands nach dem Grundlagenvertrag vom 21 Dezember 1972* (Berlin, 1978), S.279.

示東西德的關係有別於其他國家間的法律關係，並使東德常駐代表處所享受的特權與豁免並非建立在《維也納外交關係公約》之上，特於1973年7月14日制定〈保證德意志民主共和國常駐代表處便利、特權與豁免權法〉（Das Gesetz über die Gewährung von Erleichterungen, Vorrechten und Befreiungen an die ständige Vertretung der DDR）。聯邦參議院在同年7月6日通過。該法於11月16日正式公布實施。該項法律的意義在於西德以內部法律規範東德代表在西德的特權豁免等權利，以別於以《維也納外交關係公約》為基礎的關係。[41]

該項法律僅有三條，第一條含蓋有關東德代表在西德所享有之特權與豁免的法律依據，包括引述1961年4月18日的《維也維外交關係公約》，1972年12月1日公布的〈邦土地購買稅法〉（Grunderwerbsteuergesetzen der Länder）以及1969年7月27日所公布的〈工資法〉（Lohnfortzahlungsgesetz）。但西德政府在此項法律用字上，排除使用直接「依據」《維也納外交關係公約》作為特權及豁免等用語，而以「如同」（wie）或「適用」（entspreche）一字引述之。該條文部分內容如下：

> 「聯邦政府……保證德意志民主共和國常駐代表處成員與家屬及私人僕役之便利，特權及豁免權。此項保證之範圍，將如同1961年4月18日《維也維外交關係公約》下外交使節，家屬及私人僕役等規定……」。[42]

---

[41] Hans Heinrich Mahnke, "Die ständigen Vertretungen der beiden Staaten in Deutschland," *Jahrbuch für internationales Recht*（1974），S.44.

[42] *Zehn Jahre Deutschlandpolitik-Die Entwicklung der Beziehungen zwischen*

1974年3月14日東西德簽署《設置常駐代表處議定書》（Das Protokoll über die Errichtung der Ständigen Vertretungen）後，西德聯邦參議院在同年4月5日通過〈保證德意志民主共和國常駐代表處便利、特權與豁免權之規定〉（Die Verordnung über die Gewährung von Erleichterungen，Vorrechten und Befreiungen an die ständige Vertretung der DDR）。本規定係依據前述1973年11月16日之〈保證德意志民主共和國常駐代表處便利、特權與豁免權法〉為基礎所制定。

該項規定的內容大部分與《維也納外交關係公約》的內容相似，其中部分條文幾乎完全一致，例如：

1. 該規定第1條稱：

「德意志民主共和國常駐代表處及其主任（Leiter）有權在代表處館舍及交通工具上使用德意志民主共和國之國旗與國徽」。

此節與《維也納外交關係公約》第20條相同。

「常駐代表處館舍不得侵犯。僅能在獲得常駐代表處主任同意時方能進入館舍。常駐代表處館舍內其他財產及交通工具免受檢查、徵用、扣押或強制執行」。

此節與《維也維外交關係公約》第22條幾乎完全相同。

---

42 *der Bundesrepublik Deutschland und der Deutschen Demokratischen Republik 1969-1979* Hrsg. von Bundesministerium für innerdeutsche Beziehungen, S.249.

「常駐代表處處理公務所收之規費及手續費免繳一切稅
　捐」。

此節與《維也納外交關係公約》第28條相同。

「常駐代表處主任、其他館員及其家屬不得侵犯，並不
　受任何方式之逮捕或拘禁」。

此節與《維也納外交關係公約》第29條相似。

2. 該規定第3條第1項述及常駐代表處人員因公居住
之屋舍不須繳稅。第3項稱，東德為常駐代表處用途而購
置之不動產不需繳稅。第4、5項稱，該不動產免繳車輛稅
及保險稅。

3. 該規定第15條與《維也納外交關係公約》第35條
的規定相似，免除常駐代表處人員家屬之僕役所有公共服
務。此條表示，所有東德常駐代表處人員不需在西德服兵
役。

4. 第16條第1項的規定與《維也納外交關係公約》第
36條第1項的規定相似，免除代表處公務，代表家屬私人
用品稅及行李免驗等特權，且又另加「為建造或改建常駐
代表處或與建築物相銜接之物品免課徵稅」的規定。

總觀整個規定內容，東德代表依西德法律所賦予的特
權與豁免幾乎與其他駐西德國家使領所享受的完全一致。
若就實質上而言，雙方事實上是一種不具外交名稱的外交
關係。但在法律上，如前所述，西德並不直接採用《維也
納外交關係公約》作為雙方互動關係的法源。聯邦參議院
在1974年4月5日對〈保證德意志民主共和國常駐代表處便
利、特權及豁免權之規定〉行使同意權時，再度發表聲明

稱:「德意志聯邦共和國與德意志民主共和國未建立外交關係,他們之間僅是以特殊形式交換特殊常駐代表」。[43]

但另一方面,東德政府卻未針對西德常駐代表而特別立法,對西德常駐代表處的特權與豁免,皆引用自1963年5月2日公布的〈在德意志民主共和國之外交使節及與之地位相等之外國代表地位規定〉（Die Verordnung über den Status der diplomatischen Missione und der ihnen gleichgestellten Vertretungen ausländischer Staaten in der Deutschen Demokratischen Republik）。[44]

東西德決定交換常駐代表係源自《基礎條約》第8條的規定,但究竟應該如何設置,《基礎條約》僅稱日後「另行補充規定」。1974年3月14日東西德政府簽署的《設置常駐代表處議定書》,[45]共計有八條規定,其重要內容分述如下:

(一)「常駐代表處在本議定書生效後開始辦公」。

(二)「二代表處之官方名稱分別為『德意志聯邦共和國常駐代表處』及『德意志聯邦共和國常駐代表處』,代表處館長之官銜名稱為『德意志民主共和國常駐代表處主任』及『德意志民主共和國常駐代表處主任』」。

(三)「德意志聯邦共和國常駐代表處主任將向德意志民主

---

43 Mahnke, " Die ständigen Vertretungen der beiden Staaten in Deutschland, " S.48 ff.

44 Ress, *Die Rechtslage Deutschlands nach dem Grundlagenvertrag vom 21 Dezember 1972*, S.277.

45 *Zehn Jahre Deutschlandpolitik*, S.256 ff.

共和國國務會議主席派遣，德意志民主共和國常駐
代表處主任將向德意志聯邦共和國總統派遣」。

㈣「二常駐代表處之成員及其家屬及私人僕役均適用
（entspreche）1961年4月18日之《維也納外交關係
公約》」。

㈤「二常駐表處在接受國代表派遣國之利益，包括協助
及援助其人民，以及促進及建立德意志聯邦共和國
及德意志民主共和國在政治、經濟與文化方面之正
常善鄰關係」。

㈥「頁責德意志聯邦共和國常駐代表處之機關爲（德意
志民主共和國）外交部，頁責德意志民主共和國常
駐代表處事務之機關爲（德意志聯邦共和國）聯邦
總理府」。

　　西德政府認爲，經由下列幾點特殊安排，充分顯示出
東西德關係的特殊性，而非一般的外交關係：[46](1)官方名
稱爲「常駐代表處」。(2)館長職稱爲「常駐代表處主
任」。(3)雙方僅同意「適用」1961年4月18日的《維也納
外交關係公約》，以有別有「引用」、「採用」該公
約。[47](4)東德常駐代表處的事務由西德「總理府」，而非
「外交部」負責。

---

[46] Mahnke, *Die ständigen Vertretungen der beiden Staaten in Deutschland*,
S.51.

[47] E. F. Albrecht Weber, " Diplomatoische Beziehungen zwischen der Bun-
desrepublik Deutschland und der DDR？ " *Politische Sudien* 216
（1974）, S.351.

二、常駐代表處性質的法律爭議

西德政府的上述解釋並不完全爲西德法學界認同,批評多針對下列幾點:

㈠有關派遣問題

西德學者認爲,議定書第3條規定東德常駐代表向西德國家元首派遣,使得東西德間所謂具有特別關係的說法已失去其意義。[48]西德基本法第59條第1款規定「聯邦總統在聯邦國關係上代表聯邦⋯⋯聯邦總統派遣並接受使節」,而該條規定中所謂之使節,當係指與西德有外交關係的他國正式外交代表。[49]故由西德總統接受東德常駐代表派遣的規定,一方面可視爲該議定書此項規定已經違反了基本法的規定;另一方面可視爲東西德在實質上已經接受了外交關係,屬於一種默示的承認。[50]

西德內政部對此意見則爲,由西德聯邦總統接受東德

---

[48] Mahnke, *Die ständigen Vertretungen der beiden Staaten in Deutschland*, S.53.

[49] Theodor Maunz / Günter *Dürig*, *Grundgesetz Kommentar* (München, 1989), Art.59 Rdnr.8.

Kommentar Zum Bonner Grundgesetz (Hamburg, 1974), Art.59, Erl. Ⅱ3.

[50] Theodor Maunz / Gunter Dürig, *Grundgesetz Kommentar* (Müunchen, 1989), Art.59 Rdnr.3.8.

Kommentar Zum Bonner Grundgesetz, Art.59, Erl. Ⅱ1.

Benno Zündorf, *Die Ostverträge – Die Verträge von Moskau*, *Warschau*, *Prag*, *das Berlin – Abkommen und die Verträge mit der DDR* (München, 1979), S.263.

常駐代表之派遣並不違反基本法。其理由在於：[51](1)基本法並沒有作不能接受東德常駐代表的規定；(2)由於雙方在會議時即同意由兩國元首接見對方代表之派遣不得視為即等於雙方有外交關係之認知。[52]西德聯邦參議院在1974年4月5日通過〈保證德意志民主共和國常駐代表處便利、特權及豁免權之規定〉時發表的聲明中亦稱，東德常駐代表向西德總統派遣並不能構成西德對東德的國際法承認。[53]此項聲明雖不具國際法的拘束力，但卻足以表明西德的立場，拒絕對東德作國際法上外交關係的默示承認。

㈡有關常駐代表名稱

有學者認為，雖然雙方代表名稱為「主任」以有別於「大使」，但若依《維也納外交關係公約》第14條第1款將使館館長分為「……大使及其同等級位之使館館長，公使及代辦第三級」的規定來看，館長的名稱並不一定要是「大使」。常駐代表處主任的任務是全權代表派遣國的利益，並不因名銜有異而受影響。故若以東西德間「常駐代表處」及「常駐代表處主任」作為佐證雙方關係不具外交關係，而只是一種「特殊關係」的理由實在不夠充分。[54]

㈢有關負責機構問題

亦有論者認為，雖然西德負責派遣駐東德常駐代表，及東德常設代表在西德的事務均由西德總理府，而不是外

---

51 Mahnke, *Die ständigen Vertretungen der beiden Staaten in Deutschland*, S.53.

52 a.a.O.

53 a.a.O., S.55.

54 Weber, " Diplomatoische Beziehungen zwischen der Bundesrepublik Deutschland und der DDR？ " S.343 ff.

交部負責，但這並不即表示雙方不具有國際法的交往性質。特別是《維也納外交關係公約》第41條第2款稱「使館承派遣國之命與接受國洽商公務，概應逕與或經由接受國外交部或另經商定之其他部辦理」可知，派遣或負責接受國部門不屬外交部，並不能作為認定雙方關係是一種「特殊關係」的一項理由。[55]

亦有學者認為，雖然在議定書內同意雙方的關係「適用」維也納外交關係公約，但雙方的常駐代表處事實上皆享有外交上的特權與豁免，為一種事實上的外交承認。[56]

但從另一方面而言，依國際法的習慣與規定，有關「建立外交關係」一事必須由兩國同意彼此接受外交關係方能成立。[57]《維也納外交關係公約》第2條即規定：「國與國間外交關係及常駐使館之建立，以協議為之」。東西德之間並沒有一同意建立外交關係的協議，而且西德政府一再聲明，不可能與東德建立外交關係。故就實際情形而言，東西德間的關係雖然已與外交關係無多大不同，而可認定為一種外交關係。但就法律的層面而言，東西德間並不具外交關係的性質。西德並未經由互換代表而對東德作國際法的承認，而仍將雙方的關係界定在西德所謂之「特殊關係」上，其最主要的目的當係表示德國仍未完成分裂，東西德僅是在德國的架構下暫時分離。

---

[55] a.a.O., S.345.

[56] a.a.O.

[57] Mahnke, *Die ständigen Vertretungen der beiden Staaten in Deutschland*, S.57.

第三節　雙邊貿易關係性質的法律爭議

一、東西德貿易關係的法律基礎

　　1945年8月2日《波茨坦協定》規定「在占領期間，德國應被視為一個經濟單位」。[58]基於此項規定，英、美、法與蘇聯占領區乃於1946年至1948年簽訂有關兩區域內的貿易協定。[59]1949年9月20日東西德貨幣改革，各自採行不同的貨幣，德國財政系統至此正式分裂。[60]為監督東西德間的貿易，軍事當局曾於1949年9月9日頒布第53號法令（Militärregierungsgesetz Nr.53），規定某些物品禁止由西德輸出至東德。西德政府則於1951年7月18日制定〈與東德馬克幣制區貨物貿易法規〉（Die Verordnung über den Warenverkehr mit der Währungsgebieten der Deutschen Mark der Deutschen Notenbank（DM－Ost）），亦稱之為〈區間貿易法規〉（Interzonenhandelsverordnung），承擔上述第53號法令之有關

---

[58] *Documents on Germany 1944－1985*,（United States Department of States）, S.57 ff.

[59] Fritz Federau, "Der Interzonenhandel Deutschlands von 1946 bis Mitte 1953" *Vierteljahreshefte für Wirtschaftsforschung*（1953）, S.386.

[60] DDR-Handbuch, Bundesministerium für innerdeutsche Beziehungen, Bd. I , 3.Auflage,（Köln, 1985）, S.644.

規定。61

　　1951年9月20日東西德雙方簽署《西德馬克與東德馬克幣制區間之貿易協定》（ Abkommen über den Handel zwischen der Währungsgebiet der Deutschen Mark（ DM-West ）und den Währungsgebiet der Deutschen Mark der Deutschen Notenbank（ DM-Ost ）），本協定又稱之為《柏林協定》（ Berliner Abkommen ），在1960年8月16日並曾由雙方重新修訂，規範東西德（含東西柏林）間的貨物、服務業往來及付款方式。62一直持續到德國統一前，兩德間的法律依據及權限架構，均未脫離《柏林協定》的範疇。《柏林協定》的主要規定如下：

　　1. 東西德雙方在業經協議過的物品項目及數額與金額內進行貿易。原則上，貿易的商品必須是當地所生產。以第三國之產品從事交易時，雙方必須作特殊的協商。

　　2. 東西德雙方貿易以「幣制結算單位」（ VE：Verrechnungseinheit ）作為支付的方式。「幣制結算單位」係西德聯邦銀行（ Deutsche Bundesbank ）與東德「國家銀行」（ Deutsche Notebank ）互定的匯兌標準。一個「幣制結算單位」相當於一個西德馬克。雙方貨品貿易的價格，亦依照西德的一般物價水準核算。63

　　3. 針對雙邊貿易支付往來，東西德的聯邦銀行共設有三個分支帳戶（ Unterkonto ）和一個「 S 帳戶」

---

61 *Dokumente des geteilten Deutschland*, Hrsg. von Ingo von Münch, Band Ⅱ, (Stuttgart, 1976), S.211.

62 a.a.O., S.218 ff.

63 *DDR-Handbuch*, S.644 ff.

（S-Konto）。分支帳戶係爲貨品交易和服務業的付款所設，雙方經協議後可在該帳戶無息透支貸款內一定數額的款項（swing）。這項無息超額貸款（Überziehungskreidt）的數額歷年並不一致，多係依當時的雙方政治關係而定。例如，早期1960至1968年該貸款金額爲二億五千萬「幣制結算單位」，1968至1974年又將該貸款額限制在上一年東德出口總額的25％，1974至1981年雙方又協議將無息貸款額定在八億五千萬「幣制結算單位」，以促使東德進一步放寬人民出境探親限制，1983年又降爲七億七千萬「幣制結算單位」，1984年及1985年再分別降至六億「幣制結算單位」，[64]1986至1990年又提高至八億五千萬「幣制結算單位」。

　　S帳戶的功能主要在處理償還貸款項目的結算作業。償還金額通常先經該帳戶之手續再轉入分支帳戶內。此外，東德廠商亦可透過S帳戶的外匯存款，向西德購買產品。東德雖是依一般國際貿易慣例處理東西德貿易事務，但卻藉著內部交易形態之便，享受西德關稅優惠及吸收資本的自由，其產品銷至西德可用東德馬克報價，而西德出口的產品則必須先經聯邦銀行，多一道將VE換算成東德馬克的手續。總括而言，東西德雙邊貿易對彼此均有好處，就西德而言，此貿易有助於雙方政治及人民的聯繫，而東德卻可從此種貿易形態中獲得經濟的實質利益。

---

[64] a.a.O., S.645.

二、東西德間貿易協定的法律意義

㈠就簽署及負責單位而言

上述各項東西德貿易協定，西德簽署機構稱爲「區間貿易信託處」（Treuhandstelle für den Interzonenhandel）。該處係西德經濟部責成工商總會（DIHT： Deutsche Industrie und Handelstag）於1949年成立，設址於柏林，該處爲負責與東德經貿的專責機構，其業務受經濟部的指示督導，[65]人員亦由西德聯邦機構借調，自1964年起該處最高主管已是聯邦公務員。[66]「區間貿易信託處」當時係爲便利與東德政府談判及交涉，又爲避免造成對東德作國家承認而成立。[67] 1981年12月西德總理施密特與東德國務主席何內克會晤後，西德同意將該處名稱改爲「工商信託局」（Treuhandstelle für Industrie und Handel）[68]，去除舊有的「區間」名稱。

東德簽署及負責單位則係爲當時的「外貿及內德貿易部」（Ministerium für Außenhandel und Innerdeutscher Handel），1967年東德將該部改名爲「對外經濟部」（Ministerium für Außenwirtschaft），1974年再改爲「對外貿易部」（Ministerium für Außenhandel）。東德將兩德貿易歸屬於聯邦「對外

---

[65] a.a.O., S.646.

[65] Fritz Harald Wenig, *Rechtsproblem des innerdeutschen Handels*（Frankfurt/Main, 1975）, S.63.

[67] a.a.O.

[68] *DDR-Handbuch*, a.a.O., S.644.

經濟部」或「對外貿易部」業務的意義在於，東德否認其
與西德的經貿關係屬於一種德國內部的特別關係，而欲藉
此強調東西德間的關係是一般國家與國家間的對外貿易關
係。[69]

(二)就協定名稱及內容而言

1949年後東西德所簽訂的有關雙方貿易協定，皆以
「幣制區」作為協定適用範圍的名稱，而不用兩國的國
名。西德早期的目的，即在避免對東德作國家承認。[70]亦
有學者認為，其意義是顯示該等協定並不具備國際法性
質。[71]但另有學者稱，此等協定是由兩邊的政府機關執行
與監督，且依協定，雙方皆默認對方可在其管轄權範圍內
行使最高權力，由此點看，該等協定應已具備有國際法的
性質。[72]

在內容方面，由於該等協定規範，對轉經東德的產品
免繳出口稅，而由東德進口的產品亦無相對的關稅措施，
且雙方貿易的支付方式皆有別於其他國際貿易協定，故有
人認為東西德貿易協定，形式上或可稱之為一種國際法性
質的協定，但因為在實質內容上為一具國內法（Staat-
srecht）性質的協定，其性質應屬於國際法與國內法的混
合性質。[73]

---

[69] a.a.O., S.651.

[70] a.a.O., S.650.

[71] Wenig, *Rechtsproblem des innerdeutschen Handels*, S.63.

[72] a.a.O.

[73] a.a.O., S.65 ff.

三、東西德貿易關係性質

在西德，東西德間貿易通常被稱之爲「內部貿易」（Binnenhandel），或「德國內部貿易」（Der innerdeutsche Handel，簡稱爲「內德貿易」）。其理由在於兩德間並無關稅的界限。[74]雖然在1951年7月9日的〈區間內監督規定〉（Inzonenüberwachungsverordnung）稱，雙方的貿易可由兩德關稅官署管制，但事實上與東德的貿易均未課徵關稅。例如，西德1961年6月4日的「關稅法」（Zollgesetze）第2條即規定，東德爲西德關稅的內部地區（Zollinland）。[75]

但亦有學者認爲，「內部貿易」的定義應係指在一個國家領域內進行的經濟貿易形態，其交易所須遵守的法則由國家機關制定，國與國間的貿易是指雙方的經濟交往越過國界進行，亦即在兩國司法管轄權範圍內進行。[76]故唯有在東西德間不存在國界或二者共同在一最高管轄機構內進行貿易時，在法律意義上才能稱之爲「內部貿易」。[77]

上述歧異的看法，全在於對德國是否已經滅亡認知的不同。若認爲德國尚未滅亡，東西德只是「部分秩序理論」下的兩個暫時分裂主體，則東西德的貿易可視爲是一種在德國內的「內部貿易」，反之則否。

---

[74] a.a.O., S.110.
[75] a.a.O.
[76] a.a.O., S.111.
[77] a.a.O.

四、歐洲共同體對東西德貿易關係形態的立場

　　另一個值得探究的問題是，歐洲共同體（後簡稱「歐體」）如何看待東西德的貿易形態問題。1957年西德加入歐洲共同體，在簽署《羅馬條約》時，首先提出如下意見：(1)為執行此條約，不須改變目前德國內部貿易的規定，亦不須改變目前的貿易情況。(2)每一會員國可採適當措施，以防止該會員國與西德以外的德國地區（指東德）貿易所發生的困難。[78]

　　當時其他歐體國家對此表示反對，認為倘採納西德意見，不改變兩德貿易形態，則不啻使得歐體在蘇聯占領區（指東德）與西德間開了個缺口，亦使得蘇聯與歐體的經貿市場中有了個漏洞，故主張在歐體內設立一專責機構以管制歐體與東德的貿易。[79]但西德政府認為，由於「德國問題」仍未解決，西德有責任維持「德國」國家上與經濟上的統一，倘若東西德間的貨物須繳納關稅，則等於放棄了上述理念，故東西德間的貿易應維持其特殊性，並主張東西德的貿易僅需由西德管制即可。[80]

　　經協商後，歐體各國同意：(1)西德與西德「基本法管轄範圍以外的德國地區」（指東德）進行貿易，歐體不改變目前內德（指兩德間）貿易的規定，亦不改變此種貿易形態。(2)各會員國均有義務將其與東德貿易的情形告知其

---

[78] a.a.O., S.132.

[79] a.a.O., S.133.

[80] a.a.O.

餘各會員國。[81]

　　基於上述認知，歐體各國簽署「內德貿易與相關問題議定書」（Das Protokoll über den innerdeutschen Handel und die damit zusammenhangenden Fragen）。依此議定書，授予西德政府制定對東德貿易政策的權限。[82]另1951年《關稅貿易總協定》（GATT）的《多奎瑞議定書》（Torquay – Protokoll）增列「德意志聯邦共和國的加入並不影響其內德貿易的現有規定及現有形態」。[83]

　　依歐體的規定，只要是由東德出產的產品，在東西德間無關稅，但從其他非歐體國家，如波蘭，經過東德到西德再出口到其他歐體國家的產品，皆需要在東西德邊界依歐體的共同關稅繳稅。惟若原產地為東德，經由西德出口到其他歐體國家則不須繳關稅。東德物品倘不經過西德而逕自出口到其他歐體國家，應與其他非歐體國家的物品相同，均需繳稅。[84]

　　由於《內德貿易與相關問題議定書》及《多奎瑞議定書》的簽署使得東西德間貿易的特殊形態得到國際間認

---

[81] a.a.O.

[82] a.a.O.

[83] *DDR-Handbuch*, S.650.

[84] Rudolf Morawitz, “Der innderdeutsche Handel und die EWG nach dem Grundvertrag,” *Europa Archiv*（1973），S.359.

Peter Scharpf, *Die europäische Wirtschaftsgemeinschaft und ihre Rechtsbeziehungen seit 1958 unter besonderer Berücksichtigung des innerdeutschen Handels*, Dissertation（Tübingen, 1973），S.125.

Christian Tomuschat, “EWG und DDR – Völkerrechtliche überlegungen zum Sonderstatus des Außenseiters einer Wirtschaftsunion,” *Europa Recht*（1969），S.307.

同，此亦等於間接地認同「德國問題」中有關德國的法律地位一事仍未解決。

五、《基礎條約》簽署後的東西德貿易形態

　　對西德而言，採行內部貿易形態，是一種以法律為基礎的政治手段，1950年代的主要目的係藉此保障柏林的安全，[85]爾後的目的則為促進東西德人民的交往。對東德而言，則完全是以經濟利益為考慮所作的政治妥協。即使在《基礎條約》簽署後，東德在政治上積極推動其「分離政策」（Abgrenzungspolitik），但基於經濟利益考慮，仍同意維持與西德如昔的貿易交往形態，此可從《基礎條約》的「附加議定書」中得知。

　　《基礎條約》第7條的「附加議定書」稱，東西德「將在現有協定之基礎上發展貿易關係」。此即表示東西德的貿易仍將維持以《柏林協定》為基礎的交往架構，屬於一種「內部貿易」形態。當時，曾有大眾傳播媒體、歐洲議會議員持異議。他們認為，由於東西德已是兩個獨立的主權國家，1957年《柏林協定》得以簽訂的法律基礎已不存在。[86]西德學者麥爾（Gert Meier）亦持相同看法，並認為基於《基礎條約》第6條的規定，雙方已同意各國的

---

[85] *DDR-Handbuch*, S.649 ff.

[86] Christian Tomuschat, " EWG und DDR – Völkerrechtliche überlegungen zum Sonderstatus des Außenseiters einer Wirtschaftsunion, " *Europa Recht*（1969）, S.310.

Manfred Zuleeg, " Grundvertrag und EWA – Protokoll über den innerdeutschen Handel, " *Europa Recht*（1973）, S.207.

主權只限於其領土內，且相互尊重對方的獨立與自主，倘雙方仍維持現有的貿易形態，等於傷害了簽約國的獨立性。[87]

西德聯邦憲法法院在判決中，雖然沒有特別述明理由，但認為兩德貿易不是一種「對外貿易」[88]，歐洲共同體亦持相同看法，認為《柏林協定》仍然有效。[89]甚而為了經濟利益，東德何內克亦在多次場合肯定這種特殊貿易的進行方式。[90]

雖然有學者認為，兩德貿易特殊性與四強保留權利無關，亦與德國是否分裂無關，兩國可自行協商互相給予對方貿易上的優惠待遇，即東西德特殊貿易形態可在雙方同意的基礎上建立。[91]但這種說法並不足取。原因在於，倘這種特殊關係純係兩德協商的產物，歐洲共同體斷然無接

---

[87] Gert Meier, " Grundvertrag, EWA – Vertrag und innerdeutscher Handel, " *Betriebsberater* (1972), S.1522 ff.

[88] *BVerfGE* 36, 1 ff/23. (Urteil vom 31. Juli 1973. Grundlagenvertrag Bundesrepublik Deutschland und Deutsche Demokratische Republik)

[89] Morawitz, " Der innderdeutsche Handel und die EWG nach dem Grund-vertrag, " S.357.
Wilke, Kay-Michael. *Bundesrepublik Deutschland und Deutsche Demokratische Republik – Grundlagen und ausgewählte Probleme des gegenseitigen Verhältnisses der beiden deutschen Staaten* (Berlin, 1976), S.246.

[90] *Deutschland Archiv*, (1973), S.90. (1972年11月22日何內克接受《紐約時報》訪問所稱)。*DDR-Handbuch*, a.a.O., S.652.

[91] Wenig, *Bundesrepublik Deutschland und Deutsche Demokratische Republik – Grundlagen und ausgewählte Probleme des gegenseitigen Verhältnisses der beiden deutschen Staaten*, S.66.

受此種關係的可能。西方容許東西德採特殊貿易形態，全是基於在法律上仍支持德國問題尚未解決，遵守《波茨坦協定》主張德國經濟應爲一致的看法。

第七章
柏林問題的法律爭議

作爲德國的首都，柏林的命運毫不可避免地與德國牽連在一起。德國分裂，柏林亦被分割成兩個不同的世界。在戰後的歷史上，柏林問題往往是德國問題的縮影，亦是東西方較勁的舞台。在冷戰期間，它更是國際政治的焦點。1989年11月9日，柏林圍牆開放，象徵著國際冷戰正式地結束，亦表示著德國問題將再度登上國際政治舞台。在這漫長的四十年歲月當中，英、美、法、蘇四強及東西德是如何地看待與處理柏林的歸屬地位問題？本章將對此作一探討。

　　第一節將就有關柏林地位的國際協議及東西方對柏林地位所持立場的差異作一分析，以及就東柏林的地位，包括其與東德的法律關係，四強對此等關係的立場作一論述。。第二節將就西柏林與西德的關係作一論述，其中包括，西德基本法、聯邦憲法法院如何認定柏林，或西柏林與西德的關係？西德憲政機關如何在西柏林行使職權？在何種前提下，西德可承擔西柏林的對外代表權？英、美、法三國與蘇聯對上述西德所認定的西德與西柏林法律關係是否同意？有何異議？

第一節　柏林地位的爭議

一、柏林地位的基本規定

　　1944年9月12日，美、英、蘇三國簽署《倫敦議定書》，決定在德國無條件投降後，除在德國劃分占領區

外，亦規定「柏林特殊地區，由三國共同占領」。[1]

1945年6月5日英、美、法、蘇四國發表〈關於在德國及大柏林之管制機構聲明〉[2]，其第7點稱：

> 「『大柏林』區之行政，將由盟軍管制當局指揮。此一行政機構將受管制委員會之一般指示，由四個司令官組成，每一司令官輪流擔任總司令官，另由專門幕僚人員從事協助，此等人員將監督並管制地方德國機構之活動」。

同日四國發表〈有關德國及大柏林占領區之聲明〉再稱：

> 「大柏林應將由四國武力占領。將建立一個由各總司令任命之四個司令官所組成之盟軍管制當局來共同管理當地之行政」。[3]

1945年7月11日柏林盟軍管制當局發布第一號訓令，[4]重新劃分大柏林：美國六區、英國四區、法國兩區、蘇聯

---

1 *Dokumente zur Berlin Frage 1944 – 1966*, Hrsg. von Forschungsinstitut der Deutschen Gesellschaft für Auswärtige Politik e.V., 3.Auflage, （München, 1967）, ＜1＞
Documents on Germany 1944 – 1985（United States Department of States）, S.1 ff.

2 *Dokumente zur Berlin Frage 1944 – 1966*, ＜11＞
Documents on Germany 1944 – 1985, a.a.O., S.39 ff.

3 *Dokumente zur Berlin Frage 1944 – 1966*, ＜12＞
Documents on Germany 1944 – 1985, S.38.

4 *Dokumente zur Berlin Frage 1944 – 1966*, ＜18＞

四區，法國所獲的兩區是從原有英美的占領區劃分而來。

1946年8月13日，大柏林接受盟軍管制當局所頒布的臨時憲法，召開了市議會（City Assembly, Stadtverordnetenversammlung），並起草新憲法。大柏林自治政府在盟軍管制當局監督下成立，同年10月舉行第一次選舉。[5]

二、四強的基本立場

1947年美國提出馬歇爾援歐計畫，1948年美、英、法、荷、比、盧等六國自2月23日起就在西方占領區內成立共同的國家秩序（即成立西德）一事開始會商。[6]蘇聯為表示嚴重抗議，同年3月20日退出管制委員會，[7]7月1日停止參與盟軍管制當局的工作。[8]

1948年7月22日至1949年5月12日蘇聯對柏林實施封鎖，是謂第一次柏林危機。原設在東柏林的市政府（Magistrat）及市議會被迫遷往柏林西區，12月到期的選舉也只能在西區舉行。不過，市政府及市議會仍堅持其代表整個柏林行使職權。[9]

1948年11月30日柏林東區，東德社統黨與共產黨代表

5 a.a.O., < 27 > , < 27A > , < 27B >
6 *Documents on Germany 1944 – 1985*, S.143 ff.
7 a.a.O., < 43 > .
Documents on Germany 1944 – 1985, S.142.
8 Ernst R Zivier, *Der Rechtsstatus des Landes Berlin*（Berlin, 1987）, S.19.
9 a.a.O., S.21 ff.
Rudolf Geiger, *Grundgesetz und Völkerrecht*（München, 1985）, S.68.

共組議會，以原有的市政府未履行應有的職責爲由，廢除原有的市政府，並成立一新的市政府，同時亦宣稱對整個柏林有管轄權。[10]至此柏林正式分裂成蘇聯占領區及西方占領區兩部分。至1961年8月13日東德政府在東西柏林邊界將鐵絲網換成圍牆，東西柏林的分裂更爲明顯。

至此期間，蘇聯與英、美、法三國對柏林的國際法地位有著明顯地歧異看法：

第一次柏林危機前，蘇聯曾在1948年7月14日照會西方三強稱，由於英、美、法三國違反了四強《波茨坦協定》及有關其他的決議，在西方占領區內實行幣制改革，並將這種幣制改革在西方三個占領區內實施，故西方三強在柏林的占領權利已經消失，並認爲柏林是「蘇聯占領區的一個部分」。[11]

1958年11月27日第二次柏林危機期間，蘇聯再度照會英、美、法三國稱，1944年9月12日的《倫敦議定書》及有關在德國成立管制機構的協定，均不再有效力，西柏林屬於東德的最高權力範圍。並建議在東德同意下，將西柏林變成一個「自主的政治單一體」（an independent political unit）的「自由城市」，以解決西柏林的歸屬問題。[12]

1964年7月12日蘇聯與東德簽訂《友好、互助及合作協定》，協定中稱「簽約雙方將視西柏林爲一自主的政治

---

[10] Geiger, a.a.O.

[11] *Dokumente zur Berlin Frage 1944 – 1966,* ＜59＞
Documents on Germany 1944 – 1985, S.158 ff.

[12] *Dokumente zur Berlin Frage 1944 – 1966,* ＜243＞
Documents on Germany 1944 – 1985, S.552 ff.（557）.

單一體」。[13]

在這兩次柏林危機期間，蘇聯一方面否認了英、美、法三國對柏林的占領權，另一方面視西柏林爲一行爲暫時受限制的國際法主體。[14]

英、美、法三國則對柏林的國際法地位持與蘇聯相反的看法。他們認爲，他們在柏林的國際法地位並沒有因爲柏林圍牆的興建而改變，任何有關大柏林的決議都必須經由四國共同決議方可行。盟軍管制當局是經四國共同決議成立，唯有四國同意，方可廢除。盟軍管制當局仍將繼續存在，倘蘇聯願意，蘇聯可重新回來，在蘇聯的缺席下，該當局由三強共同執行其功能。雖然由於蘇聯的阻撓，使得在事實上，三強在柏林的權力執行範圍僅被限制在柏林西區，但這並不妨害三強在整個柏林的權利地位。[15]

三、《四強柏林協定》對柏林地位的規定

1971年9月3日英、美、法、蘇簽署《四強柏林協定》（Quadripartite Agreement on Berlin）。[16]該協定包括一般條款關於柏林西區條款及四項附件等重要文件，在述及有關四強在柏林的地位時稱：

---

[13] *Documents on Germany 1944 – 1985*, S.869 ff.（871）.

[14] Zivier, *Der Rechtsstatus des Landes Berlin*, S.63.

[15] Geiger, *Grundgesetz und Völkerrecht*, S.69.

[16] *Zehn Jahre Deutschlandpolitik – Die Entwicklung der Beziehungen zwischen der Bundesrepublik Deutschland und der Deutschen Demokratischen Republik 1969 – 1979* Hrsg. von Bundesministerium für innerdeutsche Beziehungen, S.158 ff.

「美、法、蘇、英……四國之權利與責任，以及不觸及四國戰時及戰後簽訂之有關協定及決議之基礎上，考慮到有關地區（relevant area）之當前局勢，本著促進切實改善局勢之願望，在不損害渠等法律地位之情況下，經商定如下……（序言）

㈠四國政府將盡力促進有關地區消除緊張局勢及防止發生糾紛。

㈡四國政府考慮到渠等對聯合國憲章承擔之義務，同意在本地區不得使用武力或以武力威脅，並且僅能以和平方法解決爭端。

㈢四國政府將相互尊重各自以及共同之權利與責任，此等權利與責任仍然不變。

㈣四國政府同意，儘管其法律觀點雖不同，但是本地區已形成之，並由本協定中提及之其他規定所規範之形勢（situation），不得單方面予以改變。」（第一部分）

上述規定充分地反映出《四強柏林協定》的法律基礎、法律限制，此及四國對柏林地位之歧見，茲分述如後：

1. 該協定強調係基於四強的「權利與責任」而簽訂。此項「權利與責任」很明顯地係基於四強戰後對德國及柏林的占領權而得。[17]由於協定中同意此項「權利與責

---

[17] Hartmut Schiedermair, *Der Völkerrechtliche Status Berlins nach dem Viermächte – Abkommen vom 3. September 1971*（Berlin, 1975），S.5 ff.

任」「仍然不變」，此等於蘇聯同意與英、美、法在柏林具有同樣的占領地位，亦可解釋為蘇聯放棄將西柏林視為一「自主政治單一體」的主張。[18]但協定中並沒有說明，協定中所稱的柏林，是指「大柏林」，或僅是指「西柏林」。

2. 序言稱，該協定「不觸及（不影響）四國戰時及戰後簽訂之有關協定及決議」，這表示《四強柏林協定》不會影響到柏林在戰後的國際法地位。但此處所稱之「有關協定與協議」，並沒有明確地指出是那些協定與協議。蘇聯官方認為某些四強協定（如《倫敦議定書》）已經失效，此處所稱的柏林應僅是指西柏林。但英、美、法三國認為《倫敦議定書》，有關設置管制委員會、盟軍管制局等協定，及1949年的《巴黎協定》均應包括在內。在雙方無法達成協議之情況下，最後只得以「有關協定及協議」表示。[19]

3. 在序言及第一部分中，僅以「有關地區」或「本地區」作為《四強柏林協定》適用的地區。英、美、法三國的看法為，雖然該協定第二部分是述及有關「柏林西區」的條款，但整個協定所涉及的法律地位及行為規範（如同意「在本地區不使用武力或以武力威脅」）則係指

---

[18] a.a.O., S.7.

[19] a.a.O., S.11 ff.

I.D. Hendry ／ M.C. Wood, *The legal Status of Berlin*（Cambridge, 1987），S.48.

Benno Zündorf, *Die Ostverträge – Die Verträge von Moskau, Warschau, Prag, das Berlin – Abkommen und die Verträge mit der DDR*（München, 1979），S.128.

整個大柏林而言。但蘇聯則認為，東柏林根本不是此次協定訂定的對象，本協定所規定的各條文全係針對西柏林而訂定。[20]

4. 倘從《四強柏林協定》第一部分第四點「四國政府同意，儘管法律觀點不同，但是本地區已經形成之……形勢，不得單方面加以改變」來解釋，似乎無論將「本地區」解釋成大柏林或是西柏林，都有利蘇聯的看法。此表示，東柏林屬於東德的形勢，在蘇聯不同意更改的情形下，西方三國無法改變。這段條文亦可解釋成，大柏林地區在戰後所形成的情勢，不得單方面加以改變，故蘇聯亦無權堅持東柏林歸屬於東德。

由以上四點分析可知，柏林的法律地位取決於四強的政治立場。英、美、法與蘇聯對柏林國際法地位的歧見，起於1948年的柏林危機，雖然四國經由《四強柏林協定》重新確認了西柏林的法律地位，但四國在東柏林的法律地位則是仍各持己見。

四、東柏林的地位

就應然面而言，蘇聯在柏林占領區的法律地位應與英、美、法三國在柏林占領區的法律地位相似。在西方占

---

[20] Hendry /Wood. *The legal Status of Berlin*, S.47 ff.

Schiedermair, *Der Völkerrechtliche Status Berlins nach dem Viermächte – Abkommen vom 3 September 1971*, S. 10 ff.

Zündorf, *Die Ostverträge – Die Verträge von Moskau, Warschau, Prag, das Berlin – Abkommen und die Verträge mit der DDR*, S.127 ff.

領區內，三國尊重四強在柏林的法律地位，保留最高執行權力的能力，不使西柏林在法律上成爲西德的一部分或由西德統治。西柏林的地方政府係依照1950年的《柏林憲法》所設立，該憲法又是依照盟軍所制定的臨時憲法而制定。相反地，在東柏林內，蘇聯將最高權力讓予東德，並同意設立與1949年臨時憲法相違的地方機構。[21]

　　東德政府認爲，蘇聯占領區爲其領土的一部分，並將柏林作爲其首都，蘇聯亦支持此一立場。[22] 1949年東德憲法中即稱「 德國是一不可分割之共和國，柏林爲其首都 」[23]，該憲法雖經1969年及1974年二次修正，但均仍保留柏林爲東德首都的規定。[24]英、美、法及西德當然不接受東德的看法。西德學者並稱，僅依據東德憲法規定，並不足以表示東柏林是東德的一部分。[25]雖然東德的中央政府機關多設在東柏林，但此僅表示東柏林是東德的「 政府所在地 」，此點並不得影響到東柏林的法律地位。[26]

　　東德外交部設址於東柏林，所有與東德有外交關係的國家大使館亦設址該地。1973年後英、美、法三國亦在東柏林設立大使館。但三強均稱此並不表示承認東柏林在法

---

[21] Hendry /Wood. *The legal Status of Berlin*, S.207.

[22] 蘇聯常設代表團就柏林作爲東德首都事致函聯合國（ 1958年1月6日 ），請參閱，*Dokumente zur Berlin Frage 1944 – 1966*, ＜143＞

[23] *Dokumente des geteilten Deutschland*, Hrsg. von Ingo von Münch, Band Ⅰ, (Stuttgart, 1976), S.525.

[24] a.a.O., S.463.

[25] Hendry /Wood, *The legal Status of Berlin*, S.300.

[26] a.a.O., S.301.

　　Documents on Germany 1944 – 1985, a.a.O., S.1273 ff.

律上為東德的首都。例如，英國外長1973年1月29日在議會接受質詢時即稱，「我國大使館將在東柏林開館，亦即德意志民主共和國政府所在地，但此舉並不影響柏林地區的特殊法律地位」。[27]美國亦曾作類似的聲明。[28]

在選舉國會議員方面，1979年6月28日選舉法修正以前，東柏林代表均不是由人民直接選舉產生，但在1979年修正的選舉法中已規定柏林的代表由人民直接選舉產生。[29]英、美、法對此曾表示抗議稱：

> 「德意志民主共和國在柏林東區所引用之新程序（指直接選舉議員），是將柏林東區當作該國領土之一部分，此舉違反了戰時及戰後對柏林特殊地位規定之有關協議，同時亦違反了適用於全柏林之1971年9月3日之《四強柏林協定》」。[30]

至於東德對東柏林的對外代表權及東德法律在東柏林適用的問題，雖然英、美、法三國仍持東柏林並不屬於東德的立場，凡東德的法律及有關國際協定，如欲適用在東柏林，均須如西德一樣，經由特殊程序後，方得在東柏林適用，但三國此項立場，並未發揮多大的效果。[31]

---

[27] *Hendry / Wood, The legal Status of Berlin*, S.301.

[28] a.a.O.

[29] *Zehn Jahre Deutschlandpolitik*, S.378.

[30] *Documents on Germany 1944 – 1985*, S.1336.

[31] Hendry /Wood, *The legal Status of Berlin*, S.304 ff.

第二節　西柏林與西德法律關係的爭議

一、基本法上的關係

　　1948年7月1日英、美、法三國同意其占領區內十一個邦選派代表召開「國會理事會」，並同意柏林可選派五名代表以顧問身分出席該委員會。[32]當時國會理事會甫將基本法草案擬妥時，三國軍事統監（Military Governer）於1949年3日2日致函該理事會稱：「基本法草案第22條（即後來之第23條）述及柏林部分應擱置，惟並不反對柏林負責官署（responsible authorities in Berlin）派遣少數代表出席議會」。[33]

　　1949年4月22日三國軍事統監再致函國會理事會稱：

> 「（三國）外長不贊同柏林作爲德意志聯邦共和國之最
> 初組織（initial organization）[34]，而蘇聯則早在同年2月
> 10日即由蘇聯統監發表聲明稱，『柏林無論如何不屬
> 於西德』」。[35]

　　雖然四國均已明確地表明立場，西德國會理事會仍於

---

[32] Hendry /Wood, *The legal Status of Berlin*, S.144.

[33] *Dokumente zur Berlin Frage 1944 – 1966*, ＜84＞.

[34] a.a.O., ＜85＞.

[35] a.a.O., ＜83＞.

1949年5月3日表決通過基本法。基本法內有關柏林地位的條文為：

> 「本基本法暫適用於……大柏林……等各邦之領土」。（第23條第一句）

> 「本基本法遇有第23條第一句所列舉各邦中任一邦，或各該邦之部分，受限制不克適用時，該邦或該邦之一部分有依照第38條派遣代表出席聯邦眾議院及依照第50條派遣代表出席聯邦參議院之權」。（第144條第2款）。

1949年5月12日三強軍事統監批准基本法，但對基本法中有關柏林部分提出保留：

> 「余等對第23條及第144條第2款之解釋仍將持以往之立場，即柏林不得在聯邦眾議院及聯邦參議院中有具投票權之代表，且柏林不由聯邦統治（be governed），然而，柏林可選派少數代表出席其會議」。[36]

三國對柏林「不得由聯邦（即西德）統治」的保留權，使得基本法第23條列舉基本法適用於柏林的規定失去其效力，或至少受到相當地限制。柏林不得由西德統治，使得西德無法在柏林直接行使其國家權力。[37]雖然西德制

---

[36] a.a.O., <94>.

[37] Zivier, Der Rechtsstatus des Landes Berlin, S.103.

Christopher D. Lush, "The Relationship between Berlin and the Federal Republicof Germany," *The International and Comparative Law Quarterly* (1965), S.755.

憲者在第144條第2款就柏林與西德的關係僅作了模糊的規定，並沒有明確地指出柏林的代表是否有投票權。但經由三國所提的保留，使得兩者間的關係變得非常清楚，即柏林不得由西德統治，柏林的代表亦不得在聯邦立法機關內擁有表決權。

英、美、法三國認為柏林不屬於基本法內的「各邦」，所以柏林沒有權利行使對基本法的核可權。[38]但柏林議會代表卻不願接受此一事實，在1949年5月19日就基本法案作成決議，「接受基本法作為聯邦共和國之基本法」，並對國會理事會將大柏林納入聯邦領域的意願表示感謝，對未能加入西德感到遺憾。[39]議會代表爰於1950年通過的《柏林憲法》第1條中作如下宣言式的規定：

「柏林是一德意志邦及市」。（第1款）
「柏林是德意志共和國之基本法及法律均適用於柏林」。（第3款）

但《柏林憲法》中亦考慮到三強的保留規定，憲法第87條稱：

「一、本憲法第1條第2款及第3款，當德意志聯邦共和國基本法在柏林之適用不受限制時，即刻生效。
二、過渡期間，市議會得經由法律確認，使得德意志聯邦共和國之法律，不加改變地適用於柏林。
三、過渡期間，德意志聯邦共和國基本法受限制（指

---

[38] Geiger, *Grundgesetz und Völkerrecht*, S.74 ff.
[39] *Dokumente zur Berlin 1944 – 1966*, ＜86＞.

本條文第1款）者外之基本法各項條文規定，在柏林亦是現行法律，基本法之各項規定效力高於本憲法。
四、過渡期間，依本憲法設置之柏林機構，應儘可能地將基本法中聯邦及各邦之準則規定，作爲立法與行政之原則。」

雖然《柏林憲法》的制憲者以上述條文規定來顧及盟軍的立場，但盟軍仍不滿意。1950年8月29日盟軍管制當局雖然批准《柏林憲法》，但以 Bk/O（50）75 號訓令，重申1949年5月12日的保留，另再作下列兩點保留：[40]

「《柏林憲法》第1條第2款及第3款應擱置」。
「第87條應解釋爲，在過渡期間，柏林不具第十二邦之性質。該條所述有關基本法之規定，必須在爲防止基本法與《柏林憲法》之衝突範圍內方才適用。再者，任何聯邦法律之規定，僅在由市議會對其加以表決通過成爲柏林法律後，在柏林始得適用」。

英、美、法三國經由此項保留，再一次地向柏林及西德表示，柏林與西德間絕無法律上的直接隸屬關係。任何聯邦的法律，包括基本法，皆須柏林市議會通過後，才能在柏林適用。[41]

1954年10月23日，英、美、法三國與西德在巴黎簽訂《三強與德意志聯邦共和國關係協定》（《巴黎協定》），結束對西德的占領。但三強不僅在該協定第2條

---

[40] a.a.O., ＜121＞.

[41] Geiger, *Grundgesetz und Völkerrecht*, S.76.

重申「保留原來行使或持有之有關柏林及德國全境之權利與責任」。[42]並在同日三強致西德總理艾德諾的一封「關於對柏林行使保留權」的信函中，再次重申三強「在1949年5月12日所提的保留條款，不受今日簽署之協定所影響，而仍屬有效」。[43]這封信意味著，雖然三強同意對西德的占領已經結束，但對柏林的占領仍將持續。在法律上，柏林仍不屬於西德。

　　至於西德的看法方面，如同西德專研柏林問題學者路席（Christoph Lush）所言，在1949年左右，「沒有人，包括德國人在內，會對柏林不屬於聯邦共和國感到懷疑」。[44]西德在1949年6月15日公布的選舉法，即將四強軍事統監對基本法第23條及第144條第2款所作的保留——「西柏林不屬於西德」、「柏林代表在聯邦立法機關無投票權」——兩點精神納入。選舉法第26條第1款僅規定「大柏林有權，在加入德意志聯邦共和國前，派遣八名具諮商權力之議員參與聯邦眾議院」。[45]

　　西德聯邦憲法法院在1957年5月21日的一次判決中，首次作出「柏林是德意志聯邦共和國之一邦」的判決[46]，這也是西德對柏林地位問題第一次改變態度。憲法法院的判決理由是：依據德意志人民所共同制定的基本法第23條第1款規定，基本法適用於柏林，雖然盟軍在1949年5月12

---

[42] *Document on Germany 1944 – 1985*, S.425 ff.（425）.

[43] a.a.O., S.437.

[44] Lush, "The Relationship between Berlin and the Federal Republicof Germany," S.753.

[45] *Dokumente zur Berlin Frage 1944 – 1966*, ＜100＞.

[46] a.a.O., ＜99＞.

日批准基本法時作了若干保留，但當制憲者仍堅持將柏林的地位納入基本法規範時，盟軍並未再堅持柏林不屬於西德原有組織的一邦的立場。判決部分稱：

> 「（1949年3月12日之）盟軍軍事統監許可信函等四點需要解釋。……在同意信函中，軍事總監將其以往之要求作精確地表達，即柏林在聯邦眾議院及聯邦參議院不具投票權，且柏林不可由聯邦統治。但在制憲委員會完成基本法之最後草案時，軍事統監既沒有將第23條第1款有關柏林部分明確地予以擱置，亦無明確表示，柏林不是（基本法之）最初組織。聯邦憲法法院基此認定，柏林屬聯邦共和國之一邦，且基本法基本上亦適用於柏林。凡三強保留之部分，基本法在柏林適用性當然受到限制。但凡不違反三強之保留者，必須得出基本法之根本效力亦適用於柏林之結論」。[47]

聯邦憲法法院的態度至為明顯，認為柏林在西德基本法中的代表性雖然受到限制，但最低限度，柏林仍是西德的一邦。這項判決在政治意義上，表示「西柏林」屬於西德。就法律立場而言，西德兼持著其「同一性理論」，而認為「整個大柏林」也都是西德一部分。西德這項看法與主張，在德國問題未完全解決前，當然不容易獲得英、美、法、蘇的贊同。

1971年9月3日英、美、法、蘇四國簽署之《四強柏林

---

[47] a.a.O.

協定》第二部分「關於柏林西區條款」內第二點稱：

> 「法國、英國及美國政府聲明，維持與發展柏林西區及
> 德意志聯邦共和國之聯繫，應考慮到柏林西區仍然不
> 是德意志聯邦共和國之一個組成部分，亦不屬德意志
> 聯邦共和國管轄」。[48]

在該協定附件二〈英、美、法三國致蘇聯通知書〉第
一點內，除再次重申上述意見外，並補充說明「德意志聯
邦共和基本法以及柏林現行之憲法與上述各點相違時，均
應擱置且不生效力」。[49]

英、美、法、蘇四國對柏林的歸屬看法，在《四強柏
林協定》簽署後更爲清楚，暫不論《四強柏林協定》中有
無對東柏林地位設有規定，至少四國均同意，西柏林不是
西德的一邦，亦不受西德管轄。

西德憲法學者杜寧及瑞斯在柏林協定簽署後曾批評，
由於該協定中明文規定柏林不屬於西德，西德政府不應接
受該協定，否則即是違反了基本法及基本法的「統一命
令」。政府批准此協定，屬一違憲行爲。[50]依《四強柏林
協定》的含義，將來東柏林只有在蘇聯同意的情況下，才
能併入西德，這表示蘇聯對此事實上被賦予否決權，這將
使得柏林很難併入西德。他們二人將《柏林協定》第二部

---

[48] *Zehn Jahre Deutschlandpolitik*, S.158 ff.

[49] a.a.O., S.160.

[50] Karl Doehring / Georg Ress, *Staats- und völkerrechtliche Aspekte der Berlin – Regelung*（Frankfurt/Main, 1972）, S.27,28,52 – 59.

分第二點稱之為「禁止加入」（Anschluβverbot）條款。[51]

　　不過，就柏林與四強的關係而言，蘇聯在柏林事務上的發言權係基於戰勝國的占領權而來。柏林是否能加入西德，與《四強柏林協定》並無關係，柏林的原有法律地位，並沒有受到《四強柏林協定》的影響而改變。

二、聯邦憲法法院管轄權

　　西德聯邦眾議院基於對柏林與西德「特殊關係」的考慮，希望經由柏林市議會的居中創設行為（anctoriatis interposito），使《聯邦憲法法院法》在柏林具有管轄權。1951年3月12日的《聯邦憲法法院法》第106條稱：「本法於基本法在柏林適用時，或經由柏林制定與本法內容相同之法律而創設聯邦憲法法院之管轄權時，也適用於柏林」。[52]

　　（西）柏林市議會為履行對聯邦的忠誠義務（Bundstreu, Bundespflicht），亦曾設法接受《聯邦憲法法院法》，但柏林市議會的努力終因盟軍管制當局的反對而未成功，包括以後多以補充修定的《聯邦憲法法院法》，均未能獲同意在柏林施行。[53]

　　盟軍管制當局在1952年12月20日 BK/O（50）35號訓令致柏林市長，對柏林願接受聯邦憲法法院法事表示異議。該訓令部分內容為：

---

[51] a.a.O., S.7 ff.

[52] 施啓揚，《西德聯邦憲法法院論》，（台北，台灣商務印書館，60年），頁330。

[53] 同前書，頁61。

「⋯⋯。

㈡聯邦憲法法院法與基本法關聯甚爲密切。柏林若接
受《聯邦憲法法院法》將與盟軍管制當局 BK／O
（70）75 號訓令不合。

㈢聯邦憲法法院基本功能之一在解決聯邦機構間之憲
政衝突，倘柏林接受聯邦憲法法院之管轄，將使柏
林成爲聯邦之一憲法上之部分。

㈣盟軍管制當局認爲聯邦憲法之管轄權擴展至柏林，
此將與1949年5月12日盟軍統監批准基本法時之保
留規定相衝突。

㈤基此，盟軍管制當局不能接受（由柏林市政府所提
出之）此項法律提案。（當局）這項決定必須被視
爲超越任何涉及有關聯邦憲法法院對柏林案件之法
律規定。」[54]

　　盟軍管制當局在上述訓令中明確表示，因爲柏林不是
西德的一部分，西德聯邦憲法法院不得審理「柏林案件」
（Berlin matter, Berliner Sache，指涉及在柏林行使管轄權之
案件），倘聯邦憲法法院行使對「柏林案件」的管轄權，
即是違反了四強對「柏林不屬於西德一部分、不應受西德
統治」的規定。

　　聯邦憲法法院在1957年5月21日的判決中，再度確認
四強保留條款的效力，認爲「統治」一字在英美法中，不
僅指行政權的行使，亦包括司法權的行爲。聯邦（普通）
法院等，對柏林案件有第三審的管轄權，是因爲盟軍管制

---

[54] *Dokumente zur Berlin Frage 1944 – 1966*, ＜97＞.

當局同意柏林接受（一般的）訴訟法，但不能據此推論，認為聯邦憲法法院在柏林享有管轄權。在這項判決中，法院又明白指出，聯邦憲法法院與其他法院性質不同，前者不僅是法院，而且是最高憲政機關之一，所以其裁判行為無疑地將直接干預柏林立法權及行政權的行使。聯邦機構，非經盟軍管制當局的同意，不得在柏林行使政府權力。由於盟軍管制當局不同意聯邦憲法法院法施行於柏林，聯邦憲法法院在柏林自無管轄權。[55]

另一值得討論的是，「柏林案件」的定義應為何？西德聯邦憲法法院認為，凡會影響到柏林的最高權力，並會造成政治影響的案件，均屬柏林案件。[56]學者雷奇（Peter Lerch）則認為，柏林案件僅具有政治性的含義，其解釋權全在四強的手中，故根本不可能有一明確的定義。只有在不影響四強權利的意義或目標，或獲得四強同意時，聯邦憲法法院才能行使其管轄權。[57]

至於聯邦憲法法院是否有權審理訴願案件，該法院在1966年1月20日的判決中首先認為，經柏林接受，在柏林適用的法律仍是聯邦法律，並認為訴願人只是主張聯邦法院適用法律錯誤，致使其基本權利遭受傷害，聯邦憲法法

---

[55] 施啟揚，《西德聯邦憲法法院論》，頁61－62。*Dokumente zur Berlin Frage 1944－1966*, ＜99＞.

[56] *BVerfGE* 20, *S.*257 *ff*/266,（Beschluβ vom 11. Oktober 1966, Zur Sachen；in Berlin ergangene, allein nach Bundesrecht zu Beurteilende, durch das Kammergericht Bestätigte Verfassungswidrigkeit von § 80 Abs.2 Satz 2 des Gestes über Wettbewerbsbeschränkungen（Art. 80 Abs. 1 GG）

[57] Zivier, *Der Rechtsstatus des Landes Berlin*, S.111 ff.

院的審查行爲也完全在聯邦權力範圍之內，因而對憲法訴願案件的裁判權限（ Entscheidungsbefugnis ）也不受占領當局保留條款的限制。[58]

雖然聯邦憲法法院的判決並不會影響到四強對柏林的法律立場，但盟軍管制當局仍在1967年4月18日發表備忘錄（ aidé – memóries ）稱：[59]

> 「盟軍之意向及意見爲，柏林不能視爲聯邦共和國之一邦，且不由聯邦共和國統治。盟軍意向及意見始終爲，倘柏林法律接受了聯邦法律之規定，是基於柏林議會之立法行爲，在法律意義上與聯邦法律不同。對於1966年1月20日之判決，大使館認爲，由於聯邦憲法法院無權對與柏林有關事務具管轄權，聯邦憲法法院亦無權審查：㈠柏林當局行爲之憲法性；㈡包括接受聯邦法律規定在內之柏林法律之合憲性。倘本備忘錄受到聯邦憲法法院之注意，大使館將甚爲感謝」。

盟軍管制當局後來在1967年 BK／L（ 67 ）10 號函中重申此一立場。[60]

英、美、法三國在1971年9月3日將《四強柏林協定》通知西德時，亦特別在信函中重申上述備忘錄的三國立

---

[58] *BVerfGE* 19, S.377 ff/385 ff, 383,（ Beschluβ vom 20 Januar 1966. Entscheidungsbefungnis des Bundesverfassungsgerichts über Verfassungsbeschwerden gegen das Urteil eines oberen Bundesgerichts in einer " Berliner Sache ")

[59] Hendry ／Wood, *The legal Status of Berlin* S.174.

[60] a.a.O., S.175.

場。[61]

　　但西德聯邦憲法法院在1974年有關布克曼（Buck-mann）乙案判決中又主張聯邦憲法法院對於柏林所接受的聯邦法律有審查權。[62]判決後，盟軍管制當局即通知柏林高等法院（Upper Court，Kammergericht）稱，依據盟軍管制機構法第7條，聯邦憲法法院對柏林案件不具管轄權，柏林最高法院不得接受聯邦憲法法院之判決。

　　由上述聯邦憲法法院判決及盟軍管制當局的反應可知，聯邦憲法法院認爲該院只對會影響到柏林最高權力當局的柏林案件無管轄權。[63]但盟軍管制當局則很清楚的表示，「至目前爲止，有關任何柏林案件」，聯邦憲法法院均無管轄權。

三、聯邦權力在西柏林的「出現」

　　西德總統曾在1949年10月首次訪問柏林，後來並在柏林設置官邸，偶爾亦在柏林執行其總統的權力，如簽署聯邦法律、任命官員等。西德總理亦於1950年4月第一次官式訪問柏林，1956年10月11日第一次在柏林召開全體內閣

---

[61] a.a.O., S.346.

[62] *BVerfGE* 37, S.57 ff/60 ff,（Beschluβ vom27. März 1974 gemäβ § 24 BVerfGE. Verfassungsbeschwerde gegen Maβnahmen von Berliner Gerichten oder Behörden（Zulieferung an DDR）；Gesetz über innerdeutsche Rechts- und Amtshilfe in Strafsachen（Rechtshilfegesetz）；verfassungsrechtliche Nachprüfung der im Bundesverfassungsgericht）.

[63] Hendry /Wood, *The legal Status of Berlin*, S.175.

會議。[64] 1954、1959－1964及1969年間總共四次在柏林召開聯邦大會（Bundesversammlung, Federal Assemly）選舉總統。其間1954年盟軍管制當局曾清楚表示，此行爲並不影響柏林的法律地位，故沒有理由表示反對。[65] 聯邦衆議院亦曾在1955年10月及1956年4月間多次在柏林舉行大會，其各工作委員會（Ausschuβ）及黨團（Fraktion）會議也經常在柏林舉行，1955－1969年間委員會及黨團會議往往配合「德國週」在柏林同時舉行集會。1956－1959年間聯邦參議院也經常在柏林舉行委員會。[66]

有關西德與柏林的關係，西方三強曾明白表示，柏林不是西德的一個邦，也不可由西德統治，西德與柏林（西區）關係的發展不能影響到盟軍的最高權力，西德在（西）柏林的「出現」（Bundespräsenz, Federal presence），不論是暫時或是持續性地，「均不得影響到該城市的法律地位」。[67]

在1959年以前，蘇聯與東德對於西德在西柏林的各種「出現」均未表示過異議，但在1959年6月26日柏林危機期間，首先就西德將於同年7月1日在西柏林召開聯邦大會選舉總統一事，向英、美、法三國提出抗議，但三國沒有

---

[64] Zivier, *Der Rechtsstatus des Landes Berlin*, S.107 ff, 109 ff.

[65] Hendry / Wood, *The legal Status of Berlin*, S.178 ff.

[66] Ottfried Heinnig, *Die Bundespräsenz in West Berlin － Entwicklung und Rechtscharakter*（Köln, 1976）, S.355 ff.

Hendry / Wood. *The legal Status of Berlin*, S.179.

Zivier, *Der Rechtsstatus des Landes Berlin*, S.136.

[67] Hendry / Wood. *The legal Status of Berlin*, S.179.

接受。[68] 1959年10月11日蘇聯再抗議西德聯邦參議院在西柏林舉行會議，英、美、法三國再度表示拒絕接受抗議。[69] 這段期間，蘇聯尚對其他有關西德在西柏林「出現」之事，個別表示抗議。[70] 1962年11月29日蘇聯表示，設在西柏林的聯邦行政法院為非法設置。[71] 1965年3月23日蘇聯再次嚴厲抗議西德將於4月間在柏林召開聯邦眾議院大會。[72] 1968年1月6日及2月10日蘇聯又對西德在柏林的「出現」表示抗議，[73] 1969年東德甚而發布命令，禁止聯邦大會人員及某些特定人員穿越東德至西柏林開會。[74]

　　蘇聯在1958年後的多次嚴重抗議，及英、美、法三國不接受抗議的立場，終於在1971年9月3日的《四強柏林協定》中有了共識，該協定附件二第二段稱：

> 「聯邦總統、聯邦政府、聯邦大會、聯邦參議院與聯邦眾議院，包括其各委員會及黨團，以及其他德意志聯邦共和國之國家機構（state bodies），不得從事與（本協定）相違之憲法及官方行為」。

　　同日，英、美、法三國駐西德大使致函西德總理，再將上述條文作詳細的補充：

---

[68] *Documents on Germany 1944 – 1985*, S.671 ff.
[69] Hendry /Wood, *The legal Status of Berlin*, S.180.
[70] a.a.O.
[71] *Documents on Germany 1944 – 1985*, S.828 ff.
[72] a.a.O., S.891.
[73] a.a.O., S.986, 989.
[74] a.a.O., S.1027.

「聯邦大會不得在柏林西區舉行，聯邦眾議院及聯邦參議院不得連續在柏林西區舉行。聯邦參議院及聯邦眾議院中之個別委員會可在為維持與促進柏林西區與德意志聯邦共和國關係之條件下舉行會議。各黨團會議不得同時舉行」。

經此《四強柏林協定》的規定及三強的信函補充，西德在西柏林的「出現」雖然得到了四強某種程度的共識，但也受到了相當地限制，其限制在於：

　　1. 聯邦大會不得在柏林舉行。[75]

　　2. 聯邦參議院及聯邦眾議院不得在柏林舉行。[76]

　　3. 聯邦參議院及聯邦眾議院所屬之個別委員會可在柏林舉行會議的條件是，該委員會所討論的事項，必須是涉及維持及促進柏林與西德聯繫的事務。不同於有關對黨團的規定，個別委員會只要有理由召開，並不限於同時或共同在柏林召開一個個別委員會以上的會議。[77]

　　4. 各政黨黨團可在柏林集會，但同一時間內僅能有一個黨團舉行會議，此與涉及聯邦參議院及聯邦眾議院所屬委員會規定不同之處在於，黨團會議的內容並不被侷限於有關維持及促進柏林與西德關係方面的事務。[78]

雖然《四強柏林協定》中已對西德在西柏林的「出現」有了詳盡的規定，但由於對規定認知的差異，蘇聯與

---

[75] Hennig, *Die Bundespräsenz in West Berlin – Entwicklung und Rechtscharakter*, S.212.

[76] a.a.O., S.214, 218.

[77] a.a.O., S.214 ff.

[78] a.a.O., S.217 ff.

東德對西德若干行爲仍有意見。例如，1974年西德在西柏林設置一新的「聯邦環保局」（Umweltbundesamt），蘇聯及東德在此機構成立前後，均表達嚴重抗議，咸認此事已違反了《四強柏林協定》。英、美、法三國則認爲，雖然在《四強柏林協定》中，西德在西柏林「出現」權已經縮小，但「聯邦環保局」之設置並不屬於被限制的對象。其理由在於，該機構之設置並不「違及到柏林的安全與地位」。[79]不過，盟軍管制當局仍在1974年7月12日發表聲明稱「本機構在柏林之工作必須尊重盟軍的保留權利與責任」。[80]另外，蘇聯亦經常在西德總統、總理或部長等官式訪問柏林時表示抗議，其理由均在於認爲，此種訪問會影響到《四強柏林協定》及柏林的法律地位。[81]

四、對外代表權

1949年5月14日盟軍管制當局曾在〈盟軍管制當局與柏林關係基本原則〉聲明中表示，四強保留「柏林與外國關係之權力」[82]，1951年3月8日將基本原則修正爲「允許柏林當局經由適當安排以代表柏林（對外）的利益」。[83]

1952年5月21日盟軍管制當局發表有關將柏林併入西

[79] Hendry /Wood, *The legal Status of Berlin*, S.184.
[80] a.a.O.

Zehn Jahre Deutschlandpolitik, S.276.
[81] Hendry /Wood. *The legal Status of Berlin*, S.185.
[82] *Dokumente zur Berlin Frage 1944 – 1966*, < 878 >.
[83] Hendry /Wood, *The legal Status of Berlin*, S.190.

德國際條約與義務的聲明稱：[84]

「盟軍管制當局同意在不違反下列條件下，柏林可納入
德意志聯邦共和國之國際條約與義務：

㈠德意志聯邦共和國政府與柏林市政府達成大意如下
之協定：

1. 德意志聯邦共和國儘可能將柏林納入德意志聯邦
共和國之國際義務。

2. 柏林市政府在柏林履行聯邦共和國之國際義務
時，應顧及盟軍管制當局及《柏林憲法》之規定。

3. 柏林之名稱應在此類條約及協定之序言中提及。
倘基於某種原因，柏林之名稱無法在序言中加入
時，聯邦共和國應在簽約時備一份文件或發表一特
殊之聲明稱，條約之規定可在柏林適用。在有關貿
易及支付協定時，倘協定中述及該協定之適用範圍
為西德馬克（DM – West）時，該協定適用於柏林。

4. 倘未以上述方式指明條約適用於柏林時，不應認
為該條約適用於柏林。

㈡柏林市政府有義務，就適用於柏林之國際條約，儘
可能在德意志聯邦共和國簽約前，最遲在簽約後，
將該條約或議定書，以及其他有關柏林之決議十五
份影本送盟軍管制當局。

㈢盟軍管制當局倘反對柏林納入某條約適用範圍，則
柏林將被排除於該條約效力外。盟軍管制當局在收
到柏林市政府所送達之條約後二十一日內行使本項

---

[84] *Dokumente zur Berlin Frage 1944 – 1966*, ＜138＞.

否決權利。」

西德與西柏林政府於同年9月16日及12月19日的交換信函中，均表示將遵守5月21日三強有關柏林納入西德條約的規定。[85]

1971年9月3日《四強柏林協定》附件第二部分稱：

「㈠英、美、法三國政府代表柏林西區及柏林居民在外國利益之權利與義務，此包括在國際組織及與他國關係上與其安全及地位有關事務之權利與責任。

㈡在不傷害上述規定及不觸及（柏林西區）安全及地位前提下，同意（have agreed）下列聲明：

1. 德意志聯邦共和國可對柏林西區之居民行使領事服務權。

2. 倘德意志聯邦共和國依照既有之程序簽訂之國際條約與協定能延伸至柏林，此項延伸必須在條約及協定中被述及。

3. 德意志聯邦共和國可在國際組織及國際會議中代表柏林西區之利益。

4. 柏林西區居民可與德意志聯邦共和國之代表共同出席國際會議及國際展覽會。國際會議及國際組織之議程可在柏林西區舉行。邀請函可由市政府或德意志聯邦共和國與市政府共同具名邀請。」

1952年的三強聲明與1971年的《四強柏林協定》在意義上的差別為：

---

[85] a.a.O., <140>.

1.《四強柏林協定》承認西德在某種條件下可代行柏林西區的對外代表權。在1971年以前,蘇聯及東歐集團主張,西柏林是一自主的政治單一體,故對於西德與他國簽署有關效力可及於柏林的條約,以及西德在國際組織中可代表柏林西區時均提出抗議。[86]《四強柏林協定》簽署後,西德獲得四強同意,可代表柏林西區的對外利益。

2.蘇聯認為西德可代表柏林西區對外利益的法律基礎是來自於《四強柏林協定》。但是英、美、法三國則認為,此項權利並非重新賦予,而是三強重申已往的立場,例如,就英文文法而言,協定中即非使用現在式的「同意」(agree),而是以現在完成式的「同意」(have a-greed)及「維持」(maintain)來表述四強在柏林的對外利益。[87]

1952年的聲明及1971年的《四強柏林協定》,均將柏林納入西德對外關係的先決條件設定為,不得影響到柏林的地位、安全及四強的權利與義務。故在有關軍事、安全事務的條約上,東西方均有共識,如《北大西洋公約組織條約》及有關的決議、有關軍事性質的條約,如禁止發展、製造、屯積生化及毒性武器條約、國際民航協定、雙邊民航協定等效力均不得擴及至柏林。[88]但蘇聯對於有關外交人員特權與豁免、無國籍人、國際電訊、內陸航運、

---

[86] Zivier, *Der Rechtsstatus des Landes Berlin*, S.127 ff.
Hendry /Wood, *The legal Status of Berlin*, S.190 ff.
[87] Hendry /Wood, *The legal Status of Berlin*, S.192.
[88] a.a.O., S.201 ff.

限武等條約事務，亦反對將西德的權力擴及至西柏林[89]，惟英、美、法三國則以上述條約在「不影響盟軍權責、立法下可有效施行」。[90] 蘇聯與英、美、法三國的態度顯示，雖然《四強柏林協定》已爲柏林對外利益代表事作了原則性的規定，但雙方對於實際運作時的限制方面，仍無法達成具體的共識。

柏林問題本來即是國際冷戰下的產物，在東西方未能和諧共處的國際環境中，東西柏林地位的法律爭議自所難免。基於戰勝國的權利、歷史民族的情感、現實政治的發展，英、美、法、蘇四國與西德及東德六國間似乎很難在柏林問題上找出共有的交集。隨著德國問題的解決，柏林問題的爭議亦告結束，1990年9月12日東西德與四強共同簽署的《二加四條約》重新將柏林歸還給統一後的德國，結束了四十五年來四強對柏林的共管。

---

[89] a.a.O., S.205.
[90] a.a.O., S.204 ff.

第八章
德國東域歸屬的法律爭議

德國東邊疆域（ Ostgebiet ），包括德波疆界問題，是第二次世界大戰後的歷史產物，它的存在象徵著戰勝國對戰敗國的安排仍未獲得法律上的解決。雖然戰後德國東域的歸屬及德波疆界已多為世人所接受，但西德仍對此一占德意志帝國四分之一的土地不能忘情，甚而在《莫斯科條約》、《華沙條約》與《基礎條約》（統稱為《東進條約》）作出應尊重歐洲各國現有的疆界後，西德內部仍不認為德波疆界已成事實，或告解決。

　　第一節將就《東進條約》簽署前，有關德國東域歸屬問題的國際協議作一敘述，並探討有關此問題的一些法律爭議。第二節將就《東進條約》簽署後，德國東域歸屬的法律歸屬；《東進條約》中的有關規定是否違反了西德的基本法分別作一討論；以及就西德國會為使德國東域歸屬問題不至結束所作的共同決議文的法律意義作一分析。

　　1990年，隨著德國統一問題趨於解決，這個問題再度引起世人注意，在這一年裡，這個問題能否解決已成為德國能否統一的最大關鍵，在西德期盼儘快完成統一與四強的壓力下，西德不得不承認德國東域將不再屬於統一後的德國。隨著德國的統一，德國問題的解決，德國東域，德波疆界等問題亦煙消雲散，終告解決，這一部分將留至下章結論部分作一論述。

第一節 《東進條約》前的法律爭議

一、有關德國東域的國際協議

　　1939年波蘭在巴黎成立流亡政府，後設址於倫敦，該流亡政府呼籲國際間同意其建立一個「強壯的波蘭」（starken Polen），特別是擁有一個能保障其安全的邊界。[1]具體而言，波蘭流亡政府希望其國家未來的領土為其原有的領土再加上德國的東普魯士地區。[2]對於蘇聯將寇松線（Cuzon Linie）作為波蘭東邊疆界以及將一部分德國東邊領土給予波蘭作為補償的建議，流亡政府表示拒絕。[3]

　　1943年4月在波蘭卡殷（Katyn）地區發現約四千名波蘭籍軍官的屍體，造成波蘭流亡政府與蘇聯斷絕外交關係。[4]1944年夏天蘇聯另扶植成立「民族解放委員會」（Politisches Komittee der Nationaler Befreiung），同年7月26日

---

[1] Hans-Georg Lehmann, *Der Oder-Neiße-Konflikt*（München, 1979）, S.24.

[2] Alfred Verdross /Bruo Simma / Rudolf Geiger, *Territoriale Souveränität und Gebietshoheit – Zur völkerrechtlichen Lage der Oder-Neiße-Gebiete*, Kulturstiftung der deutschen Vertriebenen, 1980, S.42.

[3] a.a.O., S.43.

[4] a.a.O.

Wolfgang Wagner, *Die Entstehung der Oder-Neiße-Linie in den diplo-*

該委員會同意蘇聯的建議，將寇松線作爲波蘭的東界，奧德-奈斯（ Oder – Neiße ）線作爲波蘭的西界。[5]1945年1月1日波蘭「民族解放委員會」成立「波蘭共和國臨時政府」，三天後，蘇聯對其作國際法的承認。[6]

1945年3月蘇聯軍隊占領奧德-奈斯線以東地區，除東普魯士以北地區外，其餘皆交予波蘭臨時政府管理。[7]在蘇聯軍隊抵達奧德-奈斯線以東的德國領土以前，此地區大多數德國人已經逃離，1945年6月波蘭開始驅逐此地區的其餘德國人民，另一方面開始積極呼籲其他地區波蘭人進入此地區。[8]

依據西德官方統計，奧德-奈斯以東地區，面積共11萬4296平方公里，占1937年12月31日德國領土的24.3%。[9]在1939年5月時，此地區約有962萬居民，占德意志帝國的13.8%，其中95.75%具德國國籍，[10]第二次世界大戰後，因蘇聯軍隊抵達前的逃亡及受波蘭政府驅逐，此地區的德國人民只剩下110萬人。[11]

1945年2月11日英、美、蘇三國在〈雅爾達公報〉中

---

4 matischen Verhandlungen während des Zweiten Weltkrieges, 3, Auflage,
（ Marburg, 1968 ），S.35.
5 Verdross / Simma / Rudolf, *Territoriale Souveränität und Gebietshoheit –
Zur völkerrechtlichen Lage der Oder-Neiße-Gebiete*, S.43.
6 a.a.O.
7 a.a.O.
8 a.a.O.
9 *Statistisches Jahrbuch 1969, Hrsg. Statistisches Bundesamt*, S.564.
10 a.a.O.
11 Verdross / Simma / Rudolf, *Territoriale Souveränität und Gebietshoheit –
Zur völkerrechtlichen Lage der Oder-Neiße-Gebiete*, S.9.

對有關波蘭疆界部分，僅作了概括性的規定：[12]

> 「三國政府首長認爲，波蘭之東疆，應依照寇松線，在若干區域作出5公里至8公里對波蘭有利之溢出。渠等認爲，波蘭必須在北方與西方獲得廣大領土之讓予。渠等認爲，關於這些領土之增加範圍，當於適當時機徵詢新波蘭之民族統一臨時政府之意見，且波蘭西疆之最後定界應待和平會議時解決」。

1945年8月2日英、美、蘇三國在《波茨坦議定書》中，對波蘭東西疆及蘇聯與波蘭的疆界成了較爲詳盡的規定：[13]

> 「五、哥尼斯堡（Königsberg）城及其鄰近地區：
> 本會議審查蘇聯政府之提議，在和約將疆界問題作最後決定之前，蘇聯毗鄰波羅的海之西部疆界，應自但澤（Danzig）灣東岸之一點向東延伸經勃朗斯堡（Braunsberg）-哥達普（Goldap）之北，以達立陶宛、波蘭共和國及東普魯士疆界之會合點。本會議已原則同意蘇聯政府之提議，即哥尼斯堡城市及上述之鄰近地區最後讓予蘇聯，並由專家勘定其實際之疆界。美國總統及英國首相聲明，彼等於未來和約中將支持此項提議」

---

[12] *Dokumente des geteilten Deutschland*, Band I, Hrsg. von Ingo von München,（Stuttgart, 1976），S.10 ff.

[13] a.a.O., S.40 ff. Documents on Germany *1944－1985*,（United States Department of State），S.62.

八、㈡波蘭之西邊疆界：

依據克里米亞（雅爾達）會議決定，三國政府領袖曾向波蘭民族統一臨時政府就其關於應由波蘭接受之北部領土及西部領土之增加問題徵詢其意見。波蘭民族會議主席及波蘭民族統一臨時政府人員亦被邀參加本會議，並充分表達其意見。三國政府領袖重申渠等之主張，即波蘭西邊疆界之最後劃定（final delimitation）應由和約解決。

三國政府領袖一致認爲，在波蘭西邊邊界未作最後決定（final determination）前，以前德國東部領土，即由史溫勒孟德（Schwinemunde）以西之波羅的海沿奧德河至奈斯河西岸匯流處，再由奈斯河西岸至捷克斯拉夫邊界，包括經本會議決定不由蘇聯管轄之一部分東普魯士以及以前之但澤自由市區域，均由波蘭政府管轄（unter administration of）。爲此目的，（此些地區）應不得視爲蘇聯在德國占領區之一部分（如圖8–1）。………………。

十二、德國人有秩序之遣返

三國政府對於此問題曾自各方面加以考慮，認爲逗留在波蘭、捷克斯拉夫及匈牙利之德國居民，應遣返德國。三國政府同意辦理此項遣返須井然有序，並須合乎人道。」

《波茨坦議定書》對德國東域所引發的爭議爲，該議定書有無對蘇聯與波蘭占有的德國東域作一法律上的解決？簡單的說，原有的德國東邊疆域（如圖8–2所示）是否已在法律上不屬於德國。

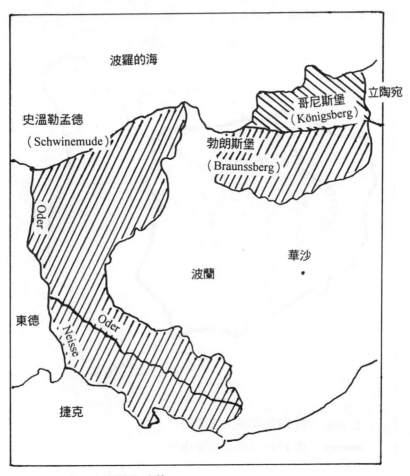

波羅的海

史溫勒孟德
（Schwinemude）

Oder

東德

Neisse

Oder

捷克

哥尼斯堡
（Königsberg）

立陶宛

勃朗斯堡
（Braunssberg）

華沙

波蘭

///左斜線地區劃予波蘭

\\\右斜線地區劃予蘇聯

圖8－1

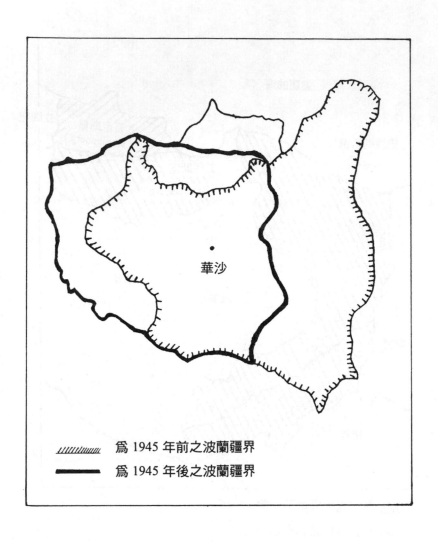

華沙

//////////// 爲 1945 年前之波蘭疆界
━━━━━━ 爲 1945 年後之波蘭疆界

圖 8 - 2

二、相關條約的法律爭議

蘇聯與波蘭方面認為,《波茨坦議定書》已經確定了波蘭與蘇聯的有關國界,[14] 例如,1947年4月29日莫諾託夫(W. M. Molotow)在莫斯科外長會議時即稱,該議定書已經解決了波蘭的西疆問題,且不再會有改變。[15]

東歐的學術界對於這個問題的看法有三種主要論點。相同點在於,認為《波茨坦議定書》中,已將奧德-奈斯區領土歸屬作了規定。不同點在於:(1)只待未來和平條約簽訂時,再將此規定作「正式的轉移」[16];(2)未來的和平條約只是再就劃界細節部分作規定而已[17];(3)未來的和平條約僅具一種宣式性的性質而已。[18]

上述三項論旨的理由如後:

1.《波茨坦議定書》中已將奧德-奈斯區域稱之為

---

14   Herbert Kröger, " Die Rechtsverbindlichkeit des Potsdamer Abkommens, " *Deutsche Außenpolitik*, Sonderheft 3（1970）, S.57. Michael Schmitz, *Die Rechtslage der deutschen Ostgebiete-Die Oder-Neiße-Grenze im Blickpunkt des Völkerrechts*（Koln, 1986）, S.130.

15   Herbert Kraus, *Der völkerrechtliche Status der deutschen Ostgebiete innerhalb der Reichsgrenzen nach dem Stande vom 31 Dezember 1937*（Göttingen, 1964）, S.26.

16   Verdross／Simma／Rudolf, *Territoriale Souveränität und Gebietshoheit – Zur völkerrechtlichen Lage der Oder-Neiße-Gebiete*, S.54.

17   a.a.O., S.54 ff.

18   a.a.O., S.55.

「以前的德國地區」[19]。東德總理葛羅特瓦於1954年即稱，「假如（議定書）任何一字皆有其意義，那麼議定書中所稱的『以前的德國地區』即已明確表示，該地區在《波茨坦議定書》簽字後，已不再是德國的領土」。[20]

2. 在有關「德國人有秩序遣返」一節中規定將「逗留在波蘭、捷克及匈牙利的德國居民遣返德國」，此處已等於將奧德-奈斯地區視為波蘭所屬的地區。[21]

3. 基於被遣返者並無再返回原居地的權利，奧德-奈斯地區必須被視為已轉交予波蘭及蘇聯。[22]

西德學者則認為：

1. 《波茨坦議定書》是否已將奧德-奈斯區的主權轉移給波蘭及蘇聯應取決於下列兩個先決條件：一是《波茨坦議定書》有無此權利，二是有無轉移的意願。[23]依《維也納條約法公約》第34條的規定，條約非經第三國同意，不為該國創設義務的權利。雖然三強在1949年6月5日發表擊敗德國並「承擔德國最高權力」，但在《波茨坦議定書》中並未對奧德-奈斯地區主權轉移給波蘭及蘇聯乙事達成一致的協議，只是在第五部分稱「在和約將最後疆界

---

[19] a.a.O.

[20] Siegrid Krülle, *Die völkerrechtlichen Aspekte des Oder-Neiße-Problems* (*Berlin, 1970*), S.165.

[21] Verdross / Simma / Rudolf, *Territoriale Souveränität und Gebietshoheit – Zur völkerrechtlichen Lage der Oder-Neiße-Gebiete*, S.55.
Lehmann, *Der Oder-Neiße-Konflikt*, S.47.

[22] Verdross / Simma / Rudolf, *Territoriale Souveränität und Gebietshoheit – Zur völkerrechtlichen Lage der Oder-Neiße-Gebiete*, S.56.

[23] a.a.O., S.49.

作最後決定前……哥尼斯堡城及鄰近地區讓予蘇聯」……
「波蘭西界最後劃定應由和約解決」，及在第八部分提出
了所謂的「暫緩條款」（Rückstelle），即將有關疆界的規
定延至未來和平條約簽訂時再作解決。《波茨坦議定書》
有關領土的規定只是暫時的協議，最終且具法律拘束力的
疆界規定，只有在和平條約簽署時才算定案。[24]

　　2.人民在某一地區內所發生的情形，並不會影響到
該地區的法律地位[25]，即使奧德-奈斯地區德國人被迫遣
至西德及東德，但這並不表示該地區的主權亦隨之轉移。
主權的轉移必須等到和平條約簽訂時方成立。人員遷移不
能作為主權轉移證明的另一事實在於，1945年8月16日蘇
聯與波蘭仍簽署有關《波蘭與蘇聯間疆界之條約》，第3
條稱：「波蘭西界將於和平條約簽署時得到最後解
決」。[26]

　　3.《波茨坦議定書》第八部分稱「以前德國的東部
領土……均由波蘭政府管轄」。蘇聯及東歐的學者認為，
這項行政權的轉移即代表該地區主權的轉移，波蘭政府在

24　Harald Lutter, *Oder-Neiße-Friedensgrenze-Zum Verständnis völkerrechtlicher Fragen in der sog. DDR, Dissertation*（Mainz, 1966），S.34.
　　Kraus, Der *völkerrechtliche Status der deutschen Ostgebiete innerhalb der Reichsgrenzen nach dem Stande vom 31 Dezember 1937*, S.22.
　　Krülle, *Die völkerrechtlichen Aspekte des Oder-Neiße-Problems*, S.164.
　　Jens Hacker, "Einfuhrung in die Problematik des Potsdamer Abkommens" In *Das Potsdamer Abkommen und die Deutschlandfrage*, Hrsg. von Eckart Klein / Boris Meissner.（Wien, 1977），S.19.
25　Krülle, *Die völkerrechtlichen Aspekte des Oder-Neiße-Problems*, S.171.
26　Herbert Czaja, *Materialien zur Oder-Neiße-Frage*（Bonn, 1979）.

此地區可毫無限制地行使其國家權利。[27]但西德學者則認為僅是最高行政權的轉移，並不表示最高主權的轉移，因為行政權只是主權的一部分，故不可依此規定推論波蘭在該地區享有主權。[28]1950年7月6日東德與波蘭簽署有關《劃定德波邊界協定》，該協定第1條稱：

> 「締約雙方一致確認，固定與現有之邊界，即自史溫勒孟德城以西之波羅的海，由此引一線及奧德河，再沿奧德河至奈斯河匯流處，再沿奈斯河直至捷克斯拉夫邊境，組成德國與波蘭的國界」。

東德學者認為，該協定將《波茨坦議定書》中仍未定案的有關德波劃界問題，作了最後的規定，至此德波疆界獲得了最後的確定。[29]

就政治層面而言，在有關蘇聯取得「哥尼斯堡城市及其鄰近地區」事上，英美兩國已原則同意蘇聯上述建議，蘇聯並已於戰後在該地區行使國家權力。另基於東德事實上的存在且與波蘭相鄰，東德同意其與波蘭的疆界依照《波茨坦議定書》中的決定，使得波蘭並不會即刻發生與「德國」關於邊界歸屬的問題，此將有利於該地區因「時效」原則，而於日後和約簽署時歸屬於波蘭。

但就法律層面而言，在「哥尼斯堡城市及其鄰近地區」是否屬於蘇聯一事上，雖然英美兩國原則同意蘇聯的上述建議，但這種應允在未來和平條約中支持此一建議的

---

[27] Schmitz, *Die Rechtslage der deutschen Ostgebiete*, S.35.

[28] a.a.O., S.34.

[29] a.a.O., S.42.

原則性允諾，在法律上並不具有拘束力。雖然東德以德國為名，與波蘭簽訂有關德國波蘭國界的協定，但由於德國在法律意義上仍未滅亡，東德並沒有法律上的權利代表德國與波蘭簽署上述協定，故該協定不能視為德國單方面放棄其東域領土的法律依據。故就法律層面而言，上述領土的歸屬尚待統一後的德國出面，方能算是對此地區的主權作一決定。

第二節　《東進條約》後的法律爭議

一、相關條約的法律爭議

1970年8月12日西德與蘇聯簽署的《莫斯科條約》第3條稱：[30]

「依照上述宗旨與原則，德意志聯邦共和國與蘇聯一致認為，僅有在任何人均不破壞現有邊界之情況下，歐洲和平才能夠維持。

-雙方有義務，毫無限制地尊重歐洲所有國家在其現有疆界內之領土完整。

-雙方聲明，雙方對任何國家均無領土要求，將來亦

---

[30] *Zehn Jahre Deutschlandpolitik – Die Entwicklung der Beziehungen zwischen der Bundesrepublik Deutschland und der Deutschen Demokratischen Republik 1969 – 1979* Hrsg. von Bundesministerium für innerdeutsche Beziehungen, S.156.

不提出此種要求。

-雙方今日及將來均認爲，歐洲所有國家之邊界，如今日簽約時之邊界，包括波蘭人民共和國之西界——奧得奈斯線，及德意志聯邦共和國與德意志民主共和國之邊界。」

1970年12月7日西德與波蘭簽署的《華沙條約》第1條稱：[31]

「一、德意志聯邦共和國與波蘭人民共和國同意，1945年8月2日波茨坦會議之決議第九章確定之現有邊界，即緊接史溫勒孟德以西之波羅的海起沿奧德河至勞齊茲·奈斯河之匯合點，再沿勞齊茲·奈斯河到捷克斯拉夫之邊界，爲波蘭人民共和國之西部邊界。

二、雙方確定兩國現有之邊界，在現在及將來，均爲不可侵犯，並保證無條件尊重彼此之領土完整。

三、雙方宣布，彼此對對方均無任何領土要求，今後亦不提此類要求。」

上述各條文亦是《莫斯科條約》與《華沙條約》中最值得爭議的兩條文，即西德是否已承認奧德-奈斯區爲波蘭的西界，西德是否在將來不再提出領土要求。對內而言，這兩項條文有無違反西德基本法的統一命令及第16條的規定。茲分述如下：

---

[31] *Documents of Germany 1944 – 1985*, S.1103 ff.（1104）.

㈠有關不提出領土要求部分

西德政府在條約中表示，現在及未來均不對任何國家提出領土要求。這句話是否可被認為，西德僅放棄以武力提出要求，但仍不排除以和平方式提出要求？西德學者認為，由於武力行為本身即是違反國際法，故不必再於條約中陳述。該條約中所稱之放棄領土要求，應係指包括任何方式的領土要求。[32]西德學者在論及此問題時多強調，德國疆界問題必須等到新的德國重新建立時才能解決，由於德國是否會重新建立仍屬未知，故疆界問題仍未完全解決[33]，西德在法律上並沒有權利以西德之名向波蘭提出領土要求。[34]

另一個問題是，由於東西德分別已與波蘭及蘇聯簽署有關雙方疆界的條約，並由於德國本身已無行為能力。可否解釋為，原本應由未來和平條約解決的領土問題，等於已由東西德的分別簽署而告解決。西德學者認為，由於德國並未滅亡，東西德無法取代德國簽署此有關德國主權的條約，故即使東西德分別已與波、蘇簽署有關疆界的協定，未來的德國仍有權對此疆界問題質疑與修正。[35]

---

[32] Claus Arndt, *Die Verträge von Warschau und Moskau – Politische, verfassungsrechtliche und völkerrechtliche Aspekte*（Bonn, 1982）, S.83.

[33] Helmut Steinberger, "Völkerrechtliche Aspekte des deutsch – sowjetischen Vertragswerkes vom 12. August 1970," *Zeitschrift für ausländisches öffentliches Recht und Völkerrecht 31*（1971）, S.109.

[34] a.a.O.

[35] Benno Zündorf, *Die Ostverträge – Die Verträge von Moskau, Warschau, Prag, das Berlin-Abkommen und die Verträge mit der DDR*（München, 1979）, S.68.

㈡有關西德是否承認奧德-奈斯線爲波蘭的西界部分

　　西德雖然在條約中承認了奧德-奈斯線爲波蘭的西界，但與前段相同的看法是，西德本身並不能代爲放棄或確定有關德國的法律地位問題。德國在上述條約簽訂前即已對該地區擁有主權，西德對該地區的承認行爲並不會影響到整個德國對該地區原有的主權。更進一步說，《莫斯科條約》或《華沙條約》，或波蘭與蘇聯單方面的各種行爲，都無法改變德國對該地區的主權。[36]

㈢有關是否違反西德基本法的統一命令規定

　　西德學者認爲，基本法序言中雖責成德意志人完成德國統一，但並未指明要求以1937年的疆界爲基礎，基本法內亦無要求統一後的疆界必須是1937年的疆界。[37]基本法所述的「統一命令」，其主體是指「德意志人民」，呼籲德意志人民依自決完成德國的統一與自由。簡言之，「統一」並未被侷限於地理上的意義，而是以人民爲訴求的主體。[38]另就現實而言，任何將統一後的疆界視爲應是1937年的疆界，是屬無意義的看法。畢竟，統一後的疆界並不一定會與西德制憲者當時所期盼的疆界爲一致[39]，故由此

---

[36] Schmitz, *Die Rechtslage der deutschen Ostgebiete*, S.25 – 44, 60.

[37] Erich Heimeshoff, " Zur verfassungsrechtlichen Problematik der Ostverträge, " *Deutsche Richterzeitung*（1971）, S.227.

[38] Erich Küchenhoff, " Die Verfassungsmäßigkeit des Warschauer Vertrages, " *Bulletin 171*（1970）, S.1823.
Wilhelm Wengler, " Anmerkung zum BVerfGE vom 21. Mai 1960, " *Die öffentliche Verwaltung*（1961）, S.26.

[39] Wilhelm Kewenig, " Die deutsche Ostpolitik und das Grundgesetz, " *Europa Archiv*（1971）, S.480.

點推論，上述條約並未違反「統一命令」。

㈣有關是否違反基本法第16條

西德基本法第16條規定「德國人民之國籍不得剝奪之」。故若因《東進條約》的簽署，而使得原來生活在德國東部領土的德國人喪失了國籍，則《東進條約》即違反了基本法第16條。西德政府曾對此問題發表聲明稱，《東進條約》不能作為判斷德國東邊領土上德國人民國籍歸屬的根據[40]，《莫斯科條約》及《華沙條約》似亦支持此種論點，因為此二條約中並無一句述及有關德國人國籍之歸屬問題。[41]

另外，西德外長席爾1970年11月14日在西德與波蘭會議代表大會時稱：「依據德意志聯邦共和國現行之法律，沒有人因為本（華沙）條約之簽署而喪失其權利」[42]，西德代表並在這次會議中再三明確表示，席爾外長的上述發言係針對德國國籍一事。其意為，現具有德國國籍的人將不因《華沙條約》而喪失其德國國籍[43]，波蘭代表並未對席爾外長與西德代表團的補充談話表示異議。[44]

另有西德法學者認為，就憲法的意義而言，西德並沒有權利可免除德國人的國籍，西德本身根本無權作有關德

---

[40] *Bulletin des Press- und Informationsamtes der Bundesregierung, 1972,* Nr.6.

[41] *BVerfGE 40,* 141 ff/171.（Beschluβ vom 7 Juli 1975 Verträge von Moskau und Warschau " Ostverträge "）

[42] Arndt, *Die Verträge von Warschau und Moskau – Politische, verfassungsrechtliche und völkerrechtliche Aspekte,* S.187.

[43] a.a.O.

[44] a.a.O.

國國籍的任何規定。[45]

亦有論者認為，《東進條約》本身並不是一個割讓條約，故不牽涉所謂國籍轉移的問題，且國籍的歸屬是指個人與國家的關係，而不是指個人與土地的關係[46]，故在德國東部領土的德國人，並不會因《東進條約》的生效而喪失其德國國籍[47]。故《東進條約》並不違反基本法第16條的規定。

二、西德國會共同決議文的法律意義

西德聯邦眾議院為表示對《莫斯科條約》及《華沙條約》的立場，特於1972年5月10日（將上述兩條約通過變更為法律前六日）由各黨團聯合通過〈共同決議〉，該決議稱：

「一、……與莫斯科及華沙簽訂之條約為一臨時協定
（modus vivendi）

二、德意志聯邦共和國在條約中所承擔之義務，均係以本身之名義承擔。條約所述今日事實存在之疆界，（簽約國）單方面不得更改。但此條約並不能取代與德國之和平條約，亦不能為今日現存之疆界取得法律基本地位。」

---

[45] *BVerfGE 40, 141 ff/172.*

[46] Theodor Maunz / Gunter Dürig. *Grundgesetz Kommentar*（Müunchen，1989），Art.16, Rdnr.29.

[47] Otto Kimminich, *Die Warschaur Vertrag und die Staatsangehörigkeit der " Polen – Deutschen "*, *Die öffentliche Verwaltung*, S.582.

依國際法的解釋，臨時協定之意為，雙方在最終歧見尚未清除前，所達成的一暫時性協議。[48]當整個德國重新建立或有行為能力時，此項臨時協定將不再有效。[49]

西德聯邦衆議院上述聲明意旨為，莫斯科與華沙兩條約係西德政府所簽訂，基於憲法及國際法的理由，四強對整個德國仍具有權利與責任，西德並沒有權利代表德國對疆界問題作最後的決定。[50]故上述兩條約並不能代表未來的對德和約，其規定亦不會影響到未來的和平條約[51]，亦即假若他日和平條約得以簽署，莫斯科及華沙兩條約有關領土的規定自屬無效。

西德外交部次長莫許（Karl Moersch）曾在議會中稱：1972年5月19日西德外長接見蘇聯大使時，曾將該聲明文交予渠，蘇聯大使當時並未拒絕接受，並表示將會將此決議文轉交蘇聯政府。[52]蘇聯政府爾後並未將此文退回給西德，但亦未提及有關此決議聲明一事。[53]

莫許次長另稱，5月9日，即該聲明將在議會提出的前

---

[48] Otto Kimminich, *Der Moskauer Vertrag, Bd.* II , （Hamburg, 1973），S.9.

[49] Schmitz, *Die Rechtslage der deutschen Ostgebiete*, S.50 ff.

[50] a.a.O.

[51] a.a.O., S.55 ff.

[52] Dieter Blumenwitz, *Die Ostverträge im Lichte des internationalen Vertragsrechts, insbesondere der Wiener Vertragsrechstkonvention* （Bonn, 1982），S.40.

[53] a.a.O.

Otto Kimminich, " Die rechtliche Bedeutung der gemeinsamen Entschließung vom17 Mai 1972 für die Ostverträge, " In *Jahrbuch der Albertus – Universität zu Königsberg／Pr.*, Bd.XXIV（1974），S.96.

一天，西德外長即將該聲明交予波蘭在西德的貿易代表，5月23日西德駐波蘭的貿易代表又將上述聲明口頭向波蘭外交部報告，並稱該聲明隨《華沙條約》併爲西德法律中的一部分。但波蘭方面宣稱，該聲明並不能改變《華沙條約》的意義及內容，西德政府亦未對波蘭此項聲明予以反駁。[54]

由於波蘭及蘇聯政府並未明確地否認收到上述決議聲明書，可視爲默許該項聲明與條約有關[55]，但即使依《維也納條約法公約》第32條第2款乙段，該〈共同決議文〉可作爲解釋《華沙條約》與《莫斯科條約》的工具，但卻不具特別重要的意義。[56]特別是西聯邦政府亦視該〈共同決議文〉爲一「政治基本原則聲明」（Politische Grundsatzerklärung），不可傷害條約本身，亦不屬一項「保留聲明」（Vorbehaltserklärung）。[57]不過，該決議文雖然屬於西德單方面的一項意願宣示，但此宣示在國內法上卻等於向人民強烈保證，西德的《東進決策》未違背基本法所規定的國策。

西德聯邦憲法法院在有關《基礎條約》是否違憲的判

---

[54] Blumenwitz, *Die Ostverträge im Lichte des internationalen Vertragsrechts, insbesondere der Wiener Vertragsrechstkonvention*, S.40 ff.

Georg Ress, *Die Rechtslage Deutschlands nach dem Grundlagenvertrag vom 21 Dezember 1972* （Berlin, 1978）.

[55] Blumenwitz, *Die Ostverträge im Lichte des internationalen Vertragsrechts, insbesondere der Wiener Vertragsrechstkonvention*, S.41.

[56] a.a.O.

[57] Ress, *Die Rechtslage Deutschlands nach dem Grundlagenvertrag vom 21 Dezember 1972*, S.149.

決中，在解釋西德與德國的法律關係時，曾併採「同一性理論」及「部分秩序理論」。這項判決應用在德國東域的歸屬問題上時，將陷入自相矛盾。如果持西德基本法所主張的「同一性理論」，則西德自然在法律上等於以德國為名行為。西德所作的條約允諾，未來的德國應當遵守。在此情況下，莫斯科與華沙條約所代表的意義將為：不只西德同意放棄上述領土，未來的德國亦將不作領土要求。但這種解釋將立刻引發莫斯科與華沙條約是否違反基本法的問題。雖然西德聯邦憲法法院在1975年7月7日的判決中作出並不違憲的判決，認為「同一性理論」仍將適用。不過從西德國會所通過的〈共同決議文〉來看，西德國會並不認為未來的德國有義務遵守西德所簽署的上述條約。換言之，西德的國會是採「部分秩序理論」。

倘以「部分秩序理論」解釋，西德國會〈共同決議文〉自有其法理依據，可自圓其說。身為德國屋頂下的部分秩序主體國家，西德自然有權以本身之名行為，可在條約中作保證承認波蘭西界以及未來不提領土要求的承諾。但這種承諾僅對西德政府具有拘束力，由於西德並非與德國為「同一」，西德沒有法定權利代表德國，未來統一的德國並沒有法律義務遵守西德的承諾。故「部分秩序理論」可作為西德政府不放棄德國東域領土的一種詮釋。不過這種詮釋雖在法理上有其理由，但與現實國際政治已有相當脫節。1990年事實證明，西德政府在為求儘快統一與國際現實政治壓力之下，仍是再次經由《二加四條約》確定了德波疆界。但由另一方面來看，西德的法律立場的確不是無的放矢，如果西德原有的立場僅是自說自話，在國

際法上毫無意義的話，波蘭與即將統一前的東西德也就不需要再訂一次有關德國東界的條約。

結　論

第一節　德國問題的解決

德國的再統一，在法律上大致，經過以下三個步驟：

1. 1990年5月18日，東西德財政部長簽署《德意志聯邦共和國以及德意志民主共和國建立貨幣、經濟暨社會聯盟國家條約》（ Staatsvertrag über die Schaffaung einer Währungs-, Wirtschafts- und Sozialunion zwischen der Bundesrepublik Deutschland und der Deutschen Demokratischen Republik ）[1]，即所謂的《國家條約》（ Staatsvertrag ）[2]。

2. 1990年8月31日，東西德簽訂《德意志聯邦共和國與德意志民主共和國實現德國統一條約》（ Vertrag zwischen der Bundesrepublik Deutschland und der Deutschen Demokratischen Republik über die Herstellung der Einheit Deutschlands ）[3]，又簡稱《統一條約》（ Einigungsvertrag ）[4]。

---

[1] Press – und Informationsamt der Bundesregierung (Hrsg.)：*Staatsvertrag über die Schaffaung einer Währungs-, Wirtschafts- und Sozialunion zwischen der Bundesrepublik Deutschland und der Deutschen Demokratischen Republik*, (Bonn, 1990).

[2] 有關《國家條約》的部分中譯文，可參考，黃顯昌研究主持，《東西德統一條約及國家條約之研析》，行政院大陸委員會編印，民國81年4月，第89 – 146頁。

[3] Press – und Informationsamt der Bundesregierung (Hsg.)：*Vertrag zwischen der Bundesrepublik Deutschland und der Deutschen Demokratischen Republik über die Herstellung der Einheit Deutschlands*, (Bonn, 1990).

[4] 有關《統一條約》的部分中譯文，可參考，黃顯昌研究主持，《東西德統一條約及國家條約之研析》，同前書，第3 – 87頁。

3. 1990年9月12日，英、美、法、蘇四國與東西德共同簽署《有關德國最後規則之條約》（Vertrag über die abschließende Regelung in bezug auf Deutschland），即所謂的《二加四條約》（"Zwei plus Vier" Vertrag）。[5] 在德國投降後四十五年，一個全面性的對德和平條約已經不太可能，德國也希望僅與四強簽署和平條約，以迴避可能再生的賠償問題。[6]《二加四條約》就等於是戰後對德國的《和平條約》，在法律上，真正結束了戰後的問題。

一、《國家條約》：建立統一前的貨幣、經濟
　　暨社會聯盟

　　《國家條約》是東西德邁向統一前的一項確定雙方對於貨幣、經濟暨社會有關事務的規定，是規範雙方政經體制的接軌工作。該條約首先在第一章「基礎事實」部分，即分別為貨幣、經濟與社會聯盟的原則作了規定。在貨幣聯盟方面，「雙方自1990年7月1日起成立貨幣聯盟，成為單一貨幣區，以德意志馬克為共同貨幣。德國聯邦銀行為本貨幣區之貨幣發行銀行」。在經濟聯盟方面，「雙方以社會市場經濟為共同經濟體制。此體制之主要特色為私有財產、能力競爭、自由價格構成，以及勞力、資本、貨品與勞務原則上完

5　Press – und Informationsamt der Bundesregierung（Hsg.）：*Vertrag über die abschließende Regelung in bezug auf Deutschland. Die Verhandlungen über die äußeren Aspekte der Herstellung der deutschen Einheit*，（Bonn 1990）.

6　Gordon Smith, eds., *Developments in Germay Politics*（Durham, Duke University Press, 1992），S.355.

全自由之流通」。在社會聯盟方面,「社會聯盟與貨幣聯盟成為一體,其主要特色為符合社會市場經濟之勞動法制以及以給付公平與社會均衡原則為基礎之全面性社會安全體制」。

在政治制度方面,條約的第一章也作了原則性的規定:「雙方表明信奉自由、民主、聯邦國、法制國與社會國之基本體制。為保障本條約或本條約施行上設定之權利,雙方特別保證契約自由、營業、居住與職業自由、德國人在全貨幣區內遷徙之自由、為保護或改善工作與經濟條件而進行結社之自由,以及附件九規定投資者對土地與生產資料之所有權。與此背道而馳之德意志民主共和國憲法中,有關社會主義社會與國家體制基礎之規定,不再予以援引使用」。

由上述的內容可以明顯看出,《國家條約》基本上是東德完全接受了西德的政治、經濟、社會體制。在實際運作上,最廣為人們所稱道的是第10條第5項有關東西德貨幣轉換的規定:「工資、薪俸、獎學金、租金及其他按期支付款項以一比一之比率轉換。所有德意志民主共和國馬克為計算單位之債權債務,原則上以二比一之比率轉換成為德意志馬克。……住所在德意志民主共和國之自然人,其銀行存款在一定限額內依申請以一比一之比率轉換;限額之高低應依申請人之年齡加以區分」。東德人民經由此一規定,其本身財富的數目即刻從東德馬克轉換到西德馬克。在這種經濟實質利益的趨使下,德國統一自然更不是問題了。

二、《統一條約》:規範統一後的法律關係

與《國家條約》強調貨幣、經濟、社會等事務的規範不

同，《統一條約》牽涉到整個法律制度的雙邊協議，內容廣泛，本文及三項附件的打字原件即超過一千頁。三項附件分別為：附件一，〈關於引用聯邦法規之特別規定〉（約有二萬八千五百行）；附件二，〈關於德意志民主共和國繼續有效法規之特別規定〉（約七千二百行）；附件三，〈德意志聯邦共和國政府與德意志民主共和國政府關於處理未決財產問題之共同聲明〉（約一百四十行）。

在本文方面，第1條確定東德的五個邦是依據西德基本法第23條的規定「加入」西德。並且「柏林所屬之二十三個區共組成柏林邦」。第2條確定「德國的首都為柏林」，但是「議會及政府所在地於德國統一實現後決定之」。

1991年6月20日德國聯邦眾議院就德國未來政府及議會所在地事進行討論表決，最後以十八票些微多數決定將柏林作為未來政府及議會的所在地。[7]

在德國基本法修改方面：《統一條約》第4條將基本法前言修改為，「德國民族本於其對神及人類之責任意識，決心在統一之歐洲內作為平等之一員，為世界和平服務，茲基於其立憲權制定本基本法。」「……等邦（全部十六個邦）之德國人民，茲已循由自由自決，完成德國之統一與自由，因此本基本法之效力及於全體德意志民族」。由於基本法第23條及第146條已完成其歷史的任務，《統一條約》第4條並決定將原有的「第23條廢止之」；對第146條增列文字「本基本法在完成德國統一與自由後，對全體德意志民族生效，並自德國全民依自由決議制定之憲法，正式施行之日起失

---

[7] Werner Weidenfeld / Karl-Rudolf Korte（Hrsg.），*Handwörterbuch zur deutschen Einheit*（Bundeszentrale für politische Bildung, 1992），S.36.

效。」

在國際條約及協定方面：第11條規定原則上西德所簽訂的國際條約及協定均仍有效，除特殊例外，效力亦自動及於原東德地區。條約稱：「締約雙方認為，德意志聯邦共和國作為締約國簽訂之國際條約與協定，以及為加入國際組織與機構而簽署之條約繼續有效，因此而發生之權利與義務，除附件一所列條約外亦適用於第3條所列地區（註：即原東德地區）。如個別情況有調整之必要時，全德政府將與締約各方進行商議。」

至於條文中所說的附件一所列條約，亦即不適用於原東德地區的國際條約是指：「德意志聯邦共和國與三強（美、英、法）簽訂有關終止占領軍政府之條約與議定書；有關外國軍隊駐紮德意志聯邦共和國之條約；有關北大西洋公約組織軍隊駐紮德意志聯邦共和國之各種協定；德意志聯邦共和國參加在內之各種限武協定等。」

至於東德原有的國際協定有兩項繼續有效，附件二第一章稱：

「下列兩項協定繼續有效：㈠德意志民主共和國、蘇聯、捷克三國就美蘇廢除中短程飛彈條約所訂有關視察之協議（1987年12月11日簽訂）。㈡德意志民主共和國與美國就1987年12月8日美蘇廢除中短程飛彈條約所訂有關視察之附屬議定書進行之換文（1987年12月12日換文）。」

上述有關東西德在國際條約與協定上的立場，也可以看出最後在處理有關德國問題時，仍是以「部分秩序理論」作為東西德與德國法律關係的理論依據。德國是在東德加入後

完成統一，而不是將東德併吞，因此東德的若干國際條約仍
須遵守。

三、《二加四條約》：德國重獲主權與東域問題
　　的解決

㈠德國重獲主權

　　該條約共計十條，與主權有關者包括：第6條稱：「統
一後德國參加聯盟並負擔其應有之權利與義務之權利不受本
條約觸及」。第7條稱：「法蘇美英四國基此結束對柏林及
整個之權利與責任，與此有關之四邊協議、協定及行為將一
併失效，與其有關之機構亦將廢除」。「統一後之德國擁有
其對內與對外事務之完整主權」（Das vereinte Deutschland hat
demgemäß volle Souveränität über seine inneren und äußeren Angelegen-
heiten）（第7條第2項）。

　　簽訂《二加四條約》後，統一的德國真正在法律上重獲
其「完整的內外主權」。10月1日，也就是在德國再統一的
前兩天，四強聲明，從德國統一之日起，也就是《二加四條
約》生效前，就停止他們的義務和責任。[8]就法律的角度來
看，這個因二次世界大戰被占領而失去「行為能力」的德
國，終於在1990年的10月3日恢復了主權，重新啟動其行為能
力。

㈡德國東域問題的解決

　　1989年11月9日柏林圍牆開放，象徵著東西冷戰正式結
束，德國統一指日可待。西德總理柯爾（Helmut Kohl）曾於7

---

　　[8] a.a.O., S.606.

日致函西德總統馮·魏哲克（ Richard von Weizsäcker ）稱，只有西德尊重第二次大戰產生的邊界，波蘭人與德國人才能真正地和解[9]。

西德國會亦在8日以400票贊成、4票反對、33票棄權通過承認波蘭西界不可侵犯的決議案稱，「 波蘭人有權在確定的疆界內生存，德意志人既不會在現在亦不會在將來對此提出領土要求的問題 」[10]。該項聲明可視爲西德國會表明即使在統一後，亦完全放棄對波蘭領土的要求。此與1972年5月10日國會〈 共同決議文 〉所主張的立場已完全不同。不過，在此次表決中，仍有二十六位基民／基社黨國會議員聯合發表聲明稱「 仍無一有效的文件，可使十萬八千平方公里的土地從德國分離 」[11]。

柯爾在政治立場上亦贊同此二十六位議員的聲明，在訪波蘭前，他雖向波蘭保證，西德無權繼承德國的領土，但他亦強調，他不能代表所有德國人發言，堅持波蘭必須和全體德意志人正式簽訂和約，以明定波蘭的西界[12]。對柯爾而言，他仍持1972年國會〈 共同決議文 〉的立場，即西德承認波蘭的西界，但西德無權代德國承認此疆界。

波蘭西界問題至此又成爲一個新的國際問題，亦成爲德國是否得以統一的一項重要變數。

11月21日蘇聯領袖戈巴契夫在接受《 真理報 》訪問時稱，西德統一必須尊重歐洲現有疆界，波蘭戰後疆界的不可

---

[9] *Die Welt* vom 8.11.1989.

[10] *Die Welt* vom 9.11.1989.

[11] a.a.O.

[12] *Die Welt* vom 25.11.1989.

侵犯性必須像其他國家疆界一樣獲得保障[13]。

西德總理柯爾於11月25日在美國大衛營與美國總統布希會晤後舉行的記者會中仍重申「波蘭邊界問題將由自由選舉產生的全德政府與國會一勞永逸地解決」。不過,布希隨後宣稱,美國希望所謂的邊界問題只包含東西德邊界,美國「正式承認目前的德波疆界」[14]。

波蘭政府自然對柯爾的立場感到失望,柯爾的態度雖然在國際法上自有其依據,但由於渠堅持不對波蘭邊界問題作讓步,亦引起四強及內閣中以外長根舍為主等人士的批評。

1990年3月2日蘇聯外長謝瓦納茲在接見東德社會民主黨代表時稱,東西德和解及統一必須顧及「外在因素」,此言顯然意旨東西德兩德領袖在推動統一時,不能忽視波蘭的權益。同日,美國參議院三十四位議員亦發表聲明,要求東西德將兩國目前與波蘭之間的條約組合成新的協定,確保兩德統一後與波蘭間的現存疆界不變。法國外長亦主張德國統一後與波蘭的邊界應維持現狀[15]。

3月3日柯爾政府略作讓步,宣稱波蘭若要與統一後的德國簽署條約,維持目前疆界,即須放棄對德國索賠波蘭在第二次世界大戰中的損失,此外,亦須再度聲明保障波境德裔少數民族的權利。柯爾政府此項聲明立即遭到波蘭政府嚴詞拒絕[16]。

柯爾的政治立場,使得聯合內閣陷入紛爭。在國際壓力

---

[13] *Die Welt* vom 25.11.1989.

[14] *Die Welt* vom 26.11.1989.

[15] *Die Welt* vom 3.3.1990.

[16] *Die Welt* vom 4.3.1990.

及爲緩和其內閣分裂的情勢下，柯爾政府終於放棄其原有立場。3月6日稱，德國統一後應無條件承認波蘭的西界[17]。

3月8日西德國會經過熱烈的辯論後通過一項決議案，正式向波蘭保證，兩德統一後絕不會企圖改變德波戰後疆界。決議案中明言，東西德應分別發表下列聲明：「波蘭人民應知道他們有權在確定疆界內生存，對此德意志人不會在現在，亦不會在未來，對此提出領土要求的問題」。另外，決議文強調，統一後的德國政府應根據以上聲明與波蘭簽署邊界條約。同時，柯爾分函英、美、法、蘇及波蘭，闡述他解決德、波疆界的立場，亦即西德國會通過的上述內容[18]。

6月21日西德國會與東德人民議會以絕大多數通過東西德《國家條約》。隨後，東西德國會分別通過確定波蘭西界的決議，該決議稱：

> 「……統一後之德國與波蘭共和國間將經由一國際法條約以作如下之最後確定：統一後德國與波蘭共和國之疆界將依據1950年7月6日德意志民主共和國與波蘭共和國之間的有關劃定德波疆界協定，及其補充及執行協定（1989年5月22日德意志民主共和國與波蘭共和國間有關在奧德海灣海域劃界條約）以及1970年12月7日德意志聯邦共和國與波蘭共和國間關係正常化《基礎條約》。
> 雙方（指德波兩國）強調雙方間現有疆界在現在及未來均不可傷害，有義務完全尊重對方之主權及領土完整。

---

17 *Die Welt* vom 7.3.1990.

18 *Die Welt* vom 9.3.1990.

雙方聲明，相互間不提領土要求，未來亦不作如此要
求。」19

　　經由東西德國會的此項決議，使得德國東界問題在實質
上已告解決，剩下的只是統一後的德國與波蘭再簽訂一以現
在德波疆界爲基礎的國際條約。屆時，戰後德國的東界領土
問題將在法律上完全解決。

　　1990年9月12日東西德與四強共同簽署代替《和平條約》
的《二加四條約》再爲德國東域問題劃下一具國際法性質的
休止符，該條約的有關重點爲：

「㈠統一後的德國將包括德意志民主共和國與德意志聯邦
　　共和國及整個柏林，德意志民主共和國與德意志聯邦
　　共和國對外之疆界將自本條約生效日起成爲德國最後
　　疆界。統一後德國疆界最終性質得以確定，是歐洲和
　　平秩序之一重要因素。

㈡統一後之德國與波蘭共和國確認，其間現有之疆界受
　　國際法之約束。

㈢統一後之德國絕不對其他國家提出領土要求，未來亦
　　如此。

㈣德意志聯邦共和國與德意志民主共和國政府確認，統
　　一後德國之憲法將不包括與上述原則相違之條文，此
　　文適用於德意志聯邦共和國序言，第23條及第146條
　　第二段之條文。」

　　本條文所顯示的意義爲：統一後的德國疆界將不等於西

---

19 *Deutschland Archiv*, 1990, S.1138.

德基本法與聯邦憲法法院所認定的1937年12月31日的疆界。雖然柏林經由此項文件重新歸屬德國管轄，但原有德國的東邊疆域亦經由東西德以國際法文件方式宣告放棄。固然此一地區的法律歸屬仍須等到統一後的德國與波蘭簽署有關條約後，才算是正式定案，但此地區的法律爭議已可算是正式結束，占原有德國四分之一領土的東邊疆域成爲德國戰敗的祭品。波蘭獲得該地區的主權，柏林重回德國的懷抱。

德國東域歸屬問題自此已由國際條約予以解決。

第二節　爭議的總結

在國際法的意義上，「德國」並沒有因爲戰敗或被四強占領而滅亡。它雖然暫時失去了作爲一個國家的行爲能力，但仍是一個國際法人。

1867年所建立，並於1871年稱之爲「德意志帝國」的德國，因受到國際法文件的保障，其法律地位仍未滅亡。如在戰時及戰後的一些國際協議中，均宣稱將與德國簽署和平條約，確定處置德國的原則，假若德國已經滅亡，戰勝國自然不需要再作上述規定，另協議中曾明文表示僅承擔德國的所有權力，但不是併吞，亦未表達欲將德國版圖納入占領國的意圖，故而德國並不因占領國在德國行使外國權力而滅亡。

國際社會有相當多的成員國家支持德國仍具國際法人格的主張。更重要的是，西德自始至終均是德國仍未滅亡看法的堅決支持者。這亦是德國法律人格得以持續的根本要素之一。

由於在德國的土地上，重新組織成兩個不同的德意志人民國家，原有德國的國家權力暫時被凍結，作爲一個整體國家而言，德國已缺少國家組織，特別是缺少憲政機關，致使其並無行爲能力。但由於德國在法律意義上仍未滅亡，故其仍具如以往般的法律能力，簡單地說，他仍是一個國際法的法人。

　　由於德國並未滅亡，德國不能被視爲已經分解或分割成兩個新生國家。在法律意義上，德國只能被認爲是暫時分裂爲東西德兩個國家，而未完成法律上的永久分裂。簡言之，東西德爲兩個分裂中國家，而不應被稱爲已分裂國家。

　　在「整個德國」事務上，東西德都不能算是完整的主權國家。

　　雖然英、美、法、蘇四強分別以國際法文件方式將主權給與東西德，但在事實上，四強仍擁有因戰勝而得的保留權力。東西德在一般性的內政事務上，各在其憲法效力所及的區域內享有完整的主權，但在整個德國與柏林事務上，雙方的主權仍受到相當的限制。除非東西德放棄德國統一事務的發言權，否則四強基於戰勝「德國」而擁有的權利不會消失。在統一或完全分離前，東西德在法律意義上將一直不是一個具完整主權的國家。但對西德有利的一面而言，四強保留條款的存在，至少表示著，德國仍是一個法律名詞，而非一個地理名詞。換句話說，東西德唯有不具完整的主權，在法律意義上，才有權要求四強盡其權利與責任以完成德國的統一。

西德制憲者是採「國家核心理論」處理西德與「德國」的法律關係。

　　在西德與德國的法律關係定位上，西德制憲者應係以「同一性理論」中的「國家核心理論」處理西德與德國的關係，即視西德與1937年疆界的德國為同一，但其領土僅暫及於基本法所適用的範圍，並不含蓋整個德國。惟上述情形只是暫時性的狀態，而非常態，待東德及其他地區的占領權力消失後，才屬正常狀態。在有關規定上，西德基本法中明訂對西德各憲政機關具有拘束力的「再統一命令」，亦主張僅一個國籍，西德不創造西德特有國籍的原則，又主張當東德願意加入西德時，基本法自然適用之。

　　英、美、法三國是以「唯一代表」，而非「同一」關係來界定西德與「德國」的關係。

　　西德聯邦法法院在1973年以前的歷次判決中，亦較傾向於「國家核心理論」詮釋西德與德國的法律關係。西德政府及英、美、法三國亦係以「唯一代表權」詮釋西德與德國的政治關係，惟三強卻從未明文同意西德與德國在法律上為「同一」的看法。三強與西德上述政治的主張，一直到1969年布朗德政府執政時才告放棄。

　　東德制憲者係以「完全同一性」理論，1955年以後改以「分解理論」界定東德與「德國」的關係。

　　東德制憲者係以「完全同一性」理論規範東德與德國的法律定位關係——視東德的領土及主權應擴及至西德與東德，並與原有的德國為「完全同一」。1950年代中期，一連

串的難民潮及工人暴動事件，使得東德政府感受到其政權危機之際，東德政府重新改變其與德國法律關係的立場，改以「分解理論」──視德國已經滅亡，東西德為兩個新生國家──處理德國法律地位問題。自此以後，「兩個國家」主張爰成為東德的基本國策。

東德主張以成立「邦聯」方式來獲得西德對其主權的承認。

在1950、1960年代，與西德相較，東德是處於弱勢的國際地位。東德了解到，在當時的國際政治氣氛下，要想獲得國際的承認，最重要的關鍵應是在於是否能得到西德的承認。為達到目的，東德在1950年代末期至1960年代末期，以東西德共同成立「邦聯」作為向西德索求對其作國際法與國家承認的誘餌。惟在冷戰期間，東西德與東西方在缺乏互信基礎，西德居於經濟優勢且在主觀上不願對東德作國家承認的情勢下，成立邦聯的建議乃胎死腹中。不過，東德在這十年當中，不斷地在各種場合，以各種方式向西德傳達訊息，可視為東德德國政策中最積極的一段時間。這亦顯示出，對於一個處於弱勢的分裂中國家而言，如何追求國際社會對其國家與國際法的承認，係遠較統一為先的當務之急。

布朗德改變以前西德政府立場，承認東德是一個國家，但仍堅持不承認東德是「外國」。

1960年代末期，作為分裂中居優勢地位的西德，基於執政黨本身的政治理念，認為僅有以接觸方能使東德產生改變、唯有與蘇聯和解才能創造善意的國際環境。在實踐其理念方面，布朗德政府為求得一個與蘇聯友好的國際環境，所

付出的代價是允諾尊重二次世界大戰後的歐洲疆界；在爲求得與東德充分交流方面，所願交換的條件是承認東德的國家地位與享有主權。惟爲使承認東德國家地位並不等於對東德作國際法的承認，西德爰舉出德國仍未滅亡、德國仍具國際法人格，作爲其德國政策法律基礎的一法寶。在這種法律詮釋下，東西德雖然各是一個獨立的國家，但由於兩者均是德國下的部分秩序主體國家，故東西德之間的關係並不是一般的「外國」關係，自然亦沒有國際法的承認問題。倘若西德對東德作國際法的承認，不啻是同意德國已經分解，德國統一的希望在法律上即已消失。

在德國尚未滅亡，承認東德爲一國家，但不對其作國際法承認的基礎下，西德憲政機關以「特殊關係」或「內部關係」作爲東西關係的定位，以有別於一般國家與國家之間的關係。這種特殊關係應用在東西德邊界問題上，將得出東西德邊界不同於一般國家間的疆界，而僅類似於西德內部各邦間邊界的解釋。這種解釋雖有其法理根據，但與現實已有極大的出入，此點可謂是德國問題中法律與政治觀點的最大差距。

西德「聯邦憲法法院」的至高權威性有效地解決朝野的統獨之辯。

在《基礎條約》簽署前後，西德內部亦引發對布朗德德國政策是屬統或屬獨之辯，巴伐利亞政府曾堅決反對聯邦政府背叛歷史，而向聯邦憲法法院提出訴訟。惟當憲法法院作出《基礎條約》並未違憲的判決後，在野政黨雖對判決理由仍有異議，但均對判決結果完全尊重，並未走上街頭，更未再將該問題升高爲意識形態鬥爭或忠奸之辯，此全是拜西德

政治文化成熟所賜。不論判決結果在法理上是否仍有爭議，聯邦憲法法院至高無上的判決權威，是使德國政局得在《基礎條約》簽署後依然保持平穩，亦使得聯邦政府得以繼續依其合法的自由裁量權推動德國政策理念的一項非常關鍵性的因素。此點或許是其他分裂中國家所望塵莫及的。

聯邦憲法法院併用「同一性理論」與「部分秩序理論」（「屋頂理論」）為西德與「德國」的法律定位關係作「內外有別」的詮釋。

聯邦憲法法院在述及西德與德國的法律關係時，立場有自相矛盾之處。在解釋東西德法律關係現狀方面，係採用「部分秩序理論」（即俗稱的「屋頂理論」），視東西德為德國屋頂下的兩個部分秩序主體國，但在展望未來德國統一方面，則仍引用制憲者所規範的國家核心「同一性理論」，視基本法中的再統一命令，第23條及第116條仍然具有其法律上的拘束力。簡言之，聯邦憲法法院基於現實，以「部分秩序理論」解釋東西德的法律定位關係。但為堅持理想，又以「國家核心理論」詮釋西德與德國的關係。聯邦憲法法院在此次判決中可謂充分地發揮了其政治性的功能，而該法院在判決中對理想的堅持，雖與現實有些出入，但卻為1990年10月3日東德依基本法第23條加入西德完成統一提供了法律上的保障。

聯邦憲法法院將基本法中的「再統一命令」解釋為「禁止阻礙再統一命令」，給予行政部門推動政策的空間。

聯邦憲法法院將基本法中的「再統一命令」解釋為「禁

止阻礙再統一命令」，賦予聯邦政府在不違反基本法的前提下，依其政治判斷推動德國統一政策，除非該項政策已經明顯地超越了判斷，使得在事實上與法律上均與德國統一基本國策相違背，聯邦憲法法院不予干涉。此項判決給予聯邦政府有較廣的空間執行其政策。換言之，在聯邦憲法法院的認知中，西德唯一不可放棄的即是——德國依然存在，不對東德作國際法的承認，堅持完成德國統一的意願，只要在堅守此三個條件下，西德政府有依其政治理念推動德國統一的決策權。

「統一信函」只有政治意義，可反映西德的自我期許與規範，但對東德與蘇聯並無法律拘束力。

雖然在《莫斯科條約》與《基礎條約》簽署後，西德政府分別致函蘇聯與東德政府，表明西德並不因上述條約而放棄統一的目標。但依據國際法的解釋，此兩封「統一信函」並不具有法律效果。換句話說，在《基礎條約》簽署後，西德政府已放棄唯一代表權的主張，東德亦被視為具有國家屬性的政治實體，西德僅能將統一視為政治目標。該信函對西德而言，僅能被視為屬於一種明確重申其統一立場的政治性文件，東德固然不能指責西德以和平方式推動統一政策係屬違反《基礎條約》，但東德亦無義務接受西德的統一理念。在《基礎條約》簽署後，唯一能使得德國問題仍未解決，德國統一仍具希望的關鍵，在於德意志人民對民族統一的認同與四強對德國的權利與責任。

英、美、法、蘇四國是以「部分秩序理論」來處理（屋頂理論）「德國」與東西德三者間的關係。

四強亦在戰後的有關國際協議中，承認並重申承擔對整個德國與柏林的權利與責任。此點顯示，在《基礎條約》簽署後，四強明確地以「部分秩序理論」處理德國的法律地位問題，他們繼續承認德國仍具有國際法人格，亦承認東西德均具有國家屬性，並分別與其建立外交關係。這項權利與責任所代表的意義是，四強有以戰勝國身分決定統一後德國地位的權利，但對德意志人民而言，四強亦有使德國完成統一的責任。

東德以修憲方式來界定自己的新民族屬性，以有別於傳統的「德意志民族」，俾徹底消除西德要求「民族自決」的壓力。

《基礎條約》的簽署，使得東西德法律關係走向一個新的境界。在簽約後，西德堅持東德雖是不同的國家，然兩國人民仍屬於同一民族。但東德卻認為東西德已經是不同的民族，而分別是社會主義民族與資本主義民族。西德堅持德意志人民仍有決定德國應否再統一的自決權，但東德卻認為東德人民早已行使過自決權，並依此建立了東德此一社會主義國家。《基礎條約》在東西德各持異議的情況下簽訂，且述明了雙方對此基本問題的不同見解。就國際法而言，在《基礎條約》簽署後，東西德任何一方的見解均受到條約的保障與拘束，雙方已無權指責對方在民族統一及自決權問題所持的立場或所推動的政策係違反《基礎條約》。西德固然仍可一如往昔般地主張其對統一及自決權的看法，但已無理由阻

止東德的其他立場。在《基礎條約》簽署後，未來倘在整個德意志人民行使自決權時，東西德人民均是自決權行使的主體。換句話說，只要一方不贊成統一，在法律上德國即不能統一，而且在行使自決權時，不能以人民的總人數作爲自決的計算標準，亦即不可以多數對抗少數。再進一步說，倘若東德人民支持德國分裂，即使四強認爲仍對整個德國統一事務具有權利與責任，但這將在東德人民拒絕統一的意願下，變得毫無意義。德國亦將因其一部分秩序主體的意願，另一部分秩序主體的無權反對而走向實質上的滅亡。

東西德在聯合國內的行爲與「外國」無異，但這並不影響「德國問題」在法律上仍未解決的法理基礎。

在東西德共同加入聯合國後，東德的國家屬性更得到了絕大多數國際社會成員的認同，東西德在聯合國內的關係，與一般國家間的關係完全一樣，看不到任何西德所稱的「特殊關係」或「內部關係」。雖然雙方同意以互設常駐代表處取代大使館，但東西德所引用的法律規則，幾乎與《維也納外交領事公約》的條文無異。就實質而言，雙方所進行的已經是一種國際法上的關係。但是，即使事實如此，西德卻仍堅持不對東德作國際法的承認，惟東德又一直堅持，東西德間已是一種國際法上的外交關係。在這種情況下，唯一具有說服力的理由，即是由於四強尚未履行其對德國的權利與責任，德國尚未完成分解，東西德共同加入聯合國並不會影響到德國的法律地位。故而，西德主觀認定東西德的常駐代表關係並不等於外交關係的看法，在法理上可以說得通。但若僅以東西德同意互設常駐代表作爲東西德間關係爲「特殊關係」的理論依據，是不足以在法理上立足。

「德國問題未解決」與「特殊關係」兩者間的因果關係，不宜倒置。前者是後者的因，而不是果。

也有人以東西德經貿的特殊性，作爲東西德「特殊關係」的法源。此係忽略了只要當事國同意，當事國間可以任何方式從事經貿的事實。西德主張東西德間的貿易屬「內部貿易」形態，且歐洲共同體亦接受此種特殊貿易形態，全是拜德國問題仍未解決之賜。倘若這項前提不存在，東西德間的特殊貿易形態將完失去法理基礎。基於國際間交往並無一成不變的固定形式，東西德在《基礎條約》中雖就互換常駐代表、經貿採內部貿易形態、以交換照會方式促使條約生效等事達成共識。但以上各點，及或雙方在有關國籍、財產及基本問題上同意對方的不同意見等規定，均不能作爲東西德關係爲「特殊關係」的法律理由，只能算是一些因特殊關係而生的現象。換言之，《基礎條約》本身並不能爲東西德創造爲國際社會所接受的特殊關係。

東西德分將東西柏林歸爲東西德的一部分，但在1990年德國再統一前，四強認爲西柏林並不屬於西德。英、美、法三國也不認爲東柏林屬於東德。

在柏林問題方面，四強一直堅持其由戰勝而得來的占領權。西德與西柏林關係的發展，絕對不能影響到英、美、法三國在當地的最高權力與法律地位。雖然西德基本法規定，其法律效力擴及柏林，但三強仍明確表示，西柏林不屬於西德，不是西德的一個邦，聯邦憲法法院對「柏林案件」不具管轄權。西德聯邦政府、議會等憲政機關僅能有限制地在西柏林「出現」。另一方面，雖然蘇聯同意東德在東柏林行使

最高權力，三強的駐東德大使館亦設址於東柏林，但三強仍堅守對東柏林地位的保留權，認為東柏林的特殊地位不得任由東德或蘇聯片面改變。柏林問題最足以突顯德國問題是國際冷戰下的產物，作為昔日德國的首都，柏林分裂代表著歷史的傷痕，有關其法律地位的爭議，亦只有在冷戰結束，德國法律地位的爭議解決後，方能完全地結束。

德國東邊疆域問題一直到德國再統一後才真正完全解決。這也顯示相關國家是以「部分秩序理論」（屋頂理論）來看「德國問題」。

德國東邊疆域問題，即奧德-奈斯河以東的德國地區歸屬問題的存在，象徵著戰勝國對戰敗國的領土安排仍未獲得法律上的解決。雖然在《波茨坦議定書》中，已將此一地區劃予波蘭，但由於在該協定中並未對此地區的主權作轉讓的規定，僅稱將留待未來和平條約簽署時再作決定。又因德國並未出席此一會議、簽署協定，此皆使得德國東域在法律意義上僅能歸波蘭所占有，但不是擁有。波蘭對此地區有管轄權，但卻仍未享有主權，《波茨坦議定書》所作的只是最高行政權的轉移而已。即使後來東德曾以德國之名，將上述土地劃予波蘭，但因為在法律意義上，德國仍沒有滅亡，所以東德並沒有權利以德國之名行使割讓。1970年代，西德雖然在《莫斯科條約》、《華沙條約》與《基礎條約》中作尊重歐洲各國現有疆界、並且不在現在或未來對他國作領土要求的表示。但西德的解釋為：西德政府僅是、亦僅能以西德之名，不對歐洲現有疆界提出異議。西德無權代替德國作上述聲明。換言之，日後統一後的德國自可否認西德所作的主張，西德聯邦憲法法院亦間接秉持此種看法，而認為《莫斯

科條約》與《華沙條約》並未違反基本法的有關規定。非常明顯地，西德政府自1970年以後是以「部分秩序理論」來解釋德國東域問題。也唯有依此理論，才不至於在法律上發生西德已放棄該地區主權的結果，倘以「同一性理論」解釋，西德自有權利代表德國處理德國東域問題。

《二加四條約》在本質上可以看成是英、美、法、蘇對德的戰後《和平條約》。「德國」因此恢復了完整的國家主權。

德國法律地位問題的爭議，在1990年9月12日四強與東西德共同簽署的《二加四條約》中終於得到解決。在分裂四十一年後，1990年10月3日，德國終於經由東西德人民的意願與四強的同意，重新獲得了主權，成為一個具有行為能力的國際法人。

西德對與「德國」關係採「內外有別」的不同界定方式，兼顧原則、理想與現實。

西德對德國問題採「內外有別」的法律定位方式，有其重大的政治意義。在對外關係上，包括與東德、蘇聯、波蘭等國簽訂的《東進條約》都是以「部分秩序理論」作為法理的依據，如此一方面顧及了政治的現實，得在承認戰後的疆界與現狀下發展東西德的關係，另一方面又迴避了會造成德國永久分裂的法律上的可能性。但是西德在界定自己與德國關係、對於整個德國人及對未來統一的方式時，卻採行「同一性理論」中的「國家核心理論」。這個主張，在當時看來是有些「以法律強政治之所難」，對一般德國人民與外國政府看來，這似乎只是西德為安撫其歷史使命及基本法規定的

一種「一廂情願」說法而已。但是德國的再統一，卻是在西德當時制憲者所規劃的架構下，以基本法第23條完成。西德「法律為政治服務」、「政治以法律為依循」的統一政策，是值得作為他山之玉石。

人民的意願是解決德國問題的絕對關鍵。

解決德國問題的一個啟示為，人民的意願取向為分裂中國家是否得以完成統一的最大關鍵，倘東西德人民均認為德國已經滅亡，又不願統一，德國問題已經解決，則即使依國際法，亦不足以為德國存續作辯解。在德國分裂的四十餘年過程裡，雖然隨著時間的發展，愈來愈少的西德人民認為德國統一仍有希望，例如，1987年的問卷調查即顯示，只有3％的人認為德國會統一，但平均每年仍有約八成以上的西德人民期待德國再統一[20]。在1989年及1990年的民主浪潮中，東德人民也表達了高度的統一意願，這兩股意願的潮流終於迫使四強接受德國應該統一的主張，使得德國統一成為事實。人民的意願才是問題的解決關鍵。國際法與憲法提供了人們依循與解釋的空間與依據，沒有它們，人民的意願無法作合法的表達；但缺少民意的支持，任何國際法與憲法的主張與憑藉，最後都會成為虛幻。我們從德國問題上，最後證明了西德是屬於前者，東德不幸的成為後者。作為另一個分裂分治的兩岸，「德國問題」所帶來的啟示，是值得深思與借鏡。

---

[20] 請參閱本書第三章第二節。

參考書目

一、中文部分

丘宏達主編，《現代國際法》，（台北，三民書局，民國
67年）。

丘宏達編輯，《現代國際法基本文件》，（台北，三民書
局，民國73年）。

杜蘅之，《國際法大綱》，上、下冊，（台北，台灣商務
印書館，第六版，民國73年）。

黃顯昌研究主持，《東西德統一條約及國家條約之研
析》，行政院大陸委員會編印，民國81年4月。

雲五社會科學大辭典，第三冊，《政治學》，（台北，台
灣商務印書館，民國60年）。

陳治世，《國際法》，（台北，台灣商務印書館，民國79
年）。

施啓揚，《西德聯邦憲法法院論》，（台北，台灣商務印
書館，民國60年）。

二、外文部分

㈠書籍與期刊論文

Adenauer, Konrad, *Erinnerungen 1953-1955*（Stuttgart, 1966）.

Adenauer, Konrad, *Reden 1917-1967 : Eine Auswahl*（Stuttgart,

1975).

Albano-Müller, Arnim, *Die Deutschlandartikel in der Satzung der Vereinten Nationen* (Stuttgart, 1967).

Alexy, Helmut, " Die Beteiligung an multilateralen Konferenzen, Verträgen und internationalen Organisationen als Frage der indirekten Anerkennung von Staaten, " *Zeitschrift für ausländisches öffentliches Recht und Völkerrecht* 26 (1966): 495ff.

Anzinger, Rudolf, " Das Selbstbestimmungsrecht der Völker-ein Grundprinzip des demokratischen Völkerrechts, " *Deutsche Außenpolitik* (1964): 786ff.

Anzinger, Rudolf, *Das Selbstbestimmungsrecht im allgemeinen Völkerrecht der Gegenwart* (Berlin-Ost, 1966).

Anzinger, Rudolf, *Die Verträge von Bonn und Paris und die Rolle der völkerrechtlichen Anschauungen in den Auseinandersetzungen um diese Verträge in Westdeutschland*, Dissertation (Leipzig, 1956).

Arndt, Adolf, *Der deutsche Staat als Rechtsproblem* (Berlin, 1960).

Arndt, Claus, *Die Verträge von Warschau und Moskau-Politische, verfassungsrechtliche und völkerrechtliche Aspekte* (Bonn, 1966).

Arzinger, Rudolf, *Das Selbstbestimmungsrecht im allgemeinen Völkerrecht der Gegenwart* (Berlin-Ost, 1966).

Arzinger, Rudolf, *Die Verträge von Bonn und Paris und die Rolle der völkerrechtlichen Anschauungen in den Auseinandersetzungen um diese Verträge in Westdeutschland*, Dissertation. (Leipzig, 1956).

Bentzien, Joachim, "*Möglichkeiten des zivilen Luftverkehrs in Deutschland*, " *Zeitschrift für Luftrecht- und Weltraumrechtsfragen* (1973):61ff.

Berber, Friedrich, *Lehrbuch des Völkerrechts*, Bd.1 Allgemeines Friedensrecht, (München, 1960).

Berber, Friedrich, *Lehrbuch des Völkerrechts*, Bd.2. (München, 1969).

Berber, Friedrich, *Lehrbuch des Völkerrechts*, Bd.3. (München, 1964).

Bernhardt, Rudolf, *Die Auslegung völkerrechtlicher Verträge insbesondere in der neueren Rechtsprechung internationaler Gerichte* (Berlin, 1963).

Bieberstein, Walter Freiherr Marschall von. "*Zum Problem der völkerrechtlichen Anerkennung der beiden Regierungen* - Ein Beitrag zur Diskussion über die Rechtslage Deutschlands, " In *Schriften zum öffentlichen Recht*, Bd.3. (Berlin, 1959)

Bieberstein, Walter Freiherr Marschall von., *Zum Problem der völkerrechtlichen Anerkennung der beiden deutschen Regierungen* (Berlin, 1959).

Bishop, Joseph W., "The "Contractual Agreements" with the Federal Republic of Germany-A study in the Adaptability of International Law to Political Realities., " *American Journal of International Law* 49 (1955):125ff.

Blumenwitz, Dieter., "Der Grundvertrag zwischen der Bundessrepublik Deutschland und der DDR., " *Politische Studien* (1973):3ff.

Blumenwitz, Dieter., "Deutschlandfrage und Selbstbestimmungs-recht." In *Das Selbstbestimmungsrecht der Völker und die deutsche Frage*, Hrsg. von Dieter Blumenwitz und Boris Meissner (Bonn, 1984): 139ff.

Blumenwitz, Dieter, "Die Briefe zur Deutschen Einheit der Bun-desregierung-Alibis oder präsentable Elemente eines Selb-stbestimmungsanspruchs?" *In Finis Germaniae? Zur Lage Deutschlands nach den Ostverträgen und Helsinki*, Hrsg. von Ingo von Münch, Thomas Oppermann und Rolf Stödter. (Frankfurt/Main, 1977): 47ff.

Blumenwitz, Dieter, "Die Deutsche Frage in den Vereinten Nationen seit dem Beitritt von Bundesrepublik Deutschland und der DDR," *In Deutschland und die Vereinten Nationen*, Hrsg. von Gottfried Zieger. (Köln, 1981): 35ff.

Blumenwitz, Dieter, *Die Grundlagen eines Friedensvertrages mit Deutschland* (Berlin, 1966).

Blumenwitz, Dieter, *Die Ostverträge im Lichte des internationalen Vertragsrechts, insbesondere der Wiener Vertragsrech-stkonvention* (Bonn, 1982).

Blumenwitz, Dieter, "Die Unberührtheitsklauseln in der Deutschland-politik" In *Festschrift für Friedrich Berber* (München, 1973): 8ff.

Blumenwitz, Dieter. *Feindstaatenklauseln-Die Friedensordnung der Sieger*. (Wien, 1972).

Blumenwitz, Dieter. *Was ist Deutschland? Staats- und völkerrechtliche Grundsätze zur deutschen Frage und ihre Kon-sequenzen für die deutsche Frage und ihre Konsequenzen für* die deutsche Ostpolitik (Bonn, 1989).

Böckenförde, Ernst-Wolfgang, "Die Teilung Deutschlands und die deutsche Staatsangehörigkeit." In *Epirrhosis-Festschrift für Carl Schmitt*, Teil II. Hrsg. von Hans Barion, Ernst-Wolfgang Böckenforde, Ernst Forsthoff, Werner Weber. (Berlin, 1968):423ff.

Broelmann, Herbert, *Das rechtliche Selbstverständnis der Bundesrepublik Deutschland nach den Ostverträgen*, Dissertation. (München, 1974).

Bruns, Wilhelm, "Die uneinigen Vereinten-zum Verhalten der beiden deutschen Staaten bei der 29. UN-Vollversammlung," *Deutsche Außenpolitik* (1975):592ff.

Bundesministerium für innerdeutsche Beziehungen, Hrsg. *DDR-Handbuch*, Bd. I&II, 3 Auflage (Köln, 1985).

Chronik der Deutschen. (Dortmund, 1983).

Cieslar, Eve, Johannes Hampel, Franz-Christoph Zeitler, Hrsg., *Der Streit um den Grundvertrag-Eine Dokumentation*. (München, 1973).

Czaja, Herbert, *Materialien zur Oder-Neiße-Frage*. (Bonn, 1979).

Dahm, Georg, *Völkerrecht*, Bd.1. (Stuttgart, 1958).

Dahm, Georg. *Völkerrecht*, Bd.2. (Stuttgart, 1961).

Decker, Günter, *Das Selbstbestimmungsrecht der Nationen* (Göttingen, 1955).

Dirnecker, Rupert, "Das Karlsruher Urteil über die Verfassungsmäßigkeit des Grundvertrages," *In Das Karlsruher Urteil über die Verfassungsmäßigkeit des Grundvertrages mit Kommentar*, Reihe Argumente, Dokumente, Materialien,

Nr. 207, Hrsg. von CDU-Bundesgeschäftsstelle (Bonn,
1973):32ff.

Doehring, Karl, Georg Ress. *Staats- und völkerrechtliche Aspekte der
Berlin-Regelung* (Frankfurt/Main, 1972).

Doehring, Karl, *Das Selbstbestimmungsrecht der Völker als Grundsatz
des Völkerrechts*, Berichte der Deutschen Gesellschaft für
Völkerrecht, Heft 14. (Berlin, 1974).

Doehring, Karl, " Die Teilung Deutschlands als Problem des
völkerrechtlichen und staatsrechtlichen Fremdenrechts," Vor-
trag vom 7.11.1967. *In Schriftenreihe der Juristischen Stu-
diengesellschaft*, Heft 83, 1968.

Fawcett, J.E.S., *The British Commonwealth in International Law*.
(London, 1963).

Federau, Fritz, " Der Interzonenhandel Deutschlands von 1946 bis
Mitte 1953," *Vierteljahreshefte für Wirtschaftsforschung*
(1953):385ff.

Fiedler, Wilfried. Staats- und völkerrechtliche Probleme des Staat-
suntergangs. *Zeitschrift für Rechtspolitik* (1973):153ff.

Fiedler, Wilfried, *Staatskontinuität und Verfassungsrechtsprechung*
(Freiburg, 1970).

Florin, Peter, " Ein Jahr Mitgliedschaft der DDR in den Vereinten
Nationen," *Deutsche Außenpolitik*:1292ff.

Forsthoff, Ernst, *Rechtsstaat im Wandel-Verfassungsrechtliche Ab-
handlungen 1950-1964* (Stuttgart, 1964).

Frenzke, Dietrich, " Die Völkerrechtliche Anerkennung und die Mit-
gliedschaft in der UNO -zu einem Teilproblem der Pläne für
die Aufnahme beider deutscher Staaten in die UNO," *Vere-*

inte Nationen 5（1970）：148ff.

Frowein, Jochen Abr., *Die Grenzbestimmungen der Ostverträge und ihre völkerrechtliche Bedeutung-Beziehungen zwischen der BRD und der DDR*, Symposium, Veröffentlichung des Instituts für internationales Recht an der Universität Kiel. (Hamburg, 1971)：27ff.

Gascard, Johannes R. "Moskauer Vertrag und deutsche Einheit" In *Ostverträge-Berlin-Status-Münchener Abkommen-Beziehungen zwischen der BRD und der DDR*, Symposium, Veröffentlichungen des Institutes für internationales Recht an der Universität Kiel. (Hamburg, 1971)：97ff.

Gascard, Johannes R., "Inland/Ausland-Beziehungen zwischen der Bundesrepublik Deutschland und der Deutschen Demokratischen Republik," *JIR* 15（1971）：339ff.

Gehlhoff, Walter, "Die Bundesrepublik Deutschland in den Vereinten Nationen," *Außenpolitik*（1974）：3ff.

Geiger, Rudolf, *Grundgesetz und Völkerrecht* (München, 1985).

Gläsker, Wolfgang, *Die Konföderationspläne der SED von 1957-1967*, Dissertation. (Erlangen, 1976).

Grewe, Wilhelm G., *Ein Besatzungsstatut für Deutschland* (Stuttgart, 1948).

Grewe, Wilhelm G., "Ein Friedensvertrag mit Deutschland?" *Europa Archiv*（1959）：301ff.

Grewe, Wilhelm G., *Rückblenden 1976-1951* (Frankfurt/Main, 1979).

Grewe, Wilhelm G., *Deutsche Außenpolitik der Nachkriegszeit* (Stuttgart, 1960).

Griffith, William E., *The Ostpolitik of the Federal Republic of Germany* (Cambridge, *1978*).

Guradze, Heinz. "Anerkennung der DDR?" *Zeitschrift für Rechtspolitik* (1969):250ff.

Habel, Fritz Peter, und Helmut Kistler, *Die Bundesrepublik Deutschland 1949-1955*, (Bonn, 1976).

Hacke, Christian, *Weltmacht wider Willen-Die Außenpolitik der Bundesrepublik Deutschland* (Stuttgart, 1988).

Hacker, Jens, *Der Rechtsstatus Deutschlands aus der Sicht der DDR* (Köln, 1974).

Hacker, Jens, "Die deutsche Konföderation-Ein untaugliches Mittel für die Wiederherstellung eines freien und demokratischen Gesamtdeutschlands," *Aus Politik und Zeitgeschichte* 42 (1968):3ff.

Hacker, Jens, "Einführung in die Problematik des Potsdamer Abkommens" *In Das Potsdamer Abkommen und die Deutschlandfrage*, Hrsg. von Eckart Klein und Boris Meissner. (Wien, 1977):5ff.

Hackworth, Green Haywood. *Digest of International Law*, Vol.1. (Washington, 1940):47.

Hannover, Georg Wilhelm Prinz von. *Die völkerrechtliche Stellung Deutschlands nach der Kapitulation*. (Köln, 1984).

Haupt, Lucie, "Die Souveränität der beiden in Deutschland bestehenden Staaten," *Staat und Recht* (1956):301ff.

Hänisch, Werner, und Joachim Krüger, "Der Freundschaftsvertrag zwischen der DDR und der UdSSR-Höhepunkt und Konsequenz 15 jähriger sozialistischer Außenpolitik der DDR,"

Staat und Recht (1954):1751ff.

Heimeshoff, Erich, "Zur verfassungsrechtlichen Problematik der Ostverträge," *Deutsche Richterzeitung* (1971):223ff.

Heinnig, Ottfried, *Die Bundespräsenz in West Berlin-Entwicklung und Rechtscharakter* (Köln, 1976).

Heinze, Kurt, "Völkerrechtsproblem des Verteidigungsbeitrages der deutschen Bundesrepublik," *Europa Archiv* (1952): 4711ff.

Heitzer, Heinz, DDR-*Geschichtlicher Überblick* (Frankfurt/Main, 1979).

Hendry, I.D., and M.C. Wood, *The legal Status of Berlin* (Cambridge, 1987).

Herold, Rudolf, *Selbstbestimmung und Selbstbestimmungsdemagogie in Deutschland-Eine Auseinandersetzung mit antinationalen Bonner Parolen*, Dissertation am Institut der Gesellschaftswissenschaften beim Zentralkomitee der Sozialistischen Einheitspartei Deutschlands, (1966).

Heydte, Friedrich August v. d., *Völkerrecht*, Bd.1. (Köln, 1958).

Hofer, Walther, "Nationalbewußtsein," In *Staatslexikon. Recht, Wirtschaft und Gesellschaft*, Band V, 6. Auflage, Hrsg. von Görres-Gesellschaft. (Freiburg, 1960):701ff.

Hornung, Klaus, *Die deutsche Frage* (Bonn, 1984).

Hornung, Völker, *Zehn Jahre Grundlagenvertrag zwischen der Bundesrepublik Deutschland und der Deutschen Demokratischen Republik 1972-1982* (Rheinfelden, 1985).

Ipsen, Hans Peter, "Über das Grundgesetz-Nach 25 Jahren." *Die öffentliche Verwaltung* (1974) : 289ff.

Jansen, Silke, "Zwei deutsche Staaten-zwei deutsche Nationen? Meinungsbilder zur deutschen Frage im Zeitablauf," *Deutschland Archiv* 10 (1989) : 1132ff.

Jellinek, Georg, *Allgemeine Staatslehre*, 6. Auflage, (Darmstadt, 1959).

Kaufmann, Erich, *Deutschlands Rechtslage unter der Besatzung* (Stuttgart, 1948).

Kelsen, Hans. and Robert Tucker, *Principles of International Law*, 2nd ed. (New York, 1967).

Kelsen, Hans, "Is a Peace Treaty with Germany legally possible and politically desirable?" *APSR*, XLI (1947) : 1188ff.

Kelsen, Hans, "The International Legal Status of Germany according to the Declaration of Berlin," *American Journal of International Law* 39 (1945) : 518ff.

Kewenig, Wilhelm, "Auf der Suche nach einer neuen Deutschland -Theorie," *Die öffentliche Verwaltung* : 797ff.

Kewenig, Wilhelm, "Deutschland und die Vereinten Nationen." *Europa Archiv* (1970) : 339ff.

Kewenig, Wilhelm, "Deutschlands Rechstslage heute," *Europa Archiv* (1974) : 71ff.

Kewenig, Wilhelm. "Die deutsche Ostpolitik und das Grundgesetz," *Europa Archiv* (1971) : 469ff.

Kewenig, Wilhelm, "Grenzen der Souveränität," *In Außenpolitische Aspekte des westdeutschen Staates*, Bd. 1 : Das Ende des Provisoriums, Hrsg. von Ulrich Scheuner. (München, 1971).

Kimminich, Otto, "Das Urteil über die Grundlagen der staat-

srechtlichen Konstruktion der Bundesrepublik Deutschland, "
Deutsches Verwaltungsblatt (1973): 657 ff.

Kimminich, Otto, *Der Moskauer Vertrag vom 12.8.1970-Eine völkerrechtliche Analyse.* (Hamburg, 1972).

Kimminich, Otto, Der *Moskauer Vertrag*, Bd. II. (Hamburg, 1973).

Kimminich, Otto, "Deutschland als Rechtsbegriff und die Anerkennung der DDR, " *Deutsche Verwaltungsblätter* (1970): 437 ff.

Kimminich, Otto, "Die Ostvertrage, " *Internationales Recht und Diplomatie* (1971): 3 ff.

Kimminich, Otto, "Die rechtliche Bedeutung der gemeinsamen Entschließung vom 17. Mai 1972 für die Ostverträge, " *In Jahrbuch der Albertus-Universität zu Königsberg / Pr.*, Bd. XXIV (1974): 80 ff.

Kimminich, Otto, *Die Souveränität der Bundesrepublik Deutschland* (Hamburg, 1970).

Kimminich, Otto, "Der Warschauer Vertrag und die Staatsangehörigkeit der ' Polen-Deutschen' " *Die öffentliche Verwaltung*: 577 ff.

Kimminich, Otto, "Ein Staat auf Rädern?" *Regensburger Universitäts-Zeitung* 11 (1972).

Kistler, Helmut, *Die Bundesrepublik Deutschland* 1955-1966, (Bonn, 1978).

Klein, Eckart, "Die rechtliche Qualifizierung der innerdeutschen Grenze, " *In Fünf Jahre Grundvertragsurteil des Bundesverfassungsgerichts*, Hrsg. von Gottfried Zieger. Köln, 1979:

95 ff.

Kommentar zum Bonner Grundgesetz (Hamburg, 1974).

Kraus, Herbert, *Der völkerrechtliche Status der deutschen Ostgebiete innerhalb der Reichsgrenzen nach dem Stande vom 31. Dezember 1937*. (Göttingen, 1964).

Kriele, Martin, "Der Streit um die Rechtslage Deutschlands und die völkerrechtliche *Anerkennung der DDR*," *Zeitschrift für Rechtspolitik* (1971): 261 ff.

Kröger, Herbert, "Das demokratische Völkerrecht und die Grundlagen der Bonner' Hallstein-Doktrin'," *Staat und Recht* (1961): 963 ff.

Kröger, Herbert, "Die Rechtsverbindlichkeit des Potsdamer Abkommens," *Deutsche Außenpolitik* Sonderheft 3 (1970): 53 ff.

Krülle, Siegrid. *Die völkerrechtlichen Aspekte des Oder-Neiße- Problems*. (Berlin, 1970).

Küchenhoff, Erich, "Die Verfassungsmäßigkeit des Warschauer Verträges," *Bulletin* 171 (1970): 1822 ff.

Lehmann, Hans-Georg, *Der Oder-Neiße-Konflikt*. (München, 1979).

Leibholz, Gerhard, "Nation," In *Evangelisches Staatslexikon*, Hrsg. von Hermann Kunst und Siegfried Grundmann. (Stuttgart, 1966): 1331 ff.

Lewald, Walter, "Die verfassungsrechtliche Lage Deutschlands." *Neue Juristische Wochenschrift* (1973): 2265 ff.

Lilge, Herbert, Hrsg. von *Deutschland* 1945-1963, 4. Auflage (Hannover, 1972).

Lush, Christopher D., "The Relationship between Berlin and the

Federal Republic of Germany." *The International and Comparative Law Quarterly* (1965).

Lutter, Harald, *Oder-Neiße-Friedensgrenze- Zum Verständnis völkerrechtlicher Fragen in der sog. DDR*, Dissertation. (Mainz, 1966).

Mahnke, Hans Heinrich, "Der Vertrag über die Grundlagen der Beziehungen zwischen der Bundesrepublik und der DDR," *Deutschland Archiv* (1973) : 1163ff.

Mahnke, Hans Heinrich, "Die beiden deutschen Staaten in den Vereinten Nationen," *Vereinte Nationen* 4 (1973) : 112ff.

Mahnke, Hans Heinrich, "Der besondere Charakter der innerdeutschen Beziehungen," Deutschland Archiv (1970) : 267ff.

Mahnke, Hans Heinrich, "Die besonderen Beziehungen zwischen den beiden deutschen Staaten," In *Fünf Jahre Grundvertragsurteil des Bundesverfassungsgerichts*, Hrsg. von Gottfried Zieger. (Köln, 1979) : 145ff.

Mahnke, Hans Heinrich, "Die ständigen Vertretungen der beiden Staaten in Deutschland," *Jahrbuch für internationales Recht* (1974), 36ff.

Maier, Hedwig, und Achim Tobler, "Die Ablösung des Besatzungsstatus in der Bundesrepublik Deutschland," *Europa Archiv* (1955) : 8081ff.

Mampel, Siegfried, "Das Selbstbestimmungsrecht der Völker in der Rechtslehre der SBZ," *Jahrbuch für Ostrecht* 1&2 (1960) : 47ff.

Mangoldt, Hermann von, und Friedrich Klein. Hrsg. *Das Bonner*

Grundgesetz, Bd.1, 2.Auflage, (Berlin, 1957).

Martin, Alexander, "Es gibt zwei deutsche Staaten," *Deutsche Außenpolitik* (1957): 834ff.

Mattfeld, Antje, *Modelle einer Normalisierung zwischen den beiden deutschen Staaten-Eine rechtliche Betrachtung* (Düsseldorf, 1973).

Maunz, Theodor, und Günter Dürig, *Grundgesetz Kommentar* (München, 1989).

Maunz, Theodeor, *Deutsches Staatsrecht*, 22. Auflage, (München, 1980).

Maurach, Reinhard, und Boris Meissner, (Husg.), *Völkerrecht in Ost und West*. (Stuttgart, 1967).

Meier, Gert, "Grundvertrag, EWA-Vertrag und innerdeutscher Handel," *Betriebsberater* (1972): 1521ff.

Meissner, Boris, "Die marxistisch-leninistische Auffassung vom Selbstbestimmungsrecht," In *Das Selbstbestimmungsrecht der Völker und die deutsche Frage*, Hrsg. von Dieter Blumenwitz und Boris Meissner. (Bonn, 1984): 98ff.

Menzel, Eberhard, "Wie souverän ist die Bundesrepublik?" *Zeitschrift für Rechtspolitik* (1971): 178ff.

Moldt, Erich, "Zur XXIV. Tagung der UN-Vollversammlung," *Deutsche Außenpolitik* (1975): 165ff.

Monzel, Nikolaus, "Nation," In *Staatslexikon. Recht-Wirtschaft-Gesellschaft*, Bd.V, 6. Auflage Hrsg. von Görres-Gesellschaft. (Freiburg, 1960): 885ff.

Morawitz, Rudolf, "Der innderdeutsche Handel und die EWG nach dem Grundvertrag," *Europa Archiv* (1973): 353ff.

Mosler, Hermann, und Karl Doehring, "Die Beendigung des Kriegszustandes mit Deutschland nach dem zweiten Weltkrieg," *Beiträge zum öffentlichen Recht und Völkerrecht*, Bd. 37. Hrsg. von Max-Planck-Institut für ausländisches Recht und Völkerrecht. (Köln, 1963).

Münch, Fritz, "Diskussionsbeitrag," In *Berichte der Deutschen Gesellschaft für Völkerrecht*, Heft 14. (Karlsruhe, 1974).

Münch, Fritz, "Zur deutschen Frage," *In Gibt es zwei deutsche Staaten? Drei Beiträge zur Rechtslage Deutschlands*. Hrsg. von Auswärtiges Amt.

Münch, Ingo von, "Zur Frage einer gleichzeitigen Aufnahme von Bundesrepublik und DDR in die UNO," *Zeitschrift für Rechtspolitik* 3 (1970): 57ff.

Nawiasky, Hans, *Grundgedanken des Grundgesetzes für die BRD* (München, 1950).

Noack, Paul. *Die Außenpolitik der Bundesrepublik Deutschland*, 2. Auflage (Stuttgart, 1981).

O'Connell, Daniel Patrick, *International Law*, vol. 2. (London, New York, 1968).

Oeser, Edith, *Die Rolle der Pariser Verträge bei der Losreißung Westdeutschlands vom deutschen Staatsverband und einige grundlegende Konsequenzen für die Durchsetzung des Selbstbestimmungsrechts des deutschen Volkes*, Dissertation. (Berlin, 1961).

Oppenheim, L., and H. Lauterpacht, *International Law*, Vol. 1: Peace, 8th ed. (London, 1967).

Oppermann, Thomas, "Anmerkung zum Urteil des Bundesverfassungsgerichtes über den Grundlagenvertrag, " *Juristische Zeitung* (*1973*) : *594ff.*

Peck, Joachim, *Die Völkerrechtssubjektivität der Deutschen Demokratischen Republik* (Berlin-Ost, 1960).

Phillips, Hood, *Constitutional and administrative Law*, 5th ed. (London, 1973).

Polak, Karl, " Die Souveränität der Deutschen Demokratischen Republik und die deutsche Staatsfrage, " *Neue Justiz* (1954) : 317ff.

Pollmann, Bernhard, *Daten zur Geschichte der Deutschen Demokratischen Republik* . (Dusseldorf, 1984).

Puttkamer, Ellinor von. , " Vorgeschichte und Zustandekommen der Pariser Verträge vom 23. Oktober 1954, " *Zeitschrift für ausländisches öffentliches Recht und Völkerrecht* 17 (1956/ 57) : 448ff.

Reintanz, Gerhard, " Der Moskauer Vertrag. " *Neue Justiz* (1956) : 17ff.

Ress, Georg, *Die Rechtslage Deutschlands nach dem Grundlagenvertrag vom 21. Dezember 1972.* (Berlin, 1978).

Ress, Georg. " Einige völkerrechtliche und staatsrechtliche Konsequenzen der Mitgliedschaft von BRD und DDR in den Vereinten Nationen und ihren Sonderorganisationen. " *Der Staat* 2 (1927) : 27ff.

Rest, A., und J.M. Mössner, " Der Irland-Akt von 1949-Vorbild für Staaten, die einander nicht als Ausland betrachten, " *Zeitschrift für Rechtspolitik* (1970) : 194ff.

Roth Margit, *Zwei Staaten in Deutschland-Die sozialliberale Deutsch-*

landpolitik und ihre Auswirkungen , *1969-1978* (Opladen, 1981).

Rumpf, Helmut, *Land ohne Souveränität-Beiträge zur Deutschland-frage* (Karlsruhe, 1969).

Scharpf, Peter, *Die europäische Wirtschaftsgemeinschaft und ihre Rechtsbeziehungen seit 1958 unter besonderer Berücksichtigung des innerdeutschen Handels*, Dissertation. (Tübingen, 1973)

Schenk, Rainer, *Die Viermächteverantwortung für Deutschland als Ganzes, insbesondere deren Entwicklung seit 1969* (Frankfurt/Main, 1976).

Scheuer, Gerhart, *Die Rechtslage im geteilten Deutschland* (Frankfurt, 1960).

Scheuner, Ulrich, "Die staatsrechtliche Kontinuität in Deutschland," *Deutsches Verwaltungsblatt* (1950):481ff.

Scheuner, Ulrich, " Die staatsrechtliche Stellung der Bundesrepublik, " *Die öffentliche Verwaltung* (1973): 581ff.

Schiedermair, Hartmut. *Der Völkerrechtliche Status Berlins nach dem Viermächte-Abkommen vom 3. September 1971.* (Berlin, 1975).

Schmid, Karin. *Die deutsche Frage im Staats-und Völkerrecht.* (Baden-Baden, 1980).

Schmitz, Michael. *Die Rechtslage der deutschen Ostgebiete-Die Oder-Neiße-Grenze im Blickpunkt des Völkerrechts.* (Köln, 1986).

Schneider, Hans, "Von der Demarkationslinie zur Staatsgrenze? Zum

Charakter der innerdeutschen Grenzen, " In *Finis Germaniae*? *Zur Lage Deutschlands nach den Ostverträgen und Helsinki*. Hrsg. von Ingo Münch, Thomas Oppermann und Rolf Stödter (Frankfurt/Main, 1977:97ff).

Schröder, Manfred, "Die Auswirkungen der Notstandsverfassung auf die Souveränität der Bundesrepublik-Zur Ablösung der alliierten Vorbehaltsrechte, " *Europa Archiv* (1968):783ff.

Schulz, Joachim, "Die Haltung der beiden deutschen Staaten zur Abrüstung im Lichte des Völkerrechts, " *Staat und Recht* (1965):1270ff.

Schuster, Rudolf, *Deutschlands staatliche Existenz im Widerstreit politischer und rechtlicher Gesichtspunkte* 1945-1963. (München, 1965).

Schuster, Rudolf, "Die Schein-Konföderation als Nahziel der sowjetischen Deutschlandpolitik, " *Europa Archiv* (1959): 349ff.

Schweigler, Gebhard. *Nationalbewußtsein in der BRD und der DDR*, 2. Auflage (Düsseldorf, 1974).

Schweitzer, Carl Christoph, *Die deutsche Nation-Aussagen von Bismarck bis Honecker* (Köln, 1976).

Seidl-Hohenveldern, Ignaz, *Völkerrecht*, 6. *Auflage* (Köln, 1987).

Sempf, Thomas, *Die deutsche Frage unter besonderer Berücksichtigung der Konföderationsmodelle* (Köln, 1987).

Simma, Bruno, "Der Grundvertrag und das Recht der völkerrechtlichen Verträge, " *Archiv des öffentlichen Rechts* 100 (1975):4ff.

Smith, Gordon, eds., *Developments in Germay Politics* (Durham,

Duke University Press, 1992).

Smith, Stanley Alexander de., *Constitutional and Administrative Law* (Harmondsworth, 1971).

Starke, J.K., *An Introduction to International Law*, 8th ed., (London, 1977).

Statisitisches Bundesamt, *Statistisches Jahrbuch* 1969.

Steinberger, Helmut, "Die Ostverträge und der Viermächtestatus Deutschlands," *In Beiträge zur Ostpolitik*, Arbeitspapier eines Colloquiums der Hans-Seidl-Stiftung e.V., 28.-31. (Oktober 1971, Bad Wiessee, 1971):66ff.

Steinberger, Helmut, "Völkerrechtliche Aspekte des deutsch-sowjetischen Vertragswerkes vom 12. August 1970." *Zeitschrift für ausländisches öffentliches Recht und Völkerrecht* 31 (1971):63ff.

Strupp, Karl, und Hans-Jürgen Schlochauer, (Hrsg.) *Wörterbuch des Völkerrechts*, 2. Auflage (Berlin, 1962).

Tomuschat, Christian, "EWG und DDR-Völkerrechtliche Überlegungen zum Sonderstatus des Außenseiters einer Wirtschaftsunion," *Europa Recht* (1969):298ff.

Tomuschat, Christian, "Auswärtige Gewalt und verfassungsrechtliche Kontrolle-Einige Bemerkungen zum Verfahren über den Grundvertrag," *Die öffentliche Verwaltung* (1973):801ff.

Tunkin, Grigori, "Zur Aufnahme der beiden deutschen Staaten in die UNO," *Vereinte Nationen* 4 (1972):114ff.

Uschakow, Alexander, "Die Ostverträge in östlicher Sicht," In *Ostverträge-Berlin-Status-Münchener Abkommen-Beziehungen zwischen der BRD und der DDR*, Symposium.

Veröffentlichung des Institutes für Internationales Recht an der Universität Kiel. (Hamburg, 1971):91ff.

Veiter, Theodor, "Deutschland, deutsche Nation und deutsches Volk-Volkstheorie und Rechtsbegriff," *Aus Politik und Zeitgeschichte* 11 (1973):1ff.

Verdross, Alfred, Bruo Simma, und Rudolf Geiger, *Territoriale Souveränität und Gebietshoheit-Zur völkerrechtlichen Lage der Oder-Neiße-Gebiete*, Kulturstiftung der deutschen Vertriebenen, (1980).

Verdross, Alfred, *Völkerrecht*, 5. Auflage (Wien, 1964).

Vogelsang, Thilo, *Das geteilte Deutschland*, 12. Auflage (München, 1983).

Völkel, Walter, "Zur Reaktion der DDR auf das Karlsruher Urteil zum Grundlagenvertrag," *Deutschland Archiv* (1974): 140ff.

Wagner, Wolfgang, *Die Entstehung der Oder-Neiße-Linie in den diplomatischen Verhandlungen während des Zweiten Weltkrieges*, 3. Auflage (Marburg, 1968).

Weber, E.F. Albrecht, "Diplomatoische Beziehungen zwischen der Bundesrepublik Deutschland und der DDR?" *Politische Sudien* 216 (1974):337ff.

Wengler, Wilhelm, "Anmerkung zum BVerfGE vom 21. Mai 1960," *Die öffentliche Verwaltung* (1961):25ff.

Wenig, Fritz Harald, *Rechtsproblem des innerdeutschen Handels* (Frankfurt/Main, 1975).

Wilke, Kay-Michael. *Bundesrepublik Deutschland und Deutsche Demokratische Republik-Grundlagen und ausgewählte Probleme*

des gegenseitigen Verhältnisses der beiden deutschen Staaten
(Berlin, 1976).

Witte, Bernhard, "Die deutsche Nation nach dem Grundvertrag."
Europa Archiv (1973): 227ff.

Zieger, Gottfried, *Die Haltung von SED und DDR zur Einheit
Deutschlands 1949-1987* (Köln, 1988).

Zieger, Gottfried, "Völkerrechtliche Kontinuität in Deutschland aus
Sicht der DDR," In *Staatliche Kontinuität unter besonderer
Berücksichtigung der Rechtslage Deutschlands*, Hrsg. von
Meissner, und Gottfried Zieger. (Köln, 1983).

Zivier, Ernst R., *Der Rechtsstatus des Landes Berlin* (Berlin,
1987).

Zuleeg, Manfred, "Grundvertrag und EWA-Protokoll über den in-
nerdeutschen Handel," *Europa Recht* (1973): 207ff.

Zündorf, Benno, *Die Ostverträge-Die Verträge von Moskau,
Warschau, Prag, das Berlin-Abkommen und die Verträge
mit der DDR* (München, 1979).

(二) 文 獻

BVerfGE: *Entscheidungen des Bundesverfassungsgerichts*. Hrsg. von
Mitgliedern des Bundesverfassungsgericht, (Tübingen). Band
2: 1953; Band 3: 1954; Band 5: 1956; Band 6: 1957;
Band 11: 1961; Band 12: 1962; Band 19: 1966; Band
20: 1967; Band 36: 1974; Band 37: 1975; Band 40:
1979.

Bulletin des Presse- und Informationsamtes der Bundesregierung. *Die*

Verträge der Bundesrepublik mit der Union der Sozialistischen Sowjetrepubliken und mit der Volksrepublik Polen. Hrsg. von Presse- und Informationsamt der Bundesregierung. (Bonn, 1972).

Documents on Germany 1944-1985. United States Department of States.

Dokumente zur Deutschlandpolitik. Hrsg. von Bundesministerium für gesamtdeutsche Fragen, Frankfurt/Main.

Band III/1 : 1961 ; Band III/2 : 1963 ; Band III/3 : 1967 ; Band III/4 : 1969 ; Band IV/1 : 1971 ; Band IV/2 : 1971.

Dokumente zur Deutschlandfrage. Hrsg. von Heinrich von Siegler, Bonn. Band III : 1966 ; Band IV : 1970.

Dokumente zur Berlin-Frage 1944-1966, 3. Auflage Hrsg. von Forschungsinstitut der Deutschen Gesellschaft für Auswärtige Politik e.V. (München, 1967).

Zehn Jahre Deutschlandpolitik-Die Entwicklung der Beziehungen zwischen der Bundesrepublik Deutschland und der Deutschen Demokratischen Republik 1969-1979. Hrsg. von Bundesministerium für innerdeutsche Beziehungen.

Dokumente des geteilten Deutschlands, Bd. I&II. Hrsg. von Ingo von Münch, (Stuttgart, 1976).

國家圖書館出版品預行編目資料

德國問題：國際法與憲法的爭議＝German question in
international law and constitution／張亞中著. -- 初版.
-- 台北市：揚智文化，1999 [民 88]
　　面；　公分. -- （歐洲智庫；2）
參考書目：面
ISBN　957-8637-87-X（平裝）

1. 德國－政治與政府

574.43　　　　　　　　　　　　　　　　88000148

德國問題 國際法與憲法的爭議　　　　　　　　　　歐洲智庫　02

著　　者／張亞中
出 版 者／揚智文化事業股份有限公司
發 行 人／葉忠賢
總 編 輯／孟　樊
執行編輯／范維君
登 記 證／局版北市業字第 1117 號
地　　址／台北市新生南路三段 88 號 5 樓之 6
電　　話／(02)2366-0309　2366-0313
傳　　真／(02)2366-0310
E－mail ／ufx0309@ms13.hinet.net
印　　刷／偉勵彩色印刷股份有限公司
法律顧問／北辰著作權事務所　蕭雄淋律師
初版一刷／1999 年 4 月
 ISBN ／957-8637-87-X
定　　價／新台幣 300 元

郵政劃撥／14534976　　帳戶／揚智文化事業股份有限公司